费孝通(1910—2005),江苏吴江人。20世纪中国享有国际声誉的卓越学者。中国社会学、人类学和民族学的重要奠基人之一。曾担任民盟中央主席、全国政协副主席、全国人大常委会副委员长等职。

1930年入燕京大学社会学系,获学士学位。1933年入清华大学社会学及人类学系,获硕士学位。1936年秋入英国伦敦经济学院攻读社会人类学,获哲学博士学位。1938年秋回国。曾先后在云南大学、西南联大、清华大学、中央民族学院、中国社会科学院、北京大学等从事教学与研究。

一生以书生自任,笔耕不辍,著作等身,代表作有《江村经济》《禄村农田》《乡土中国》《生育制度》《行行重行行》《中华民族的多元一体格局》等。

费 孝 通 作 品 精 选

乡土中国
乡土重建

费孝通 著

生活·讀書·新知 三联书店

Copyright © 2021 by SDX Joint Publishing Company.
All Rights Reserved.
本作品版权由生活·读书·新知三联书店所有。
未经许可，不得翻印。

图书在版编目（CIP）数据

乡土中国·乡土重建／费孝通著．—北京：
生活·读书·新知三联书店，2021.1　（2021.12 重印）
（费孝通作品精选）
ISBN 978 – 7 – 108 – 06957 – 3

Ⅰ．①乡…　Ⅱ．①费…　Ⅲ．①农村社会学－研究－中国
Ⅳ．① C912.82

中国版本图书馆 CIP 数据核字（2020）第 174152 号

责任编辑	冯金红
封面设计	宁成春
版式设计	薛　宇
责任印制	董　欢
出版发行	生活·讀書·新知 三联书店
	（北京市东城区美术馆东街 22 号 100010）
网　　址	www.sdxjpc.com
经　　销	新华书店
印　　刷	河北鹏润印刷有限公司
版　　次	2021 年 1 月北京第 1 版
	2021 年 12 月北京第 2 次印刷
开　　本	880 毫米 × 1092 毫米　1/32　印张 11
字　　数	218 千字
印　　数	5,001 – 8,000 册
定　　价	68.00 元

（印装查询：01064002715；邮购查询：01084010542）

费孝通作品精选

出版前言

费孝通（1910—2005），20世纪中国享有国际声誉的卓越学者。他不仅是中国社会学、人类学、民族学的重要奠基人之一，而且学以致用、知行合一，一生致力于探寻适合中国文化与社会传统的现代化之路。

在其"第一次学术生命"阶段，从最初的大瑶山到江村，再到后来的"魁阁"工作站，费孝通致力于社会生活的实地研究，继之以社会的结构特征考察，提出诸如"差序格局""家核心三角""社会继替""绅士"及"乡土损蚀"等概念和表述，代表作有《花蓝瑶社会组织》《江村经济》《禄村农田》《乡土中国》《乡土重建》《生育制度》等。在其学术求索中，费孝通与西方学术有关传统与现代的理论构成了广泛对话，而他的现实目标可归结为"乡土重建"，其学术思考围绕如何理解中国社会、如何推动中国社会现代化转型的问题展开。

20世纪50年代，费孝通在共和国民族政策与民族工作的建言与商讨中发挥了重要作用，也亲身参与"民族访问团"和民族识别调查工作。此间，他得以将其在"第一次学术生命"阶段提出的部分见解付诸实践，也得以在大瑶山调查之后，再次有机会深入民族地区，对边疆社会的组织结构和变迁过程进行广泛研究。在其参加"民族访问团"期间参与写作的调查报告，及后来所写的追思吴文藻、史禄国、潘光旦、顾颉刚等先生的文章中，费孝通记录了他在这个阶段的经历。

1978年，费孝通在二十余年学术生命中断之后获得了"第二次学术生命"。在这个阶段中，费孝通提出了"中华民族多元一体格局"这一有弹性的论述，引领了社会学学科的恢复重建工作，以"志在富民"为内在职志，努力探索中国自己因应世界变局的发展战略。从80年代初期开始，费孝通"行行重行行"，接续了他的"乡土重建"事业，走遍中国的大江南北，致力于小城镇建设及城乡、东西部区域协同发展的调查研究。与此同时，他也深感全球化问题的压力，指出我们正处在一个"三级两跳"的时代关口，在尚未完成从乡土社会到工业社会的转型过程之时，又面临着"跳进"信息社会的时代要求，由此急需处理技术的跃迁速度远远超出人类已有的社会组织对技术的需求这一重要问题。在费孝通看来，这不只是一个经济制度问题，同时它也含有社会心态方面的巨大挑战。

20世纪80年代末期，费孝通开始思考世界性的文化关系问题。到90年代，这些思考落实为"文化自觉"的十六字表述：各美其美，美人之美，美美与共，天下大同。在全球社会前所未有地紧密接触、相互依赖的情况下，"三级两跳"意味着不同文明状态和类型的社会被迫面对面相处，这必然引起如何构建一种合理的世界秩序的问题。"文化自觉"既包含了文明反躬内省、自我认同的独特观念，有中国文化"和而不同"理想的气质，同时亦是一套有特色的社会科学方法论，含有针对自然/文化、普遍/特殊、一致/差异等一系列二元对立观的不同见解。值得指出的是，这一晚年的思想洞见其实渊源有自，早在其青年时代，人类学与跨文化比较就一直是费孝通内在的视野和方法，这使他从来没有局限于从中国看中国，具体的社区研究也不只是"民族志"，因此他20世纪50年代前写作的大量有关英国和美国的文章，都是以杂感和时论的形式创造性地书写西方，并由此反观中国的历史与现实，加深他对中国社会总体结构的原则性理解，也正是在这个意义上，他才会把《美国人的性格》一书称为《乡土中国》的姊妹篇。

* * *

费孝通一生以书生自任，笔耕不辍，著作等身，"费孝通作品精选"即从他七百余万字的著述中精选最有代表性的作品，凡12种，三百余万字，涉及农村农民问题、边区民族问题、文明文化问题、世界观察、学术反思等多个层面。其中，《江村经济》《禄村农田》《乡土中国》《生育制度》《美国与美国人》《行行重行行》等，均在作者生前单行出版过；《留英记》《中华民族的多元一体格局》《学术自述与反思》《孔林片思：论文化自觉》，则是根据主题重新编选；

《中国士绅》1953年出版英文版，2009年三联书店推出中译本；《茧》是近期发现的作者1936年用英文写作的中篇小说，为首次翻译出版，对于理解费孝通早期的学术思想与时代思潮的关系提供了难得的新维度。

除首次刊印的个别作品外，均以《费孝通全集》（内蒙古人民出版社，2009年）为底本，并参照作者生前的单行定本进行编校。因作者写作的时间跨度长，文字、句式和标点的用法不尽相同，为了尊重著作原貌和不同时期的行文风格，我们一仍其旧，不强行用现在的出版规范进行统一。

此次编辑出版，得到了作者家属张荣华、张喆先生的支持，也得到了学界友人甘阳、王铭铭、渠敬东、杨清媚诸君的大力帮助，在此谨致谢忱。

生活·讀書·新知 三联书店

2020年9月

目 录

乡土中国 _ 1

旧著《乡土中国》重刊序言 _ 3

乡土本色 _ 6

文字下乡 _ 13

再论文字下乡 _ 20

差序格局 _ 27

系维着私人的道德 _ 36

家　族 _ 43

男女有别 _ 50

礼治秩序 _ 56

无　讼 _ 63

无为政治 _ 69

长老统治 _ 75

血缘和地缘 _ 81

名实的分离 _ 89

从欲望到需要 _ 95

后　记 _ 102

乡土重建 _ 113

中国社会变迁中的文化结症 _ 115

乡村・市镇・都会 _ 131

论城・市・镇 _ 139

不是崩溃而是瘫痪 _ 149

基层行政的僵化 _ 158

再论双轨政治 _ 170

损蚀冲洗下的乡土 _ 181

黎民不饥不寒的小康水准 _ 196

地主阶层面临考验 _ 207

现代工业技术的下乡 _ 218

分散在乡村里的小型工厂 _ 228

乡土工业的新形式 _ 236

自力更生的重建资本 _ 246

节约储蓄的保证 _ 256

对于各家批评的总答复（后记）_ 267

附录一　论绅士 _ 295

附录二　论"知识阶级" _ 305

附录三　论师儒 _ 320

出版后记 _ 338

乡土中国

旧著《乡土中国》重刊序言

这本小册子的写作经过，在"后记"里已经交代清楚。这里收集的是我在四十年代后期，根据我在西南联大和云南大学所讲"乡村社会学"一课的内容，应当时《世纪评论》之约，而写成分期连载的十四篇文章。

我当时在大学里讲课，不喜欢用现存的课本，而企图利用和青年学生们的接触机会，探索一些我自己觉得有意义的课题。那时年轻，有点初生之犊的闯劲，无所顾忌地想打开一些还没有人闯过的知识领域。我借"乡村社会学"这讲台来追究中国乡村社会的特点。我是一面探索一面讲的，所讲的观点完全是讨论性的，所提出的概念一般都没有经过琢磨，大胆朴素，因而离开所想反映的实际，常常不免有相当大的距离，不是失之片面，就是走了样。我敢于在讲坛上把自己知道不成熟的想法，和盘托出在青年人的面前，那是因为我认为这是一个比较好的教育方法。我并不认为教师的任务是在传授已有的知识，这些学生们自己可以从书本上去学习，而主要是在引导学生敢于向未知的领域进军。作为教师的人就得带个头。至于攻关的结果是否获得了可靠的知识，那是另一个问题。实际上在新闯的领域中，这样要求也是不切实际的。

在教室里讲课和用文字传达，公开向社会上发表，当然不能看作一回事。在教室里，教师是在带领学生追求知识，把未知化为已知。在社会上发表一种见解，本身是一种社会行动，会引起广泛的社会效果。对实际情况不正确的反映难免会引起不良的影响。我是明白这个道理的，在发表这些文章之前，犹豫过。所以该书初次出版时在"后记"中向读者恳切说明：由于刊物的编者"限期限日的催稿，使我不能等很多概念成熟之后再发表"，"这算不得是定稿，也不能说是完稿，只是一种尝试的记录罢了"。尝试什么呢？尝试回答我自己提出的"作为中国基层社会的乡土社会究竟是个什么样的社会"这个问题。

这书出版是在一九四七年，离今已有三十七年。三联书店为什么建议我把这本小册子送给他们去重刊，我不知道。我同意他们的建议是因为我只把它看成是我一生经历中留下的一个脚印，已经踏下的脚印是历史的事实，谁也收不回去的。现在把它作为一件反映解放前夕一些年轻人在知识领域里猛闯猛攻的标本，拿出来再看看，倒另有一番新的意义。至于本书内容所提出的论点，以我现有的水平来说，还是认为值得有人深入研究的，而且未始没有现实的意义。

这本小册子和我所写的《江村经济》《禄村农田》等调查报告的性质不同。它不是一个具体社会的描写，而是从具体社会里提炼出的一些概念。这里讲的乡土中国，并不是具体的中国社会的素描，而是包含在具体的中国基层传统社会里的一种特具的体系，支配着社会生活的各个方面。它并不排斥其他体系同样影响着中国的社会,那些影响同样可以在中国的基层社会里发生作用。搞清楚我所谓乡土社会这个概念,就可以帮助我们去理解具体的中国社会。概念在这个意义上,是我们认识事物的工具。

我这种尝试,在具体现象中提炼出认识现象的概念,在英文中可以用 Ideal Type 这个名词来指称。Ideal Type 的适当翻译可以说是观念中的类型,属于理性知识的范畴。它并不是虚构,也不是理想,而是存在于具体事物中的普遍性质,是通过人们的认识过程而形成的概念。这个概念的形成既然是从具体事物里提炼出来的,那就得不断地在具体事物里去核实,逐步减少误差。我称这是一项探索,又一再说是初步的尝试,得到的还是不成熟的观点,那就是说如果承认这样去做确可加深我们对中国社会的认识,那就还得深入下去,还需要花一番工夫。

这本书最初出版之后,一搁已有三十七年。在这一段时间里,由于客观的条件,我没有能在这方面继续搞下去。当三联书店提出想重刊此书时,我又重头读了一遍。我不能不为当时那股闯劲所触动。而今老矣。回头看,那一去不复返的年轻时代也越觉得可爱。我愿意把这不成熟的果实贡献给新的一代年轻人。这里所述的看法大可议论,但是这种一往无前的探索的劲道,看来还是值得观摩的。让我在这种心情里寄出这份校订过的稿子给书店罢。

费孝通
1984 年 10 月 11 日

乡土本色

从基层上看去,中国社会是乡土性的。我说中国社会的基层是乡土性的,那是因为我考虑到从这基层上曾长出一层比较上和乡土基层不完全相同的社会,而且在近百年来更在东西方接触边缘上发生了一种很特殊的社会。这些社会的特性我们暂时不提,将来再说。我们不妨先集中注意那些被称为土头土脑的乡下人。他们才是中国社会的基层。

我们说乡下人土气,虽则似乎带着几分藐视的意味,但这个土字却用得很好。土字的基本意义是指泥土。乡下人离不了泥土,因为在乡下住,种地是最普通的谋生办法。在我们这片远东大陆上,可能在很古的时候住过些还不知道种地的原始人,那些人的生活怎样,对于我们至多只有一些好奇的兴趣罢了。以现在的情形来说,这片大陆上最大多数的人是拖泥带水下田讨生活的了。我们不妨缩小一些范围来看,三条大河的流域已经全是农业区。而且,据说凡是从这个农业老家里迁移到四围边地上去的子弟,也老是很忠实地守着这直接向土里去讨生活的传统。最近我遇着一位到内蒙旅行回来的美国朋友,他很奇怪地问我:你们中原去的人,到了这最适宜于放牧的草原上,依旧锄地播种,一家家划着小小的一方地，种植起来；真像是向土里一钻，看不到其他利用这片地的方法了。我记得我的老师史禄国先生也告诉过我，远在西伯利亚，中国人住下了，不管天气如何，还是要下些种子，试试看能不能种地。——这样说来，我们的民族确是和泥土分不开的了。从土里长出过光荣的历史，自然也会受到土的束缚，现在很有些飞不上天的样子。

靠种地谋生的人才明白泥土的可贵。城里人可以用土气来藐视乡下人，但是乡下，"土"是他们的命根。在数量上占着最高地位的神，无疑的是"土地"。"土地"这位最近于人性的神，老夫老妻白首偕老的一对，管着乡间一切的闲事。他们象征着可贵的泥土。我初次出国时，我的奶妈偷偷地把一包用红纸裹着的东西，塞在我箱子底下。后来，她又避了人和我说，假如水土不服，老是想家时，可以把红纸包裹的东西煮一点汤吃。这是一包灶上的泥土。——我在《一曲难忘》的电影里看到了东欧农业国家的波兰也有着类似的风俗，使我更领略了"土"在我们这种文化里所占和所应当占的地位了。

农业和游牧或工业不同，它是直接取资于土地的。游牧的人可以逐水草而居，飘忽无定；做工业的人可以择地而居，迁移无碍；而种地的人却搬不动地，长在土里的庄稼行动不得，侍候庄稼的老农也因之像是半身插入了土里，土气是因为不流动而发生的。

直接靠农业来谋生的人是黏着在土地上的。我遇见过一位在张北一带研究语言的朋友。我问他说在这一带的语言

乡土本色　7

中有没有受蒙古话的影响。他摇了摇头，不但语言上看不出什么影响，其他方面也很少。他接着说："村子里几百年来老是这几个姓，我从墓碑上去重构每家的家谱，清清楚楚的，一直到现在还是那些人。乡村里的人口似乎是附着在土上的，一代一代地下去，不太有变动。"——这结论自然应当加以条件的，但是大体上说，这是乡土社会的特性之一。我们很可以相信，以农为生的人，世代定居是常态，迁移是变态。大旱大水，连年兵乱，可以使一部分农民抛井离乡；即使像抗战这样大事件所引起基层人口的流动，我相信还是微乎其微的。

当然，我并不是说中国乡村人口是固定的。这是不可能的，因为人口在增加，一块地上只要几代的繁殖，人口就到了饱和点；过剩的人口自得宣泄出外，负起锄头去另辟新地。可是老根是不常动的。这些宣泄出外的人，像是从老树上被风吹出去的种子，找到土地的生存了，又形成一个小小的家族殖民地，找不到土地的也就在各式各样的运命下被淘汰了，或是"发迹了"。我在广西靠近瑶山的区域里还看见过这类从老树上吹出来的种子，拼命在垦地。在云南，我看见过这类种子所长成的小村落，还不过是两三代的事；我在那里也看见过找不着地的那些"孤魂"，以及死了给狗吃的路毙尸体。

不流动是从人和空间的关系上说的，从人和人在空间的排列关系上说就是孤立和隔膜。孤立和隔膜并不是以个人为单位的，而是以一处住在的集团为单位的。本来，从农业本身看，许多人群居在一处是无须的。耕种活动里分工的程度很浅，至多在男女间有一些分工，好像女的插秧，男的锄地等。这种合作与其说是为了增加效率，不如说是因为在某一时间男的忙不过来，家里人出来帮帮忙罢了。耕种活动中既不向分工专业方面充分发展，农业本身也就没有聚集许多人住在一起的需要了。我们看见乡下有大小不同的聚居社区，也可以想到那是出于农业本身以外的原因了。

乡下最小的社区可以只有一户人家。夫妇和孩子聚居于一处有着两性和抚育上的需要。无论在什么性质的社会里，除了军队、学校这些特殊的团体外，家庭总是最基本的抚育社群。在中国乡下这种只有一户人家的小社区是不常见的。在四川的山区种梯田的地方，可能有这类情形，大多的农民是聚村而居。这一点对于我们乡土社会的性质很有影响。美国的乡下大多是一户人家自成一个单位，很少屋檐相接的邻舍。这是他们早年拓殖时代，人少地多的结果，同时也保持了他们个别负责，独来独往的精神。我们中国很少类似的情形。

中国农民聚村而居的原因大致说来有下列几点：一、每家所耕的面积小，所谓小农经营，所以聚在一起住，住宅和农场不会距离得过分远。二、需要水利的地方，他们有合作的需要，在一起住，合作起来比较方便。三、为了安全，人多了容易保卫。四、土地平等继承的原则下，兄弟分别继承祖上的遗业，使人口在一地方一代一代地积起来，成为相当大的村落。

无论出于什么原因，中国乡土社区的单位是村落，从三家村起可以到几千户的大村。我在上文所说的孤立、隔膜是以村和村之间的关系而说的。孤立和隔膜并不是绝对的，但是人口的流动率小，社区间的往来也必然疏少。我想我们很可以说，乡土社会的生活是富于地方性的。地方性是指他们活动范围有地域上的限制，在区域间接触少，生活隔离，各自保持着孤立的社会圈子。

乡土社会在地方性的限制下成了生于斯、死于斯的社会。常态的生活是终老是乡。假如在一个村子里的人都是这样的话，在人和人的关系上也就发生了一种特色，每个孩子都是在人家眼中看着长大的，在孩子眼里周围的人也是从小就看惯的。这是一个"熟悉"的社会，没有陌生人的社会。

在社会学里，我们常分出两种不同性质的社会，一种并没有具体目的，只是因为在一起生长而发生的社会，一种是为了要完成一件任务而结合的社会。用 Tönnies 的话说：前者是 Gemeinschaft，后者是 Gesellschaft；用 Durkheim 的话说：前者是"有机的团结"，后者是"机械的团结"。用我们自己的话说，前者是礼俗社会，后者是法理社会。——我以后还要详细分析这两种社会的不同。在这里我想说明的是生活上被土地所围住的乡民，他们平素所接触的是生而与俱的人物，正像我们的父母兄弟一般，并不是由于我们选择得来的关系，而是无须选择，甚至先我而在的一个生活环境。

熟悉是从时间里、多方面、经常的接触中所发生的亲密的感觉。这感觉是无数次的小摩擦里陶炼出来的结果。这过程是《论语》第一句里的"习"字。"学"是和陌生事物的最初接触,"习"是陶炼,"不亦乐乎"是描写熟悉之后的亲密感觉。在一个熟悉的社会中,我们会得到从心所欲而不逾规矩的自由。这和法律所保障的自由不同。规矩不是法律,规矩是"习"出来的礼俗。从俗即是从心。换一句话说,社会和个人在这里通了家。

"我们大家是熟人,打个招呼就是了,还用得着多说么?"——这类的话已经成了我们现代社会的阻碍。现代社会是个陌生人组成的社会,各人不知道各人的底细,所以得讲个明白;还要怕口说无凭,画个押,签个字,这样才发生法律。在乡土社会中法律是无从发生的。"这不是见外了么?"乡土社会里从熟悉得到信任。这信任并非没有根据的,其实最可靠也没有了,因为这是规矩。西洋的商人到现在还时常说中国人的信用是天生的。类于神话的故事真多:说是某人接到了大批瓷器,还是他祖父在中国时订的货,一文不要的交了来,还说着许多不能及早寄出的抱歉话。——乡土社会的信用并不是对契约的重视,而是发生于对一种行为的规矩熟悉到不加思索时的可靠性。

这自是"土气"的一种特色。因为只有直接有赖于泥土的生活才会像植物一般地在一个地方生下根,这些生了根在一个小地方的人,才能在悠长的时间中,从容地去摸熟每个人的生活,像母亲对于她的儿女一般。陌生人对于婴孩的话是无法懂的,但是在做母亲的人听来都清清楚楚,还能听出没有用字音表达的意思来。

不但对人，他们对物也是"熟悉"的。一个老农看见蚂蚁在搬家了，会忙着去田里开沟，他熟悉蚂蚁搬家的意义。从熟悉里得来的认识是个别的，并不是抽象的普遍原则。在熟悉的环境里生长的人，不需要这种原则，他只要在接触所及的范围之中知道从手段到目的间的个别关联。在乡土社会中生长的人似乎不太追求这笼罩万有的真理。我读《论语》时，看到孔子在不同人面前说着不同的话来解释"孝"的意义时，我感觉到这乡土社会的特性了。孝是什么？孔子并没有抽象地加以说明，而列举具体的行为，因人而异的答复了他的学生。最后甚至归结到心安两字。做子女的得在日常接触中去摸熟父母的性格，然后去承他们的欢，做到自己的心安。这说明了乡土社会中人和人相处的基本办法。

这种办法在一个陌生人面前是无法应用的。在我们社会的激速变迁中，从乡土社会进入现代社会的过程中，我们在乡土社会中所养成的生活方式处处产生了流弊。陌生人所组成的现代社会是无法用乡土社会的习俗来应付的。于是，"土气"成了骂人的词汇，"乡"也不再是衣锦荣归的去处了。

文字下乡

乡下人在城里人眼睛里是"愚"的。我们当然记得不少提倡乡村工作的朋友们,把愚和病贫联结起来去作为中国乡村的症候。关于病和贫我们似乎还有客观的标准可说,但是说乡下人"愚",却是凭什么呢?乡下人在马路上听见背后汽车连续的按喇叭,慌了手脚,东避也不是,西躲又不是,司机拉住闸车,在玻璃窗里,探出半个头,向着那土老头儿,啐了一口:"笨蛋!"——如果这是愚,真冤枉了他们。我曾带了学生下乡,田里长着包谷,有一位小姐,冒充着内行,说:"今年麦子长得这么高。"旁边的乡下朋友,虽则没有啐她一口,但是微微地一笑,也不妨译作"笨蛋"。乡下人没有见过城里的世面,因之而不明白怎样应付汽车,那是知识问题,不是智力问题,正等于城里人到了乡下,连狗都不会赶一般。如果我们不承认郊游的仕女们一听见狗吠就变色是"白痴",自然没有理由说乡下人不知道"靠左边走"或"靠右边走"等时常会因政令而改变的方向是因为他们"愚不可及"了。"愚"在什么地方呢?

其实乡村工作的朋友说乡下人愚那是因为他们不识字,我们称之曰"文盲",意思是白生了眼睛,连字都不识。这自然是事实。我绝不敢反对文字下乡的运动，可是如果说不识字就是愚，我心里总难甘服。"愚"如果是智力的不足或缺陷，识字不识字并非愚不愚的标准。智力是学习的能力。如果一个人没有机会学习，不论他有没有学习的能力还是学不到什么的。我们是不是说乡下人不但不识字，而且识字的能力都不及人呢？

说到这里我记起了疏散在乡下时的事来了。同事中有些孩子送进了乡间的小学，在课程上这些孩子样样比乡下孩子学得快、成绩好。教员们见面时总在家长面前夸奖这些孩子们有种、聪明。这等于说教授们的孩子智力高。我对于这些恭维自然是私心窃喜。穷教授别的已经全被剥夺，但是我们还有别种人所望尘莫及的遗传。但是有一天，我在田野里看放学回来的小学生们捉蚱蜢，那些"聪明"而"有种"的孩子，扑来扑去，屡扑屡失，而那些乡下孩子却反应灵敏，一扑一得。回到家来，刚才一点骄傲似乎又没有了着落。

乡下孩子在教室里认字认不过教授们的孩子，和教授们的孩子在田野里捉蚱蜢捉不过乡下孩子，在意义上是相同的。我并不责备自己孩子蚱蜢捉得少，第一是我们无须用蚱蜢来加菜（云南乡下蚱蜢是下饭的，味道很近于苏州的虾干），第二是我的孩子并没有机会练习。教授们的孩子穿了鞋袜，为了体面，不能不择地而下足，弄污了回家来会挨骂，于是在他们捉蚱蜢时不免要有些顾忌，动作不活灵了。这些也许还在其次，他们日常并不在田野里跑惯，要分别草和虫，须费一番眼力，蚱蜢的保护色因之易于生效。——我为自己孩子所作的辩护是不是同样也可以用之于乡下孩子在认字上的"愚"呢？我想是很适当的。乡下孩子不像教授们的孩子到处看见书籍，到处接触着字，这不是他们日常所混熟的环境。教授们的孩子并不见得一定是遗传上有什么特别善于识字的能力，显而易见的却是有着易于识字的环境。这样说来，乡下人是否在智力上比不上城里人，至少还是个没有结论的题目。

这样看来，乡村工作的朋友们说乡下人愚，显然不是指他们智力不及人，而是说他们知识不及人了。这一点，依我们上面所说的，还是不太能自圆其说。至多是说，乡下人在城市生活所需的知识上是不及城市里人多。这是正确的。我们是不是也因之可以说乡下多文盲是因为乡下本来无须文字眼睛呢？说到这里，我们应当讨论一下文字的用处了。

我在上一篇里说明了乡土社会的一个特点就是这种社会的人是在熟人里长大的。用另一句话来说，他们生活上互相合作的人都是天天见面的。在社会学里我们称之作 Face to face group，直译起来是面对面的社群。归有光的《项脊轩记（志）》里说，他日常接触的老是那些人，所以日子久了可以用脚声来辨别来者是谁。在"面对面的社群"里甚至可以不必见面而知道对方是谁。我们自己虽说是已经多少在现代都市里住过一时了，但是一不留心，乡土社会里所养成的习惯还是支配着我们。你不妨试一试，如果有人在你门上敲着要进来，你问："谁呀？"门外的人十之八九回答你一个大声的"我"。这是说，你得用声气辨人。在面对面的社群里一起生活的人是不必通名报姓的。很少太太会在门外用姓名来回答丈夫的发问。但是我们因为久习于这种"我呀！""我呀！"的回答，也很有时候用到了门内人无法辨别你声音的场合。我有一次，久别家乡回来，在电话里听到了一个无法辨别的"我呀"时，的确闹了一个笑话。

"贵姓大名"是因为我们不熟悉而用的。熟悉的人大可不必如此，足声、声气甚至气味，都可以是足够的"报名"。我们社交上姓名的不常上口也就表示了我们原本是在熟人中生活的，是个乡土社会。

文字发生之初是"结绳记事"，需要结绳来记事是为了在空间和时间中人和人的接触发生了阻碍。我们不能当面讲话，才需要找一些东西来代话。在广西的瑶山里，部落有急，就派了人送一枚铜钱到别的部落里去，对方接到了这记号，立刻派人来救。这是"文字"，一种双方约好代表一种意义的记号。如果是面对面可以直接说话时，这种被预先约好的意义所拘束的记号，不但多余，而且有时会词不达意引起误会的。在十多年前青年们讲恋爱，受着直接社交的限制，通行着写情书，很多悲剧是因情书的误会而发生的。有这种经验的人必然能痛悉文字的限制。

文字所能传的情、达的意是不完全的。这不完全是出于"间接接触"的原因。我们所要传达的情意是和当时当地的外局相配合的。你用文字把当时当地的情意记了下来，如果在异时异地的阓局中去看，所会引起的反应很难尽合于当时当地的阓局中可能引起的反应。文字之成为传情达意的工具常有这个无可补救的缺陷。于是在利用文字时，我们要讲究文法，讲究艺术。文法和艺术就在减少文字的"走样"。

在说话时，我们可以不注意文法。并不是说话时没有文法，而是因为我们有着很多辅助表情来补充传达情意的作用。我们可以用手指指着自己而在话里吃去一个我字。在写作时却不能如此。于是我们得尽量的依着文法去写成完整的句子了。不合文法的字词难免引起人家的误会，所以不好。说话时我们如果用了完整的句子，不但显得迂阔，而且可笑。这是从书本上学外国语的人常会感到的痛苦。

文字是间接的说话，而且是个不太完善的工具。当我们有了电话、广播的时候，书信文告的地位已经大受影响。等到传真的技术发达之后，是否还用得到文字，是很成问题的。

这样说来，在乡土社会里不用文字绝不能说是"愚"的表现了。面对面的往来是直接接触，为什么舍此比较完善的语言而采取文字呢？

我还想在这里推进一步说，在面对面社群里，连语言本身都是不得已而采取的工具。语言本是用声音来表达的象征体系。象征是附着意义的事物或动作。我说"附着"是因为"意义"是靠联想作用加上去的，并不是事物或动作本身具有的性质。这是社会的产物，因为只有在人和人需要配合行为的时候，个人才需要有所表达；而且表达的结果必须使对方明白所要表达的意义。所以象征是包括多数人共认的意义，也就是这一事物或动作会在多数人中引起相同的反应。

因之，我们绝不能有个人的语言，只能有社会的语言。要使多数人能对同一象征具有同一意义，他们必须有着相同的经历，就是说在相似的环境中接触和使用同一象征，因而在象征上附着了同一意义。因此在每个特殊的生活团体中，必有他们特殊的语言，有许多别种语言所无法翻译的字句。

语言只能在一个社群所有相同经验的一层上发生。群体愈大，包括的人所有的经验愈繁杂，发生语言的一层共同基础也必然愈有限，于是语言也愈趋于简单化。这在语言史上看得很清楚的。

可是从另一方面说，在一个社群所用的共同语言之外，也必然会因个人间的需要而发生许多少数人间的特殊语言，所谓"行话"。行话是同行人中的话，外行人因为没有这种经验，不会懂得。在每个学校里，甚至每个寝室里，都有他们特殊的语言。最普遍的特殊语言发生在母亲和孩子之间。

"特殊语言"不过是亲密社群中所使用的象征体系的一部分，用声音来作象征的那一部分。在亲密社群中可用来作象征体系的原料比较多。表情、动作，因为在面对面的情境中，有时比声音更容易传情达意。即使用语言时，也总是密切配合于其他象征原料的。譬如我可以和一位熟人说："真是那个！"同时眉毛一皱，嘴角向下一斜，面上的皮肤一紧，用手指在头发里一插，头一沉，对方也就明白"那个"是"没有办法""失望"的意思了。如果同样的两个字用在另一表情的配合里，意义可以完全不同。

"特殊语言"常是特别有效，因为它可以摆脱字句的固定意义。语言像是个社会定下的筛子，如果我们有一种情意和这筛子的格子不同也就漏不过去。我想大家必然有过"无言胜似有言"的经验。其实这个筛子虽则帮助了人和人间的了解，而同时也使人和人间的情意公式化了，使每一人、每一刻的实际情意都走了一点样。我们永远在削足适履，使感觉敏锐的人怨恨语言的束缚。李长吉要在这束缚中去求比较切近的表达，难怪他要呕尽心血了。

于是在熟人中，我们话也少了，我们"眉目传情"，我们"指石相证"，我们抛开了比较间接的象征原料，而求更直接的会意了。所以在乡土社会中，不但文字是多余的，连语言都并不是传达情意的唯一象征体系。

我绝不是说我们不必推行文字下乡，在现代化的过程中，我们已开始抛离乡土社会，文字是现代化的工具。我要辨明的是乡土社会中的文盲，并非出于乡下人的"愚"，而是由于乡土社会的本质。我而且愿意进一步说，单从文字和语言的角度中去批判一个社会中人和人的了解程度是不够的，因为文字和语言，只是传情达意的一种工具，并非唯一的工具，而且这工具本身是有缺陷的，能传的情、能达的意是有限的。所以在提倡文字下乡的人，必须先考虑到文字和语言的基础，否则开几个乡村学校和使乡下人多识几个字，也许并不能使乡下人"聪明"起来。

再论文字下乡

在上一篇《文字下乡》里,我说起了文字的发生是在人和人传情达意的过程中受到了空间和时间的阻隔的情境里。可是我在那一篇里只就空间阻隔的一点说了些话。乡土社会是个面对面的社会,有话可以当面说明白,不必求助于文字。这一层意思容易明白,但是关于时间阻隔上怎样说法呢?在本文中,我想申引这一层意思了。

所谓时间上的阻隔有两方面,一方面是个人的今昔之隔,一方面是社会的世代之隔。让我先从前一方面说起。

人的生活和其他动物所不同的,是在他富于学习的能力。他的行为方式并不固执地受着不学而能的生理反应所支配。所谓学就是在出生之后以一套人为的行为方式作模型,把本能的那一套方式加以改造的过程。学的方法是"习"。习是指反复地做,靠时间中的磨炼,使一个人惯于一种新的做法。因之,学习必须打破个人今昔之隔。这是靠了我们人类的一种特别发达的能力,时间中的桥梁,记忆。在动物的学习过程中,我们也可以说它们有记忆,但是它们的"记忆"是在简单的生理水准上。一个小白老鼠在迷宫里学得了捷径,它所学得的是一套新的生理反应。和人的学习不相同的是它们并不靠一套象征体系的。人固然有很多习惯，在本质上是和小白老鼠走迷宫一般的，但是他却时常多一个象征体系帮他的忙。所谓象征体系中最重要的是"词"。我们不断地在学习时说着话，把具体的情境抽象成一套能普遍应用的概念，概念必然是用词来表现的，于是我们靠着词，使我们从特殊走上普遍，在个别情境中搭下了桥梁；又使我们从当前走到今后，在片刻情境中搭下了桥梁。从这方面看去，一个动物和时间的接触，可以说是一条直线的，而人和时间的接触，靠了概念，也就是词，却比一条直线来得复杂。他有能力闭了眼睛置身于"昔日"的情境中，人的"当前"中包含着从"过去"拔萃出来的投影，时间的选择累积。

在一个依本能而活动的动物不会发生时间上阻隔的问题，他的寿命是一连串的"当前"，谁也不能剪断时间，像是一条水，没有刀割得断。但是在人却不然，人的当前是整个靠记忆所保留下来的"过去"的累积。如果记忆消失了、遗忘了，我们的"时间"就可说是阻隔了。

人之所以要有记忆，也许并不是因为他的脑子是个自动的摄影箱。人有此能力是事实，人利用此能力，发展此能力，还是因为他"当前"的生活必须有着"过去"所传下来的办法。我曾说人的学习是向一套已有的方式的学习。唯有学会了这套方式才能在人群中生活下去。这套方式并不是每个人个别的创制，而是社会的遗业。小白老鼠并不向别的老鼠学习，每只老鼠都得自己在具体情境里，从"试验错误"的过程中，得到个别的经验。它们并不能互相传递经验，互相学习，人靠了他的抽象能力和象征体系，不但累积了自己的经验，而且可以累积别人的经验。上边所谓那套传下来的办法，就是社会共同的经验的累积，也就是我们常说的文化。文化是依赖象征体系和个人的记忆而维持着的社会共同经验。这样说来，每个人的"当前"，不但包括他个人"过去"的投影，而且是整个民族的"过去"的投影。历史对于个人并不是点缀的饰物，而是实用的、不能或缺的生活基础。人不能离开社会生活，就不能不学习文化。文化得靠记忆，不能靠本能，所以人在记忆力上不能不力求发展。我们不但要在个人的今昔之间筑通桥梁，而且在社会的世代之间也得筑通桥梁，不然就没有了文化，也没有了我们现在所能享受的生活。

我说了这许多话，也许足够指明了人的生活和时间的关联了。在这关联中，词是最主要的桥梁。有人说，语言造成了人，那是极对的。《圣经》上也有上帝说了什么，什么就有了，"说"是"有"的开始。这在物质宇宙中尽管可以不对，在文化中是对的。没有象征体系也就没概念，人的经验也就不能或不易在时间里累积，如要生活也不能超过禽兽。

但是词却不一定要文。文是用眼睛可以看得到的符号，就是字。词不一定是刻出来或写出来的符号，也可以是用声音说出来的符号、语言。一切文化中不能没有"词"，可是不一定有"文字"。我这样说是因为我想说明的乡土社会，大体上，是没有"文字"的社会。在上篇，我从空间格局中说到了乡下人没有文字的需要,在这里我是想从时间格局中说明同一结果。

我说过我们要发展记忆,那是因为我们生活中有此需要。没有文化的动物中,能以本能来应付生活,就不必有记忆。我这样说,其实也包含了另一项意思,就是人在记忆上发展的程度是依他们生活需要而决定的。我们每个人,每一刻,所接触的外界是众多复杂,但是并不尽入我们的感觉,我们有所选择。和我们眼睛所接触的外界我们并不都看见,我们只看见我们所注意的,我们的视线有焦点,焦点依着我们的注意而移动。注意的对象由我们选择,选择的根据是我们生活的需要。对于我们生活无关的,我们不关心,熟视无睹。我们的记忆也是如此,我们并不记取一切的过去,而只记取一切过去中极小的一部分。我说记取,其实不如说过后回忆为妥当。"记"带有在当前为了将来有用而加以认取的意思,"忆"是为了当前有关而回想到过去经验。事实上,在当前很难预测将来之用,大多是出于当前的需要而追忆过去。有时这过程非常吃力,所以成为"苦忆"。可是无论如何记忆并非无所为的,而是实用的,是为了生活。

在一个乡土社会中生活的人所需记忆的范围和生活在现代都市的人是不同的。乡土社会是一个生活很安定的社会。我已说过,向泥土讨生活的人是不能老是移动的。在一个地方出生的就在这地方生长下去,一直到死。极端的乡土社会是老子所理想的社会,"鸡犬相闻,老死不相往来"。不但个人不常抛井离乡,而且每个人住的地方常是他的父母之邦。"生于斯,死于斯"的结果必是世代的黏着。这种极端的乡土社会固然不常实现,但是我们的确有历世不移的企图,不然为什么死在外边的人,一定要把棺材运回故乡,葬在祖茔上呢?一生取给于这块泥土,死了,骨肉还得回入这块泥土。

历世不移的结果,人不但在熟人中长大,而且在熟悉的地方上生长大。熟悉的地方可以包括极长时间的人和土的混合。祖先们在这地方混熟了,他们的经验也必然就是子孙们所会得到的经验。时间的悠久是从谱系上说的,从每个人可能得到经验说,却是同一方式的反复重演。同一戏台上演着同一的戏,这个班子里演员所需要记得的,也只有一套戏文。他们个别的经验,就等于世代的经验。经验无须不断累积,只需老是保存。

我记得在小学里读书时,老师逼着我记日记,我执笔苦思,结果只写下"同上"两字。那是真情,天天是"晨起,上课,游戏,睡觉",有何可记的呢?老师下令不准"同上",小学生们只有扯谎了。

在定型生活中长大的有着深入生理基础的习惯帮着我们"日出而起,日入而息"的工作节奏。记忆都是多余的。"不知老之将至"就是描写"忘时"的生活。秦亡汉兴,没有关系。乡土社会中不怕忘,而且忘得舒服。只有在轶出于生活常轨的事,当我怕忘记时,方在指头上打一个结。

指头上的结是文字的原始方式,目的就是用外在的象征,利用联想作用,帮助人的记忆。在一个常常变动的环境中，我们感觉到自己记忆力不够时，方需要这些外在的象征。从语言变到文字，也就是从用声音来说词，变到用绳打结，用刀刻图，用笔写字，是出于我们生活从定型到不定型的过程中。在都市中生活，一天到晚接触着陌生面孔的人才需要在袋里藏着本姓名录、通信簿。在乡土社会中黏着相片的身份证，是毫无意义的。在一个村子里可以有一打以上的"王大哥"，绝不会因之错认了人。

在一个每代的生活等于开映同一影片的社会中，历史也是多余的，有的只是"传奇"。一说到来历就得从"开天辟地"说起；不从这开始，下文不是只有"寻常"的当前了么？都市社会里有新闻；在乡土社会，"新闻"是稀奇古怪、荒诞不经的意思。在都市社会里有名人，乡土社会里是"人怕出名，猪怕壮"。不为人先，不为人后，做人就得循规蹈矩。这种社会用不上常态曲线，而是一个模子里印出来的一套。

在这种社会里，语言是足够传递世代间的经验了。当一个人碰着生活上的问题时，他必然能在一个比他年长的人那里问得到解决这问题的有效办法，因为大家在同一环境里，走同一道路，他先走，你后走；后走的所踏的是先走的人的脚印，口口相传，不会有遗漏。哪里用得着文字？时间里没有阻隔，拉得十分紧，全部文化可以在亲子之间传授无缺。

这样说，中国如果是乡土社会，怎么会有文字的呢？我的回答是中国社会从基层上看去是乡土性，中国的文字并不是在基层上发生。最早的文字就是庙堂性的，一直到目前还不是我们乡下人的东西。我们的文字另有它发生的背景，我在本文所需要指出的是在这基层上，有语言而无文字。不论在空间和时间的格局上，这种乡土社会，在面对面的亲密接触中，在反复地在同一生活定型中生活的人们，并不是愚到字都不认得，而是没有用字来帮助他们在社会中生活的需要。我同时也等于说，如果中国社会乡土性的基层发生了变化，也只有发生了变化之后，文字才能下乡。

差序格局

在乡村工作者看来,中国乡下佬最大的毛病是"私"。说起私,我们就会想到"各人自扫门前雪,莫管他人屋上霜"的俗语。谁也不敢否认这俗语多少是中国人的信条。其实抱有这种态度的并不只是乡下人,就是所谓城里人,何尝不是如此。扫清自己门前雪的还算是了不起的有公德的人,普通人家把垃圾在门口的街道上一倒,就完事了。苏州人家后门常通一条河,听来是最美丽也没有了,文人笔墨里是中国的威尼斯,可是我想天下没有比苏州城里的水道更脏的了。什么东西可以向这种出路本来不太畅通的小河沟里一倒,有不少人家根本就不必有厕所。明知人家在这河里洗衣洗菜,毫不觉得有什么需要自制的地方。为什么呢?——这种小河是公家的。

一说是公家的,差不多就是说大家可以占一点便宜的意思,有权利而没有义务了。小到两三家合住的院子,公共的走廊上照例是尘灰堆积,满院生了荒草,谁也不想去拔拔清楚,更难以插足的自然是厕所。没有一家愿意去管"闲事",谁看不惯,谁就得白服侍人,半声谢意都得不到。于是像格兰亨姆的公律,坏钱驱逐好钱一般,公德心就在这里被自私心驱走。

从这些事上来说，私的毛病在中国实在比了愚和病更普遍得多，从上到下似乎没有不害这毛病的。现在已成了外国舆论一致攻击我们的把柄了。所谓贪污无能，并不是每个人绝对的能力问题，而是相对的，是从个人对公家的服务和责任上说的。中国人并不是不善经营，只要看南洋那些华侨在商业上的成就，西洋人谁不侧目？中国人更不是无能，对于自家的事，抓起钱来，拍起马屁来，比哪一个国家的人能力都大。因之这里所谓"私"的问题却是个群己、人我的界限怎样划法的问题。我们传统的划法，显然是和西洋的划法不同。因之，如果我们要讨论私的问题就得把整个社会结构的格局提出来考虑一下了。

西洋的社会有些像我们在田里捆柴，几根稻草束成一把，几把束成一扎，几扎束成一捆，几捆束成一挑。每一根柴在整个挑里都属于一定的捆、扎、把。每一根柴也可以找到同把、同扎、同捆的柴，分扎得清楚不会乱的。在社会，这些单位就是团体。我说西洋社会组织像捆柴就是想指明：他们常常由若干人组成一个个的团体。团体是有一定界限的，谁是团体里的人，谁是团体外的人，不能模糊，一定分得清楚。在团体里的人是一伙，对于团体的关系是相同的，如果同一团体中有组别或等级的分别，那也是先规定的。我用捆柴来比拟，有一点不太合，就是一个人可以参加好几个团体，而好几扎柴里都有某一根柴当然是不可能的，这是人和柴不同的地方。我用这譬喻是在想具体一些使我们看到社会生活中人和人的关系的一种格局。我们不妨称之作团体格局。

家庭在西洋是一种界限分明的团体。如果有一位朋友写信给你说他将要"带了他的家庭"一起来看你，他很知道要和他一同来的是哪几个人。在中国，这句话是含糊得很。在英美，家庭包括他和他的妻以及未成年的孩子。如果他只和他太太一起来，就不会用"家庭"。在我们中国"阖第光临"虽则常见，但是很少人能说得出这个"第"字究竟应当包括些什么人。

提到了我们的用字，这个"家"字可以说最能伸缩自如了。"家里的"可以指自己的太太一个人，"家门"可以指伯叔侄子一大批，"自家人"可以包罗任何要拉入自己的圈子，表示亲热的人物。自家人的范围是因时因地可伸缩的，大到数不清，真是天下可成一家。

为什么我们这个最基本的社会单位的名词会这样不清不楚呢？在我看来却表示了我们的社会结构本身和西洋的格局不相同的，我们的格局不是一捆一捆扎清楚的柴，而是好像把一块石头丢在水面上所发生的一圈圈推出去的波纹。每个人都是他社会影响所推出去的圈子的中心。被圈子的波纹所推及的就发生联系。每个人在某一时间某一地点所动用的圈子是不一定相同的。

我们社会中最重要的亲属关系就是这种丢石头形成同心圆波纹的性质。亲属关系是根据生育和婚姻事实所发生的社会关系。从生育和婚姻所结成的网络，可以一直推出去包括无穷的人，过去的、现在的和未来的人物。我们俗语里有"一表三千里"，就是这个意思，其实三千里者也不过指其广袤的意思而已。这个网络像个蜘蛛的网，有一个中心，就是自己。我们每个人都有这么一个以亲属关系布出去的网，但是没有一个网所罩住的人是相同的。在一个社会里的人可以用同一个体系来记认他们的亲属，所同的只是这体系罢了。体系是抽象的格局，或是范畴性的有关概念。当我们用这体系来认取具体的亲亲戚戚时，各人所认的就不同了。我们在亲属体系里都有父母，可是我的父母却不是你的父母。再进一步说，天下没有两个人所认取的亲属可以完全相同的。兄弟两人固然有相同的父母了，但是各人有各人的妻子儿女。因之，以亲属关系所联系成的社会关系的网络来说，是个别的。每一个网络有个"己"作为中心，各个网络的中心都不同。

在我们乡土社会里，不但亲属关系如此，地缘关系也是如此。现代的保甲制度是团体格局性的，但是这和传统的结构却格格不相入。在传统结构中，每一家以自己的地位作中心，周围划出一个圈子，这个圈子是"街坊"。有喜事要请酒，生了孩子要送红蛋，有丧事要出来助殓，抬棺材，是生活上的互助机构。可是这不是一个固定的团体，而是一个范围。范围的大小也要依着中心的势力厚薄而定。有势力的人家的街坊可以遍及全村，穷苦人家的街坊只是比邻的两三家。这和我们的亲属圈子一般的。像贾家的大观园里，可以住着姑表林黛玉，姨表薛宝钗，后来更多了，什么宝琴、岫云，凡是拉得上亲戚的，都包容得下。可是势力一变，树倒猢狲散，缩成一小团。到极端时，可以像苏秦潦倒归来，"妻不以为夫，嫂不以为叔"。中国传统结构中的差序格局具有这种伸缩能力。在乡下，家庭可以很小，而一到有钱的地主和官僚阶层，可以大到像个小国。中国人也特别对世态炎凉有感触，正因为这富于伸缩的社会圈子会因中心势力的变化而大小。

在孩子成年了住在家里都得给父母膳宿费的西洋社会里，大家承认团体的界限。在团体里的有一定的资格。资格取消了就得走出这个团体。在他们不是人情冷热的问题，而是权利问题。在西洋社会里争的是权利，而在我们却是攀关系、讲交情。

以"己"为中心，像石子一般投入水中，和别人所联系成的社会关系，不像团体中的分子一般大家立在一个平面上的，而是像水的波纹一般，一圈圈推出去，愈推愈远，也愈推愈薄。在这里我们遇到了中国社会结构的基本特性了。我们儒家最考究的是人伦，伦是什么呢？我的解释就是从自己推出去的和自己发生社会关系的那一群人里所发生的一轮轮波纹的差序。"释名"于"伦"字下也说"伦也，水文相次有伦理也"。潘光旦先生曾说：凡是有"仑"作公分母的意义都相通，"共同表示的是条理、类别、秩序的一番意思"（见潘光旦《说伦字》，《社会研究》第十九期）。

伦重在分别，在《礼记》祭统里所讲的十伦，鬼神、君臣、父子、贵贱、亲疏、爵赏、夫妇、政事、长幼、上下，都是指差等。"不失其伦"是在别父子、远近、亲疏。伦是有差等的次序。在我们现在读来，鬼神、君臣、父子、夫妇等具体的社会关系，怎能和贵贱、亲疏、远近、上下等抽象的相对地位相提并论？其实在我们传统的社会结构里最基本的概念，这个人和人往来所构成的网络中的纲纪，就是一个差序，也就是伦。《礼记·大传》里说："亲亲也、尊尊也、长长也，男女有别，此其不可得与民变革者也。"意思是这个社会结构的架格是不能变的，变的只是利用这架格所做的事。

孔子最注重的就是水纹波浪向外扩张的推字。他先承认一个己，推己及人的己，对于这己，得加以克服于礼，克己就是修身。顺着这同心圆的伦常，就可向外推了。"本立而道生"，"其为人也孝弟，而好犯上者鲜矣，不好犯上而好作乱者，未之有也"。从己到家，由家到国，由国到天下，是一条通路。《中庸》里把五伦作为天下之达道。因为在这种社会结构里，从己到天下是一圈一圈推出去的，所以孟子说他"善推而已矣"。

在这种富于伸缩性的网络里，随时随地是有一个"己"作中心的。这并不是个人主义，而是自我主义。个人是对团体而说的，是分子对全体。在个人主义下，一方面是平等观念，指在同一团体中各分子的地位相等，个人不能侵犯大家的权利；一方面是宪法观念，指团体不能抹杀个人，只能在个人们所愿意交出的一分权利上控制个人。这些观念必须先假定了团体的存在。在我们中国传统思想里是没有这一套的，因为我们所有的是自我主义，一切价值是以"己"作为中心的主义。

自我主义并不限于拔一毛而利天下不为的杨朱，连儒家都该包括在内。杨朱和孔子不同的是杨朱忽略了自我主义的相对性和伸缩性。他太死心眼儿一口咬了一个自己不放；孔子是会推己及人的，可是尽管放之于四海，中心还是在自己。子曰："为政以德，譬如北辰，居是所，而众星拱之。"这是很好一个差序格局的譬喻，自己总是中心，像四季不移的北斗星，所有其他的人，随着他转动。孔子并不像耶稣，耶稣是有超于个人的团体的，他有他的天国，所以他可以牺牲自己去成全天国。孔子呢？不然。

> 子贡曰："如有博施于民，而能济众何如？可谓仁乎？"子曰："何事于仁，必也圣乎！尧舜其犹病诸？夫仁者己欲立而立人，己欲达而达人，能近取譬，可谓仁之方也已。"

孔子的道德系统里绝不肯离开差序格局的中心，"君子求诸己，小人求诸人"。因之，他不能像耶稣一样普爱天下，甚至而爱他的仇敌，还要为杀死他的人求上帝的饶赦——这些不是从自我中心出发的。孔子呢？或曰："以德报怨，何如？"子曰："何以报德？以直报怨，以德报德。"这是差序层次，孔子是绝不放松的。孔子并不像杨朱一般以小己来应付一切情境，他把这道德范围依着需要而推广或缩小。他不像耶稣或中国的墨翟，一放不能收。

我们一旦明白这个能放能收、能伸能缩的社会范围，我们可以明白中国传统社会中的私的问题了。我常常觉得，中国传统社会里一个人为了自己可以牺牲家，为了家可以牺牲党，为了党可以牺牲国，为了国可以牺牲天下。这和《大学》的：

> 古之欲明明德于天下者，先治其国，欲治其国者，先齐其家，欲齐其家者，先修其身……身修而后家齐，家齐而后国治，国治而后天下平。

在条理上是相通的，不同的只是内向和外向的路线，正面和反面的说法，这是种差序的推浪形式，把群己的界限弄成了相对性，也可以说是模糊两可了。这和西洋把权利和义务分得清清楚楚的社会，大异其趣。

为自己可以牺牲家，为家可以牺牲族……这是一个事实上的公式。在这种公式里，你如果说他私么，他是不能承认的，因为当他牺牲族时，他可以为了家，家在他看来是公的。当他牺牲国家为他小团体谋利益、争权利时，他也是为公，为了小团体的公。在差序格局里，公和私是相对而言的，站在任何一圈里，向内看也可以说是公的。其实当西洋的外交家在国际会议里为了自己国家争利益，不惜牺牲世界和平和别国合法利益时，也是这样的。所不同的，他们把国家看成了一个超过一切小组织的团体，为这个团体，上下双方都可以牺牲，但不能牺牲它来成全别种团体。这是现代国家观念，乡土社会中是没有的。

在西洋社会里，国家这个团体是一个明显的，也是唯一特出的群己界限。在国家里做人民的无所逃于这团体之外，像一根柴捆在一束里，他们不能不把国家弄成个为每个分子谋利益的机构，于是他们有革命、有宪法、有法律、有国会，等等。在我们传统里群的极限是模糊不清的"天下"，国是皇帝之家，界限从来就是不清不楚的，不过是从自己这个中心里推出去的社会势力里的一圈而已。所以可以着手的、具体的只有己，克己就成了社会生活中最重要的德性，他们不会去克群，使群不致侵略个人的权利。在这种差序格局中，不发生这问题的。

在差序格局中，社会关系是逐渐从一个一个人推出去的，是私人联系的增加，社会范围是一根根私人联系所构成的网络，因之，我们传统社会里所有的社会道德也只在私人联系中发生意义。——这一点，我将留在下篇里再提出来讨论了。

系维着私人的道德

中国乡土社会的基层结构是一种我所谓"差序格局",是一个"一根根私人联系所构成的网络"。这种格局和现代西洋的"团体格局"是不同的。在团体格局里个人间的联系靠着一个共同的架子;先有了这架子,每个人结上这架子,而互相发生关联。"公民"的观念不能不先有个"国家"。这种结构很可能是从初民民族的"部落"形态中传下来的。部落形态在游牧经济中很显著的是"团体格局"的。生活相倚赖的一群人不能单独地、零散地在山林里求生。在他们,"团体"是生活的前提。可是在一个安居的乡土社会,每个人可以在土地上自食其力地生活时,只在偶然的和临时的非常状态中才感觉到伙伴的需要。在他们,和别人发生关系是后起和次要的,而且他们在不同的场合下需要着不同程度的结合,并不显著的需要一个经常的和广被的团体。因之他们的社会采取了"差序格局"。

社会结构格局的差别引起了不同的道德观念。道德观念是在社会里生活的人自觉应当遵守社会行为规范的信念。它包括着行为规范,行为者的信念和社会的制裁。它的内容是人和人关系的行为规范,是依着该社会的格局而决定的。

从社会观点说，道德是社会对个人行为的制裁力，使他们合于规定下的形式行事，用以维持该社会的生存和绵续。

在"团体格局"中，道德的基本观念建筑在团体和个人的关系上。团体是个超于个人的"实在"，不是有形的东西。我们不能具体地拿出一个有形体的东西来说这是团体。它是一束人和人的关系，是一个控制各个人行为的力量，是一种组成分子生活所倚赖的对象，是先于任何个人而又不能脱离个人的共同意志……这种"实在"只能用有形的东西去象征它、表示它。在"团体格局"的社会中才发生笼罩万有的神的观念。团体对个人的关系就象征在神对于信徒的关系中，是个有赏罚的裁判者，是个公正的维持者，是个全能的保护者。

我们如果要了解西洋的"团体格局"社会中的道德体系，绝不能离开他们的宗教观念的。宗教的虔诚和信赖不但是他们道德观念的来源，而且是支持行为规范的力量，是团体的象征。在象征着团体的神的观念下，有着两个重要的派生观念：一是每个个人在神前的平等；一是神对每个个人的公道。

耶稣称神是父亲，是个和每一个人共同的父亲，他甚至当着众人的面否认了生育他的父母。为了要贯彻这"平等"，基督教的神话中，耶稣是童贞女所生的。亲子间个别的和私人的联系在这里被否定了。其实这并不是"无稽之谈"，而是有力的象征，象征着"公有"的团体，团体的代表——神，必须是无私的。每个"人子"，耶稣所象征的"团体构成分子"，在私有的父亲外必须有一个更重要的与人相共的是"天父",就是团体。——这样每个个人人格上的平等才能确立,每个团体分子和团体的关系是相等的。团体不能为任何个人所私有。在这基础上才发生美国《独立宣言》中开宗明义的话:"全人类生来都平等,他们都有天赋不可夺的权利。"

可是上帝是在冥冥之中,正象征团体无形的实在;但是在执行团体的意志时,还得有人来代理。"代理者"Minister是团体格局的社会中一个基本的概念。执行上帝意志的牧师是 Minister,执行团体权力的官吏也是 Minister,都是"代理者",而不是神或团体的本身。这上帝和牧师、国家和政府的分别是不容混淆的。在基督教历史里,人们一度再度地要求直接和上帝交通,反抗"代理者"不能真正代理上帝的意旨。同样地,实际上是相通的,也可以说是一贯的,美国《独立宣言》可以接下去说:"人类为了保障这些权利,所以才组织政府,政府的适当力量,须由受治者的同意中产生出来;假如任何种政体有害于这些目标,人民即有改革或废除任何政体之权。这些真理,我们认为是不证自明的。"

神对每个个人是公道的,是一视同仁的,是爱的;如果代理者违反了这些"不证自明的真理",代理者就失去了代理的资格。团体格局的道德体系中于是发生了权利的观念。人对人得互相尊重权利,团体对个人也必须保障这些个人的权利,防止团体代理人滥用权力,于是发生了宪法。宪法观念是和西洋公务观念相配合的。国家可以要求人民的服务,但是国家也得保证不侵害人民的权利,在公道和爱护的范围内行使权力。

我说了不少关于"团体格局"中道德体系的话，目的是在陪衬出"差序格局"中道德体系的特点来。从它们的差别上看去，很多地方是刚刚相反的。在以自己作中心的社会关系网络中，最主要的自然是"克己复礼"，"壹是皆以修身为本"。——这是差序格局中道德体系的出发点。

从己向外推以构成的社会范围是一根根私人联系，每根绳子被一种道德要素维持着。社会范围是从"己"推出去的，而推的过程里有着各种路线，最基本的是亲属：亲子和同胞，相配的道德要素是孝和弟。"孝弟也者其为仁之本欤。"向另一路线推是朋友，相配的是忠信。"为人谋而不忠乎，与朋友交而不信乎？""主忠信，无友不如己者。"孔子曾总结说："弟子入则孝，出则悌，谨而信，泛爱众，而亲仁。"

在这里我得一提这比较复杂的观念"仁"。依我以上所说的，在差序格局中并没有一个超乎私人关系的道德观念，这种超己的观念必须在团体格局中才能发生。孝、弟、忠、信都是私人关系中的道德要素。但是孔子却常常提到那个仁字。论语中对于仁字的解释最多，但是也最难捉摸。一方面他一再的要给仁字明白的解释，而另一方面却又有"子罕言利，与命与仁"。孔子屡次对于这种道德要素"欲说还止"。

> 司马牛问仁。子曰："仁者其言也讱。"曰："其言也讱，斯谓之仁已乎？"子曰："为之难，言之得无讱乎？"

系维着私人的道德

子曰:"我未见好仁者。……盖有之矣,我未之见也。"

孟武伯问:"子路仁乎?"子曰:"不知也。"又问。子曰:"由也,千乘之国,可使治其赋也,不知其仁也。""求也何如?"子曰:"求也,千室之邑,百乘之家,可使为之宰也,不知其仁也。""赤也何如?"子曰:"赤也,束带立于朝,可使与宾客言,不知其仁也。"

孔子有不少次数说"不够说是仁",但是当他积极的说明"仁"字是什么时,他却退到了"克己复礼为仁""恭宽信敏惠"这一套私人间的道德要素了。他说:"能行五者于天下为仁矣。——恭则不侮,宽则得众,信则人任焉,敏则有功,惠则足以使人。"

孔子的困难是在"团体"组合并不坚强的中国乡土社会中并不容易具体的指出一个笼罩性的道德观念来。"仁"这个观念只是逻辑上的总和,一切私人关系中道德要素的共相,但是因为在社会形态中综合私人关系的"团体"的缺乏具体性,只有个广被的"天下归仁"的天下,这个和"天下"相配的"仁"也不能比"天下"观念更为清晰。所以凡是要具体说明时,还得回到"孝弟忠信"那一类的道德要素。正等于要说明"天下"时,还得回到"父子,昆弟,朋友"这些具体的伦常关系。

不但在我们传统道德系统中没有一个像基督教里那种"爱"的观念——不分差序的兼爱;而且我们也很不容易找

到个人对于团体的道德要素。在西洋团体格局的社会中，公务，履行义务，是一个清楚明白的行为规范。而在中国传统中是没有的。现在我们有时把"忠"字抬出来放在这位置里，但是忠字的意义，在《论语》中并不如此。我在上面所引"为人谋而不忠乎"一句中的忠，是"忠恕"的注解，是"对人之诚"。"主忠信"的忠，可以和衷字相通，是由衷之意。

子张问曰："令尹子文三仕为令尹，无喜色，三已之，无愠色。旧令尹之政，必以告新令尹。何如？"子曰："忠矣。"这个忠字虽则近于"忠于职务"的忠字，但是并不包含对于团体的"矢忠"。其实，在《论语》中，忠字甚至并不是君臣关系间的道德要素。君臣之间以"义"相结合。"君子之仕也，行其义也。"所以"忠臣"的观念可以说是后起的，而忠君并不是个人与团体的道德要素，而依旧是对君私人间的关系。

团体道德的缺乏，在公私的冲突里更看得清楚。就是负有政治责任的君王，也得先完成他私人间的道德。《孟子·尽心上》有：桃应问，"舜为天子，皋陶为士，瞽瞍杀人，则如之何？"孟子曰："执之而已矣。""然则舜不禁与？"曰："夫舜恶得而禁之，夫有所受之也。""然则舜如之何？"曰："舜视弃天下，犹弃敝屣也。窃负而逃，遵海滨而处，终身䜣然，乐而忘天下。"——这是说舜做了皇帝，不能用对其他国民一样的态度去对待他的父亲。孟子所回答的是这种冲突的理想解决法，他还是想两全，所以想出逃到海滨不受法律所及的地方去的办法。他这样回答是可以的，因为所问的也并非事实问题。另一个地方,孟子所遇到的问题,却更表现了道德标准的缺乏普遍性了。万章问曰:"象日以杀舜为事,立为天子,则放之,何也?"孟子曰:"封之也,或曰放焉。"万章曰:"象至不仁,封之有庳,有庳之人奚罪焉,仁人固如是乎?在他人则诛之,在弟则封之?"孟子的回答是:"身为天子,弟为匹夫,可谓亲爱之乎?"

一个差序格局的社会,是由无数私人关系搭成的网络。这网络的每一个结附着一种道德要素,因之,传统的道德里不另找出一个笼统性的道德观念来,所有的价值标准也不能超脱于差序的人伦而存在了。

中国的道德和法律,都因之得看所施的对象和"自己"的关系而加以程度上的伸缩。我见过不少痛骂贪污的朋友,遇到他的父亲贪污时,不但不骂,而且代他讳隐。更甚的,他还可以向父亲要贪污得来的钱,同时骂别人贪污。等到自己贪污时,还可以"能干"两字来自解。这在差序社会里可以不觉得是矛盾;因为在这种社会中,一切普遍的标准并不发生作用,一定要问清了,对象是谁,和自己是什么关系之后,才能决定拿出什么标准来。

团体格局的社会里,在同一团体的人是"兼善"的,就是"相同"的。孟子最反对的就是那一套。他说:"夫物之不齐,物之情也,子比而同之,是乱天下也。"墨家的"爱无差等",和儒家的人伦差序,恰恰相反,所以孟子要骂他"无父无君"了。

家　族

我曾在以上两章中，从群己的关系上讨论到社会结构的格局。我也在那章里提出了若干概念，比如"差序格局"和"团体格局"。我知道这些生疏的名词会引起读者的麻烦，但是为了要表明一些在已有社会学词汇里所没有确当名词来指称的概念，我不能不写下这些新的标记。这些标记并没有使我完全满意，而且也有容易引起误会的地方。譬如有一位朋友看过我那一章的分析之后，曾摇头说，他不能同意我说中国乡土社会里没有团体。他举出了家庭、氏族、邻里、街坊、村落，这些不是团体是什么？显然我们用同一名词指着不同的实体。我为了要把结构不同的两类"社群"分别出来，所以把团体一词加以较狭的意义，只指由团体格局中所形成的社群，用以和差序格局中所形成的社群相区别；后者被称作"社会圈子"，把社群来代替普通所谓团体。社群是一切有组织的人群。在那位朋友所列举的各种社群中，大体上都属于我所谓社会圈子的性质。在这里我可以附带说明，我并不是说中国乡土社会中没有"团体"，一切社群都属于社会圈子性质，譬如钱会，即是赊，显然是属团体格局的；我在这个分析中只想从主要的格局说，在中国乡土社会中，差序格局和社会圈子的组织是比较的重要。同样地，在西洋现代社会中差序格局同样存在，但比较上不重要罢了。这两种格局本是社会结构的基本形式，在概念上可以分得清，在事实上常常可以并存的，可以看得到的不过各有偏胜罢了。

在概念上把这两种格局和两种组织区别出来并不是多余的，因为这个区别确可帮助我们对于社会结构上获得许多更切实的了解，免除种种混淆。在这里我将接着根据这套概念去看中国乡土社会中基本社群"家"的性质。

我想在这里提出来讨论的是我们乡土社会中的基本社群，这社群普通被称为"大家庭"的。我在《江村经济》中把它称作"扩大了的家庭"（Expanded family）。这些名词的主体是"家庭"，在家庭上加一个小或大的形容词来说明中国和西洋性质上相同的"家庭"形式上的分别。可是我现在看来却觉得这名词并不妥当，比较确当的应该称中国乡土社会基本社群作"小家族"。

我提出这新名词来的原因是在想从结构的原则上去说明中西社会里"家"的区别。我们普通所谓大家庭和小家庭的差别绝不是在大小上，不是在这社群所包括的人数上，而是在结构上。一个有十多个孩子的家并不构成"大家庭"的条件，一个只有公婆儿媳四个人的家却不能称之为"小家庭"。在数目上说，前者比后者为多，但在结构上说，后者却比前者为复杂，两者所用的原则不同。

家庭这概念在人类学上有明确的界说：这是个亲子所构成的生育社群。亲子指它的结构，生育指它的功能。亲子是双系的，兼指父母双方；子女限于配偶所出生的孩子。这社群的结合是为了子女的生和育。在由个人来担负孩子生育任务的社会里，这种社群是不会少的。但是生育的功能，就每个个别的家庭说，是短期的，孩子们长成了也就脱离他们的父母的抚育，去经营他们自己的生育儿女的事务，一代又一代。家庭这社群因之是暂时性的。从这方面说，家庭这社群和普通的社群不完全一样。学校、国家这些社群并不是暂时，虽则事实上也不是永久的，但是都不是临时性的，因为它们所具的功能是长期性的。家庭既以生育为它的功能，在开始时就得准备结束。抚育孩子的目的就在结束抚育。关于这一层意思我在《生育制度》一书中有详细的讨论。

但是在任何文化中，家庭这社群总是赋有生育之外其他的功能。夫妇之间的合作并不因儿女长成而结束。如果家庭不变质，限于亲子所构成的社群，在它形成伊始，以及儿女长成之后，有一段期间只是夫妇的结合。夫妇之间固然经营着经济的、感情的、两性的合作，但是所经营的事务受着很大的限制，凡是需要较多人合作的事务就得由其他社群来经营了。

在西洋，家庭是团体性的社群，这一点我在上面已经说明有严格的团体界限。因为这缘故，这个社群能经营的事务也很少，主要的是生育儿女。可是在中国乡土社会中，家并没有严格的团体界限，这社群里的分子可以依需要，沿亲属差序向外扩大。构成这个我所谓社圈的分子并不限于亲子。但是在结构上扩大的路线却有限制。中国的家扩大的路线是单系的，就是只包括父系这一方面；除了少数例外，家并不能同时包括媳妇和女婿。在父系原则下女婿和结了婚的女儿都是外家人。在父系方面却可以扩大得很远，五世同堂的家，可以包括五代之内所有父系方面的亲属。

这种根据单系亲属原则所组成的社群，在人类学中有个专门名称，叫氏族。我们的家在结构上是一个氏族。但是和普通我们所谓族也不完全相同，因为我们所谓族是由许多家所组成，是一个社群的社群。因之，我在这里提了这个"小家族"的名词。小家族和大家族在结构原则上是相同的，不相同是在数量，在大小上。——这是我不愿用大家庭，而用小家族的原因。一字的相差，却说明了这社群的结构性质。

家族在结构上包括家庭；最小的家族也可以等于家庭。因为亲属的结构的基础是亲子关系，父母子的三角。家族是从家庭基础上推出来的。但是包括在家族中的家庭只是社会圈子中的一轮，不能说它不存在，但也不能说它自成一个独立的单位，不是一个团体。

形态上的差异，也引起了性质上的变化。家族虽则包括生育的功能，但不限于生育的功能。依人类学上的说法，氏族是一个事业组织，再扩大就可以成为一个部落。氏族和部落赋有政治、经济、宗教等复杂的功能。我们的家也正是这样。我的假设是中国乡土社会采取了差序格局，利用亲属的伦常去组合社群，经营各种事业，使这基本的家，变成氏族性了。一方面我们可以说在中国乡土社会中，不论政治、经济、宗教等功能都可以利用家族来担负；另一方面也可以说，为了要经营这许多事业，家的结构不能限于亲子的小组合，必须加以扩大。而且凡是政治、经济、宗教等事物都需要长期绵续性的，这个基本社群绝不能像西洋的家庭一般是临时的。家必须是绵续的，不因个人的长成而分裂，不因个人的死亡而结束，于是家的性质变成了族。氏族本是长期的，和我们的家一般。我称我们这种社群作小家族，也表示了这种长期性在内，和家庭的临时性相对照。

中国的家是一个事业组织，家的大小是依着事业的大小而决定。如果事业小，夫妇两人的合作已够应付，这个家也可以小得等于家庭；如果事业大，超过了夫妇两人所能担负时，兄弟伯叔全可以集合在一个大家里。这说明了我们乡土社会中家的大小变异可以很甚。但不论大小上差别到什么程度，结构原则上却是一贯的、单系的差序格局。

以生育社群来担负其他很多的功能，使这社群中各分子的关系的内容也发生了变化。在西洋家庭团体中，夫妇是主轴，夫妇共同经营生育事务，子女在这团体中是配角，他们长成了就离开这团体。在他们，政治、经济、宗教等功能有其他团体来担负，不在家庭的分内。夫妇成为主轴，两性之间的感情是凝合的力量。两性感情的发展，使他们的家庭成了获取生活上安慰的中心。我在《美国人的性格》一书中曾用"生活堡垒"一词去形容它。

在我们的乡土社会中，家的性质在这方面有着显著的差别。我们的家既是个绵续性的事业社群，它的主轴是在父子之间，在婆媳之间，是纵的，不是横的。夫妇成了配轴。配轴虽则和主轴一样并不是临时性的，但是这两轴却都被事业的需要而排斥了普通的感情。我所谓普通的感情是和纪律相对照的。一切事业都不能脱离效率的考虑。求效率就得讲纪律，纪律排斥私情的宽容。在中国的家庭里有家法，在夫妇间得相敬，女子有着三从四德的标准，亲子间讲究负责和服从。这些都是事业社群里的特色。

不但在大户人家，书香门第，男女有着阃内阃外的隔离，就是在乡村里，夫妇之间感情的淡漠也是日常可见的现象。我在乡间调查时特别注意过这问题，后来我又因疏散下乡，和农家住在一所房子里很久，更使我认识了这事实。我所知道的乡下夫妇大多是"用不着多说话的"，"实在没有什么话可说的"。一早起各人忙着各人的事，没有工夫说闲话。出了门，各做各的。妇人家如果不下田，留在家里带孩子。工做完了，男子们也不常留在家里，男子汉如果守着老婆，没出息。有事在外，没事也在外。茶馆，烟铺，甚至街头巷口，是男子们找感情上安慰的消遣场所。在那些地方，大家有说有笑，热热闹闹的。回到家，夫妇间合作顺利，各人好好地按着应做的事各做各的。做得好，没事，也没话；合作得不对劲，闹一场，动手动脚，说不上亲热。这些观察使我觉得西洋的家和我们乡下的家，在感情生活上实在不能并论。乡下，有说有笑，有情有义的是在同性和同年龄的集团中，男的和男的在一起，女的和女的在一起，孩子们又在一起，除了工作和生育事务上，性别和年龄组间保持着很大的距离。这绝不是偶然的,在我看来,这是把生育之外的许多功能拉入了这社群中去之后所引起的结果。中国人在感情上,尤其是在两性间的矜持和保留,不肯像西洋人一般的在表面上流露,也是在这种社会圜局中养成的性格。

男女有别

在上篇我说家族在中国的乡土社会里是一个事业社群，凡是做事业的社群，纪律是必须维持的，纪律排斥了私情。这里我们碰着了中国传统感情定向的基本问题了。在上篇我虽则已说到了一些，但是还想在本篇里再申引发挥一下。

我用感情定向一词来指一个人发展他感情的方向，而这方向却受着文化的规定，所以从分析一个文化型式时，我们应当注意这文化所规定个人感情可以发展的方向，简称作感情定向。"感情"又可以从两方面去看：心理学可以从机体的生理变化来说明感情的本质和种类，社会学却从感情在人和人的关系上去看它所发生的作用。喜怒哀乐固然是生理现象，但是总发生在人事圜局之中，而且影响人事的关系，它们和其他个人的行为一样，在社会现象的一层里得到它们的意义。

感情在心理方面说是一种体内的行为，导发外表的行为。William James 说感情是内脏的变化。这变化形成了动作的趋势，本身是一种紧张状态，发动行为的力量。如果一种刺激和一种反应之间的关联，经过了练习，已经相当固定的话，多少可说成为自动时，就不会发生体内的紧张状态，也就是说，不带着强烈的感情。感情常发生在新反应的尝试和旧反应的受阻情形中。

这里所谓感情相当于普通所谓激动，动了情，甚至说动了火。用火来形容感情，就在指这动的势和紧张的状态，从社会关系上说感情是具有破坏和创造作用的。感情的激动改变了原有的关系。这也就是说，如果要维持着固定的社会关系，就得避免感情的激动。其实，感情的淡漠是稳定的社会关系的一种表示。所以我在上篇曾说纪律是排斥私情的。

稳定社会关系的力量，不是感情，而是了解。所谓了解，是指接受着同一的意义体系。同样的刺激会引起同样的反应。我在论《文字下乡》的两篇里，已说起过熟习所引起的亲密感觉。亲密感觉和激动性的感情不相同的。它是契洽，发生持续作用；它是无言的，不像感情奔放时铿然有声，歌哭哀号是激动时不缺的配合。

Oswald Spengler 在"西方陆沉论"里曾说西洋曾有两种文化模式，一种他称作亚普罗式的 Apollonian，一种他称作浮士德式的 Faustian。亚普罗式的文化认定宇宙的安排有一个完善的秩序，这个秩序超于人力的创造，人不过是去接受它，安于其位，维持它；但是人连维持它的力量都没有，天堂遗失了，黄金时代过去了。这是西方古典的精神。现代的文化却是浮士德式的。他们把冲突看成存在的基础，生命是阻碍的克服；没有了阻碍，生命也就失去了意义。他们把前途看成无尽的创造过程，不断的变。

这两种文化观很可以用来了解乡土社会和现代社会在

感情定向上的差别。乡土社会是亚普罗式的,而现代社会是浮士德式的。这两套精神的差别也表现在两种社会最基本的社会生活里。

乡土社会是靠亲密和长期的共同生活来配合各个人的相互行为,社会的联系是长成的,是熟习的,到某种程度使人感觉到是自动的。只有生于斯,死于斯的人群里才能培养出这种亲密的群体,其中各个人有着高度的了解。好恶相投,连臭味都一般。要达到这境界,却有一个条件,就是没有什么差别在阻碍着各人间的充分了解。空间的位置,在乡土社会中的确已不太成为阻碍人了解的因素了。人们生活在同一的小天地里,这小天地多少是孤立的,和别群人没有重要的接触。在时间上,每一代的人在同一的周期中生老病死,一个公式。年轻的人固然在没有经历过年长的生活时,可以不了解年长的人的心情,年龄因之多少是一种隔膜,但是这隔膜却是一方面的,年长的人可以了解年轻的人,他们甚至可以预知年轻的人将要碰着的问题。年轻的人在把年长的人当作他们生活的参考蓝图时,所谓"不了解"也不是分化的鸿沟。

乡土社会中阻碍着共同生活的人充分了解的却是个人生理上的差别。这差别倒并不是起于有着悬殊的遗传特质,这在世代互婚的小社区里并不会太显著的。永远划分着人们生理差别的是男女两性。正因为还没有人能亲身体会过两性的差别,我们对于这差别的认识,总是间接的;所能说的差别多少只限于表面的。在实际生活上,谁也会感觉到异性的隔膜，但是差别的内容却永远是个猜想，无法领会。

在以充分了解来配合人们相互行为的社会中，这性别的鸿沟是个基本的阻碍。只在他们理想的天堂里，这鸿沟才算被克服：宗教家对性的抹杀，不论自觉或不自觉，绝不是偶然的。完全的道义必须有充分的了解，无所隔，这就不能求之于生理上早已划下了鸿沟的男女之间。

男女生理上的分化是为了生育，生育却又规定了男女的结合。这一种结合基于异，并非基于同。在相异的基础上去求充分了解，是困难的，是阻碍重重的，是需要不断地在创造中求统一，是浮士德式的企图。浮士德是感情的象征，是把感情的激动，不断地变，作为生命的主脉。浮士德式的企图也是无穷止的，因为最后的统一是永远不会完成的，这不过是一个求同的过程。不但这样，男女的共同生活，愈向着深处发展，相异的程序也愈是深，求同的阻碍也愈是强大，用来克服这阻碍的创造力也更需强大，在浮士德的立场说，生命力也因之愈强，生活的意义也因之愈深。

把浮士德式的两性恋爱看成是进入生育关系的手段是不对的。恋爱是一项探险，是对未知的摸索。这和友谊不同，友谊是可以停止在某种程度上的了解，恋爱却是不停止的，是追求。这种企图并不以实用为目的，是生活经验的创造，也可以说是生命意义的创造，但不是经济的生产，不是个事业。恋爱的持续倚于推陈出新，不断地克服阻碍，也是不断地发现阻碍，要得到的是这一个过程，而不是这过程的结果。从结果说可以是毫无成就的。非但毫无成就，而且使社会关系不能稳定，使依赖于社会关系的事业不能顺利经营。依现代文化来看，男女间感情激动的发达已使生育的事业摇摇欲坠。这事业除非另外设法，由社会来经营，浮士德式的精神的确在破坏这社会上的基本事业。

在乡土社会中这种精神是不容存在的。它不需要创造新的社会关系，社会关系是生下来就决定的。它更害怕社会关系的破坏，因为乡土社会所求的是稳定。它是亚普罗式的。男女间的关系必须有一种安排，使他们之间不发生激动性的感情。那就是男女有别的原则。"男女有别"是认定男女间不必求同，在生活上加以隔离。这隔离非但有形的，所谓男女授受不亲，而且是在心理上的，男女只在行为上按着一定的规则经营分工合作的经济和生育的事业，他们不向对方希望心理上的契洽。

在社会结构上，如上篇所说的，因之发生了同性间的组合。这在我们乡土社会中看得很清楚。同性组合和家庭组合原则上是交错的，因为以生育为功能的家庭总是异性的组合。因之，乡土社会中"家庭"的团结受到了这同性组合的影响，不易巩固。于是家族代替了家庭，家族是以同性为主、异性为辅的单系组合。中国乡土社会里，以家族为基本社群，是同性原则较异性原则为重要的表示。

男女有别的界限，使中国传统的感情定向偏于同性方面去发展。变态的同性恋和自我恋究竟普遍到什么程度，我们无法确说；但是乡土社会中结义性的组织，"不愿同日生，但愿同日死"的亲密结合，多少表示了感情方向走入同性关系的一层里的程度已经并不很浅。在女性方面的极端事例是华南的姊妹组织,在女性文学里所流露的也充满着冯小青式的自恋声调。可惜我们对于中国人的感情生活太少分析,关于这方面的话我们只能说到这里为止了。

缺乏两性间的求同的努力,也减少了一个不在实利上打算的刺激。中国乡土社会中那种实用的精神安下了现世的色彩。儒家不谈鬼,"祭神如神在",可以说对于切身生活之外都漠然没有兴趣。一般人民更会把天国现世化:并不想把理想去改变现实,天国实现在这世界上,而把现实作为理想的底稿,把现世推进天国。对生活的态度是以克己来迁就外界,那就是改变自己去适合于外在的秩序。所以我们可以说这是古典的,也是亚普罗式的。

社会秩序范围着个性,为了秩序的维持,一切足以引起破坏秩序的要素都被遏制着。男女之间的鸿沟从此筑下。乡土社会是个男女有别的社会,也是个安稳的社会。

礼治秩序

普通常有以"人治"和"法治"相对称,而且认为西洋是法治的社会,我们是"人治"的社会。其实这个对称的说法并不很清楚的。法治的意思并不是说法律本身能统治,能维持社会秩序,而是说社会上人和人的关系是根据法律来维持的。法律还得靠权力来支持,还得靠人来执行,法治其实是"人依法而治",并非没有人的因素。

现代论法理的学者中有些极重视人的因素。他们注意到在应用法律于实际情形时,必须经过法官对于法律条文的解释。法官的解释的对象虽则是法律条文,但是决定解释内容的却包含很多因素,法官个人的偏见,甚至是否有胃病,以及社会的舆论都是极重要的。于是他们认为法律不过是法官的判决。这自是片面的说法,因为法官并不能任意下判决的,他的判决至少也须被认为是根据法律的,但是这种看法也告诉我们所谓法治绝不能缺乏人的因素了。

这样说来,人治和法治有什么区别呢?如果人治是法治的对面,意思应当是"不依法律的统治"了。统治如果是指社会秩序的维持,我们很难想象一个社会的秩序可以不必靠什么力量就可以维持,人和人的关系可以不根据什么规定而自行配合的。如果不根据法律，根据什么呢？望文生义的说来，人治好像是指有权力的人任凭一己的好恶来规定社会上人和人的关系的意思。我很怀疑这种人治是可能发生的。如果共同生活的人们，相互的行为、权利和义务，没有一定规范可守，依着统治者好恶来决定。而好恶也无法预测的话，社会必然会混乱，人们会不知道怎样行动，那是不可能的，因之也说不上"治"了。

所谓人治和法治之别，不在人和法这两个字上，而是在维持秩序时所用的力量，和所根据的规范的性质。

乡土社会秩序的维持，有很多方面和现代社会秩序的维持是不相同的。可是所不同的并不是说乡土社会是"无法无天"，或者说"无须规律"。的确有些人这样想过。返朴回真的老子觉得只要把社区的范围缩小，在鸡犬相闻而不相往来的小国寡民的社会里，社会秩序无须外力来维持，单凭每个人的本能或良知，就能相安无事了。这种想法也并不限于老子。就是在现代交通之下，全世界的经济已密切相关到成为一体时，美国还有大多数人信奉着古典经济学里的自由竞争的理想，反对用人为的"计划"和"统制"来维持经济秩序，而认为在自由竞争下，冥冥之中，自有一双看不见的手，会为人们理出一个合于道德的经济秩序来的。不论在社会、政治、经济各个范围中，都有认为"无政府"是最理想的状态，当然所谓"无政府"绝不是等于"混乱"，而是一种"秩序"，一种不需规律的秩序，一种自动的秩序，是"无治而治"的社会。

可是乡土社会并不是这种社会，我们可以说这是个"无法"的社会，假如我们把法律限于以国家权力所维持的规则，但是"无法"并不影响这社会的秩序，因为乡土社会是"礼治"的社会。

让我先说明，礼治社会并不是指文质彬彬，像《镜花缘》里所描写的君子国一般的社会。礼并不带有"文明"，或是"慈善"，或是"见了人点个头"、不穷凶极恶的意思。礼也可以杀人，可以很"野蛮"。譬如在印度有些地方，丈夫死了，妻子得在葬礼里被别人用火烧死，这是礼。又好像在缅甸有些地方，一个人成年时，一定要去杀几个人头回来，才能完成为成年礼而举行的仪式。我们在旧小说里也常读到杀了人来祭旗，那是军礼。——礼的内容在现代标准看去，可能是很残酷的。残酷与否并非合礼与否的问题。"子贡欲去告朔之饩羊。子曰，赐也，尔爱其羊，我爱其礼。"恻隐之心并没有使孔子同意于取消相当残忍的行为。

礼是社会公认合式的行为规范。合于礼的就是说这些行为是做得对的，对是合式的意思。如果单从行为规范一点说，本和法律无异，法律也是一种行为规范。礼和法不相同的地方是维持规范的力量。法律是靠国家的权力来推行的。"国家"是指政治的权力，在现代国家没有形成前，部落也是政治权力。而礼却不需要这有形的权力机构来维持。维持礼这种规范的是传统。

传统是社会所累积的经验。行为规范的目的是在配合人们的行为以完成社会的任务，社会的任务是在满足社会中各分子的生活需要。人们要满足需要必须相互合作,并且采取有效技术,向环境获取资源。这套方法并不是由每个人自行设计,或临时聚集了若干人加以规划的。人们有学习的能力,上一代所试验出来有效的结果,可以教给下一代。这样一代一代地累积出一套帮助人们生活的方法。从每个人说,在他出生之前,已经有人替他准备下怎样去应付人生道路上所可能发生的问题了。他只要"学而时习之"就可以享受满足需要的愉快了。

文化本来就是传统,不论哪一个社会,绝不会没有传统的。衣食住行种种最基本的事务,我们并不要事事费心思,那是因为我们托祖宗之福,——有着可以遵守的成法。但是在乡土社会中,传统的重要性比了现代社会更甚。那是因为在乡土社会里传统的效力更大。

乡土社会是安土重迁的,生于斯,长于斯,死于斯的社会。不但是人口流动很小,而且人们所取得资源的土地也很少变动。在这种不分秦汉,代代如是的环境里,个人不但可以信任自己的经验,而且同样可以信任若祖若父的经验。一个在乡土社会里种田的老农所遇着的只是四季的转换,而不是时代变更。一年一度,周而复始。前人所用来解决生活问题的方案,尽可抄袭来作自己生活的指南。愈是经过前代生活中证明有效的,也愈值得保守。于是"言必尧舜",好古是生活的保障了。

我自己在抗战时,疏散在昆明乡下,初生的孩子,整天啼哭不定,找不到医生,只有请教房东老太太。她一听哭声就知道牙根上生了"假牙",是一种寄生菌,吃奶时就会发痛,不吃奶又饿。她不慌不忙地要我们用咸菜和蓝青布去擦孩子的嘴腔。一两天果然好了。这地方有这种病,每个孩子都发生,也因之每个母亲都知道怎样治,那是有效的经验。只要环境不变,没有新的细菌侵入,这套不必讲学理的应付方法,总是有效的。既有效也就不必问理由了。

像这一类的传统,不必知之,只要照办,生活就能得到保障的办法,自然会随之发生一套价值。我们说"灵验",就是说含有一种不可知的魔力在后面。依照着做就会福,不依照了就会出毛病。于是人们对于传统有了敬畏之感了。

如果我们在行为和目的之间的关系不加推究,只按着规定的方法做,而且对于规定的方法带着不这样做就会有不幸的信念时,这套行为也就成了我们普通所谓"仪式"了。礼是按着仪式做的意思。礼字本是从豊从示。豊是一种祭器,示是指一种仪式。

礼并不是靠一个外在的权力来推行的,而是从教化中养成了个人的敬畏之感,使人服膺;人服礼是主动的。礼是可以为人所好的,所谓"富而好礼"。孔子很重视服礼的主动性,在下面一段话里说得很清楚:

> 颜渊问仁。子曰:"克己复礼为仁。一日克己复礼,天下归仁焉。为仁由己,而由人乎哉?"颜渊曰:"请问其目。"子曰:"非礼勿视,非礼勿听,非礼勿言,非礼勿动。"颜渊曰:"回虽不敏,请事斯语矣。"

这显然是和法律不同了，甚至不同于普通所谓道德。法律是从外限制人的，不守法所得到的罚是由特定的权力所加之于个人的。人可以逃避法网，逃得脱还可以自己骄傲、得意。道德是社会舆论所维持的，做了不道德的事，见不得人，那是不好；受人吐弃，是耻。礼则有甚于道德：如果失礼，不但不好，而且不对、不合、不成。这是个人习惯所维持的。十目所视，十手所指的，即是在没有人的地方也会不能自已。曾子易箦是一个很好的例子。礼是合式的路子，是经教化过程而成为主动性的服膺于传统的习惯。

礼治在表面看去好像是人们行为不受规律拘束而自动形成的秩序。其实自动的说法是不确，只是主动的服于成规罢了。孔子一再的用"克"字，用"约"字来形容礼的养成，可见礼治并不是离开社会，由于本能或天意所构成的秩序了。

礼治的可能必须以传统可以有效地应付生活问题为前提。乡土社会满足了这前提，因之它的秩序可以礼来维持。在一个变迁很快的社会，传统的效力是无法保证的。尽管一种生活的方法在过去是怎样有效，如果环境一改变，谁也不能再依着老法子去应付新的问题了。所应付的问题如果要由团体合作的时候，就得大家接受个同意的办法，要保证大家在规定的办法下合作应付共同问题，就得有个力量来控制各个人了。这其实就是法律。也就是所谓"法治"。

法治和礼治是发生在两种不同的社会情态中。这里所谓礼治也许就是普通所谓人治，但是礼治一词不会像人治一词那样容易引起误解,以至有人觉得社会秩序是可以由个人好恶来维持的了。礼治和这种个人好恶的统治相差很远,因为礼是传统,是整个社会历史在维持这种秩序。礼治社会并不能在变迁很快的时代中出现,这是乡土社会的特色。

无 讼

在乡土社会里，一说起"讼师"，大家会联想到"挑拨是非"之类的恶行。作刀笔吏的在这种社会里是没有地位的。可是在都市里律师之上还要加个大字，报纸的封面可能全幅是律师的题名录。而且好好的公司和个人，都会去请律师作常年顾问。在传统眼光中，都市真是个是非场，规矩人是住不得的了。

讼师改称律师，更加大字在上；打官司改称起诉；包揽是非改称法律顾问——这套名词的改变正代表了社会性质的改变，也就是礼治社会变为法治社会。

在都市社会中一个人不明白法律，要去请教别人，并不是件可耻之事。事实上，普通人在都市里居住，求生活，很难知道有关生活、职业的种种法律。法律成了专门知识。不知道法律的人却又不能在法律之外生活。在有秩序的都市社会中，在法律之外生活就会捣乱社会的共同安全，于是这种人不能不有个顾问了。律师地位的重要从此获得。

但是在乡土社会的礼治秩序中做人，如果不知道"礼"，就成了撒野，没有规矩，简直是个道德问题，不是个好人。一个负责地方秩序的父母官，维持礼治秩序的理想手段是教化，而不是折狱。如果有非打官司不可，那必然是因为有人破坏了传统的规矩。在旧小说上，我们常见的听讼，亦称折狱的程序是：把"犯人"拖上堂，先各打屁股若干板，然后一方面大呼冤枉。父母官用了他"看相"式的眼光，分出那个"獐头鼠目"，必非好人，重加呵责，逼出供状，结果好恶分辨，冤也伸了，大呼青天。——这种程序在现代眼光中，会感觉到没有道理；但是在乡土社会中，这却是公认正当的。否则为什么这类记载，《包公案》《施公案》等等能成了传统的最销书呢？

我在上一次杂话中已说明了礼治秩序的性质。在这里我可以另打一个譬喻来说明：在我们比赛足球时，裁判官吹了叫子，说那个人犯规，那个人就得受罚，用不到由双方停了球辩论。最理想的球赛是裁判员形同虚设（除了做个发球或出界的信号员）。为什么呢？那是因为每个参加比赛的球员都应当事先熟悉规则，而且都事先约定根据双方同意的规则之下比赛，裁判员是规则的权威。他的责任是在察看每个球员的动作不越出规则之外。一个有 Sportsmanship 的球员并不会在裁判员的背后，向对方的球员偷偷地打一暗拳。如果发生此类事情，不但裁判员可以罚他，而且这个球员，甚至全球队的名誉即受影响。球员对于规则要谙熟，技艺要能做到从心所欲而不逾规的程度，他需要长期的训练。如果发生有意犯规的举动，就可以说是训练不良，也是指导员的耻辱。

这个譬喻可以用来说明乡土社会对于讼事的看法。所谓礼治就是对传统规则的服膺。生活各方面，人和人的关系，都有着一定的规则。行为者对于这些规则从小就熟习，不问理由而认为是当然的。长期的教育已把外在的规则化成了内在的习惯。维持礼俗的力量不在身外的权力，而是在身内的良心。所以这种秩序注重修身，注重克己。理想的礼治是每个人都自动地守规矩，不必有外在的监督。但是理想的礼治秩序并不常有的。一个人可以为了自私的动机，偷偷地越出规矩。这种人在这种秩序里是败类无疑。每个人知礼是责任，社会假定每个人是知礼的，至少社会有责任要使每个人知礼。所以"子不教"成了"父之过"。这也是乡土社会中通行"连坐"的根据。儿子做了坏事情，父亲得受刑罚，甚至教师也不能辞其咎。教得认真，子弟不会有坏的行为。打官司也成了一种可羞之事，表示教化不够。

在乡村里所谓调解，其实是一种教育过程。我曾在乡下参加过这类调解的集会。我之被邀，在乡民看来是极自然的，因为我是在学校里教书的，读书知礼，是权威。其他负有调解责任的是一乡的长老。最有意思的是保长从不发言，因为他在乡里并没有社会地位，他只是个干事。调解是个新名词，旧名词是评理。差不多每次都由一位很会说话的乡绅开口。他的公式总是把那被调解的双方都骂一顿。"这简直是丢我们村子里脸的事！你们还不认了错，回家去。"接着教训了一番。有时竟拍起桌子来发一阵脾气。他依着他认为"应当"的告诉他们。这一阵却极有效，双方时常就"和解"了，有时还得罚他们请一次客。我那时常觉得像是在球场旁看裁判官吹叫子，罚球。

我记得一个很有意思的案子：某甲已上了年纪，抽大烟。长子为了全家的经济，很反对他父亲有这嗜好，但也不便干涉。次子不务正业，偷偷抽大烟，时常怂恿老父亲抽大烟，他可以分润一些。有一次给长子看见了，就痛打他的弟弟，这弟弟赖在老父身上。长子一时火起，骂了父亲。家里大闹起来，被人拉到乡公所来评理。那位乡绅，先照例认为这是件全村的丑事。接着动用了整个伦理原则，小儿子是败类，看上去就不是好东西，最不好，应当赶出村子。大儿子骂了父亲，该罚。老父亲不知道管教儿子，还要抽大烟，受了一顿教训。这样，大家认了罚回家。那位乡绅回头和我发了一阵牢骚。一代不如一代，真是世风日下。

子曰："听讼，吾犹人也，必也使无讼乎。"——当时体会到了孔子说这话时的神气了。

现代都市社会中讲个人权利，权利是不能侵犯的。国家保护这些权利，所以定下了许多法律。一个法官并不考虑道德问题、伦理观念，他并不在教化人。刑罚的用意已经不复"以儆效尤"，而是在保护个人的权利和社会的安全。尤其在民法范围里，他并不是在分辨是非，而是在厘定权利。在英美以判例为基础的法律制度下，很多时间诉讼的目的是在获得以后可以遵守的规则。一个变动中的社会，所有的规则是不能不变动的。环境改变了，相互权利不能不跟着改变。事实上并没有两个案子的环境完全相同，所以各人的权利应当怎样厘定，时常成为问题，因之构成诉讼，以获取可以遵守的判例，所谓 Test case。在这种情形里自然不发生道德问题了。

现代的社会中并不把法律看成一种固定的规则了，法律一定得随着时间而改变其内容。也因之，并不能盼望各个在社会里生活的人都能熟悉这与时俱新的法律，所以不知道法律并不成为"败类"。律师也成了现代社会中不可缺的职业。

中国正处在从乡土社会蜕变的过程中，原有对诉讼的观念还是很坚固地存留在广大的民间，也因之使现代的司法不能彻底推行。第一是现行法里的原则是从西洋搬过来的，和旧有的伦理观念相差很大。我在前几篇杂话中已说过，在中国传统的差序格局中，原本不承认有可以施行于一切人的统一规则，而现行法却是采用个人平等主义的。这一套已经使普通老百姓不明白，在司法制度的程序上又是隔膜到不知怎样利用。在乡间普通人还是怕打官司的，但是新的司法制度却已推行下乡了。那些不容于乡土伦理的人物从此却找到了一种新的保障。他们可以不服乡间的调解而告到司法处去。当然，在理论上，这是好现象，因为这样才能破坏原有的乡土社会的传统，使中国能走上现代化的道路。但是事实上，在司法处去打官司的，正是那些乡间所认为"败类"的人物。依着现行法去判决（且把贪污那一套除外），时常可以和地方传统不合。乡间认为坏的行为却正可以是合法的行为，于是司法处在乡下人的眼光中成了一个包庇作恶的机构了。

有一位兼司法官的县长曾和我谈到过很多这种例子。有个人因妻子偷了汉子打伤了奸夫。在乡间这是理直气壮的,但是和奸没有罪,何况又没有证据,殴伤却有罪。那位县长问我:他怎么判好呢?他更明白,如果是善良的乡下人,自己知道做了坏事绝不会到衙门里来的。这些凭借一点法律知识的败类,却会在乡间为非作恶起来,法律还要去保护他。我也承认这是很可能发生的事实。现行的司法制度在乡间发生了很特殊的副作用,它破坏了原有的礼治秩序,但并不能有效地建立起法治秩序。法治秩序的建立不能单靠制定若干法律条文和设立若干法庭,重要的还得看人民怎样去应用这些设备。更进一步,在社会结构和思想观念上还得先有一番改革。如果在这些方面不加以改革,单把法律和法庭推行下乡,结果法治秩序的好处未得,而破坏礼治秩序的弊病却已先发生了。

无为政治

论权力的人多少可以分成两派，两种看法：一派是偏重在社会冲突的一方面，另一派是偏重在社会合作的一方面；两者各有偏重，所看到的不免也各有不同的地方。

从社会冲突一方面着眼的，权力表现在社会不同团体或阶层间主从的形态里。在上的是握有权力的，他们利用权力去支配在下的，发施号令，以他们的意志去驱使被支配者的行动。权力，依这种观点说，是冲突过程的持续，是一种休战状态中的临时平衡。冲突的性质并没有消弭，但是武力的阶段过去了，被支配的一方面已认了输，屈服了。但是他们并没有甘心接受胜利者所规定下的条件，非心服也。于是两方面的关系中发生了权力。权力是维持这关系所必需的手段，它是压迫性质的，是上下之别。从这种观点上看去，政府甚至国家组织，如果握有这种权力的，是统治者的工具。跟下去还可以说，政府甚至国家组织，只存在于阶级斗争的过程中。如果有一天"阶级争斗"的问题解决了，社会上不分阶级了，政府甚至国家组织，都会像秋风里的梧桐叶一般自己凋谢落地。——这种权力我们不妨称之为横暴权力。

从社会合作一方面着眼的,却看到权力的另一性质。社会分工的结果每个人都不能"不求人"而生活。分工对于每个人都有利的,因为这是经济的基础,人可以较少劳力得到较多收获;劳力是成本,是痛苦的,人靠了分工,减轻了生活担子,增加了享受。享受固然是人所乐从的,但贪了这种便宜,每个人都不能自足了,不能独善其身,不能不管"闲事",因为如果别人不好好地安于其位地做他所分的工作,就会影响自己的生活。这时,为了自己,不能不干涉人家了。同样地,自己如果不尽其分,也会影响人家,受着人家的干涉。这样发生了权利和义务,从干涉别人一方面说是权利,从自己接受人家的干涉一方面说是义务。各人有维持各人的工作、维持各人可以互相监督的责任。没有人可以"任意"依自己高兴去做自己想做的事,而得遵守着大家同意分配的工作。可是这有什么保障呢?如果有人不遵守怎么办呢?这里发生共同授予的权力了。这种权力的基础是社会契约,是同意。社会分工愈复杂,这权力也愈扩大。如果不愿意受这种权力的限制,只有回到"不求人"的境界里去做鲁滨生,那时才真的顶天立地。不然,也得"小国寡民"以减少权力。再说得清楚些,得抛弃经济利益,不讲享受,像人猿泰山一般回到原始生活水准上去。不然的话,这种权力也总解脱不了。——这种权力我们不妨称之为同意权力。

这两种看法都有根据的,并不冲突的,因为在人类社会里这两种权力都存在,而且在事实层里,统治者、所谓政府，总同时代表着这两种权力，不过是配合的成分上有不同。原因是社会分化不容易，至少以已往的历史说，只有合作而没有冲突。这两种过程常是互相交割，错综混合，冲突里有合作，合作里有冲突，不很单纯的。所以上面两种性质的权力是概念上的区别，不常是事实上的区分。我们如果要明白一个社区的权力结构不能不从这两种权力怎样配合上去分析。有的社区偏重在这方面，有的社区偏重在那方面；而且更可以在一社区中，某些人间发生那一种权力关系，某些人间发生另一种权力关系。譬如说美国，表面上是偏重同意权力的，但是种族之间，事实上，却依旧是横暴权力在发生作用。

有人觉得权力本身是具有引诱力的，人有"权力的饥饿"。这种看法忽略了权力的工具性。人也许因为某种心理变态可能发生单纯的支配欲或所谓 Sadism（残酷的嗜好），但这究竟不是正常。人们喜欢的是从权力得到的利益。如果握在手上的权力并不能得到利益，或是利益可以不必握有权力也能得到的话，权力引诱也就不会太强烈。譬如英国有一次民意测验，愿意自己孩子将来做议员或做阁员的人的比例很低。在英国做议员或做阁员的人薪水虽低，还是有着社会荣誉的报酬，大多数的人对此尚且并无急于攀登之意，如果连荣誉都不给的话，使用权力的人真成为公仆时，恐怕世界上许由务光之类的人物也将不足为奇了。

权力之所以引诱人，最主要的应当是经济利益。在同意权力下，握有权力者并不是为了要保障自身特殊的利益，所以社会上必须用荣誉和高薪来延揽。至于横暴权力和经济利益的关系就更为密切了。统治者要用暴力来维持他们的地位不能是没有目的的，而所具的目的也很难想象不是经济的。我们很可以反过来说，如果没有经济利益可得，横暴权力也没有多大的意义，因之也不易发生。

甲团体想用权力来统治乙团体以谋得经济利益，必须有一前提：就是乙团体的存在可以供给这项利益；说得更明白一些，乙团体的生产量必须能超过它的消费量，然后有一些剩余去引诱甲团体来征服它。这是极重要的。一个只有生产他生存必需的消费品的人并没有资格做奴隶的。我说这话意思是想指出农业社会中横暴权力的限制。在广西瑶山里调查时，我常见到汉人侵占瑶人的土地，而并不征服瑶人来作奴隶。原因当然很多，但主要的一个，依我看来，是土地太贫乏，而种水田的瑶人，并不肯降低生活程度，做汉人的佃户。如果瑶人打不过汉人，他们就放弃土地搬到别处去。在农业民族的争斗中，最主要的方式是把土著赶走而占据他们的土地自己来耕种。尤其在人口已经很多，劳力可以自足，土地利用已到了边际的时候是如此。我们读历史，常常可以找到"坑卒几万人"之类的记录，至于见人便杀的流寇，一直到不久之前还是可能遭遇的经验。这种情形大概不是工业性的侵略权力所能了解的。

我并不是说在农业性的乡土社会基础上并不能建立横暴权力。相反地，我们常见这种社会是皇权的发祥地，那是因为乡土社会并不是一个富于抵抗能力的组织。农业民族受游牧民族的侵略是历史上不断的记录。这是不错的,东方的农业平原正是帝国的领域,但是农业的帝国是虚弱的,因为皇权并不能滋长壮健,能支配强大的横暴权力的基础不足,农业的剩余跟着人口增加而日减,和平又给人口增加的机会。

中国的历史很可助证这个看法:一个雄图大略的皇权,为了开疆辟土,筑城修河,这些原不能说是什么虐政,正可视作一笔投资,和罗斯福造田纳西工程性质可以有相类之处。但是缺乏储蓄的农业经济却受不住这种工程的费用,没有足够的剩余,于是怨声载道,与汝偕亡地和皇权为难了。这种有为的皇权不能不同时加强他对内的压力,费用更大,陈涉、吴广之流,揭竿而起,天下大乱了。人民死亡遍地,人口减少了,于是乱久必合,又形成一个没有比休息更能引诱人的局面,皇权力求无为,所谓养民。养到一个时候,皇权逐渐累积了一些力量,这力量又刺激皇帝的雄图大略,这种循环也因而复始。

为了皇权自身的维持,在历史的经验中,找到了"无为"的生存价值,确立了无为政治的理想。

横暴权力有着这个经济的拘束,于是在天高皇帝远的距离下,把乡土社会中人民切身的公事让给了同意权力去活动了。可是同意权力却有着一套经济条件的限制。依我在上面所说的,同意权力是分工体系的产物。分工体系发达,这种权力才能跟着扩大。乡土社会是个小农经济,在经济上每个农家,除了盐铁之外,必要时很可关门自给。于是我们很可以想象同意权力的范围也可以小到"关门"的程度。在这里我们可以看到的是乡土社会里的权力结构,虽则名义上可以说是"专制""独裁",但是除了自己不想持续的末代皇帝之外,在人民实际生活上看,是松弛和微弱的,是挂名的,是无为的。

长老统治

要了解乡土社会的权力结构，只从我在上篇所分析的横暴权力和同意权力两个概念去看还是不够的。我们固然可以从乡土社会的性质上去说明横暴权力所受到事实上的限制，但是这并不是说乡土社会权力结构是普通所谓"民主"形式的。民主形式根据同意权力，在乡土社会中，把横暴权力所加上的一层"政府"的统治揭开，在传统的无为政治中这层统治本来并不很强的，基层上所表现出来的却并不完全是许多权利上相等的公民共同参预的政治。这里正是讨论中国基层政治性质的一个谜。有人说中国虽没有政治民主，却有社会民主。也有人说中国政治结构可分为两层，不民主的一层压在民主的一层上边。这些看法都有一部分近似；说近似而不说确当是因为这里还有一种权力，既不是横暴性质，又不是同意性质；既不是发生于社会冲突，又不是发生于社会合作；它是发生于社会继替的过程，是教化性的权力，或是说爸爸式的，英文里是 Paternalism。社会继替是我在《生育制度》一书中提出来的一个新名词，但并不是一个新的概念，这就是指社会成员新陈代谢的过程。生死无常，人寿有限；从个人说这个世界不过是个逆旅，寄寓于此的这一阵子，久暂相差不远。但是这个逆旅却是有着比任何客栈、饭店更杂复和更严格的规律。没有一个新来的人，在进门之前就明白这一套的。不但如此，到这"逆旅"里来的，又不是由于自己的选择，来了之后又不得任意搬家；只此一家，别无分店。当然，在这大店里有着不同部分；每个部分，我们称之为不同文化的区域，有着不完全一样的规律，但是有规律这一点却并无轩轾。没有在墙壁上不挂着比"十诫"还多的"旅客须知"的。因之，每个要在这逆旅里生活的人就得接受一番教化，使他能在这些众多规律下，从心所欲而不碰着铁壁。

社会中的规律有些是社会冲突的结果，也有些是社会合作的结果。在个人行为的四周所张起的铁壁，有些是横暴的，有些是同意的。但是无论如何，这些规律是要人遵守的，规律的内容要人明白的。人如果像蚂蚁或是蜜蜂，情形也简单了。群体生活的规律有着生理的保障，不学而能。人的规律类皆人为。用筷子夹豆腐，穿了高跟鞋跳舞不践别人的脚，真是难为人的规律；不学，不习，固然不成，学习时还得不怕困，不惮烦。不怕困，不惮烦，又非天性；于是不能不加以一些强制。强制发生了权力。

这样发生的权力并非同意，又非横暴。说孩子们必须穿鞋才准上街是一种社会契约未免过分。所谓社会契约必先假定个人的意志。个人对于这种契约虽则并没有自由解脱的权利，但是这种契约性的规律在形成的过程中，必须尊重各个人的自由意志，民主政治的形式就是综合个人意志和社会强制的结果。在教化过程中并不发生这个问题，被教化者并没有选择的机会。他所要学习的那一套，我们称作文化的，是先于他而存在的。我们不用"意志"加在未成年的孩子的人格中，就因为在教化过程里并不需要这种承认。其实，所谓意志并不像生理上的器官一样是慢慢长成的，这不是心理现象，而是社会的承认。在维持同意秩序中，这是个必需的要素；在别的秩序中也就不发生了。我们不承认未成年的人有意志，也就说明了他们并没有进入同意秩序的事实。

我曾说："孩子碰着的不是一个为他方便而设下的世界，而是一个为成人们方便所布置下的园地。他闯入进来，并没有带着创立新秩序的力量，可是又没有个服从旧秩序的心愿。"(《生育制度》)从并不征求、也不考虑他们同意而设下他们必须适应的社会生活方式的一方面说，教化他们的人可以说是不民主的，但是说是横暴却又不然。横暴权力是发生于社会冲突，是利用来剥削被统治者以获得利益的工具。如果说教化过程是剥削性的，显然也是过分的。我曾称这是个"损己利人"的工作，一个人担负一个胚胎培养到成人的责任，除了精神上的安慰外，物质上有什么好处呢？"成人"的时限降低到生理上尚是儿童的程度，从而开始"剥削"，也许是可以发生的现象，但是为经济打算而生男育女，至少是一件打算得不大精到的亏本生意。

从表面上看，"一个孩子在一小时中所受到的干涉，一定会超过成年人一年中所受社会指摘的次数。在最专制的君王手下做老百姓，也不会比一个孩子在最疼他的父母手下过日子为难过"。（同上注）但是性质上严父和专制君王究竟是不同的。所不同的就在教化过程是代替社会去陶炼出合于在一定的文化方式中经营群体生活的分子。担负这工作的，一方面可以说是为了社会，一方面可以说是为了被教化者，并不是统治关系。

教化性的权力虽则在亲子关系里表现得最明显，但并不限于亲子关系。凡是文化性的，不是政治性的强制都包含这种权力。文化和政治的区别是在这里：凡是被社会不成问题地加以接受的规范，是文化性的；当一个社会还没有共同接受一套规范，各种意见纷呈，求取临时解决办法的活动是政治。文化的基础必须是同意的，但文化对于社会的新分子是强制的，是一种教化过程。

在变化很少的社会里，文化是稳定的，很少新的问题，生活是一套传统的办法。如果我们能想象一个完全由传统所规定下的社会生活，这社会可以说是没有政治的，有的只是教化。事实上固然并没有这种社会，但是乡土社会却是靠近这种标准的社会。"为政不在多言""无为而治"都是描写政治活动的单纯。也是这种社会，人的行为有着传统的礼管束着。儒家很有意思想形成一个建筑在教化权力上的王者；他们从没有热心于横暴权力所维持的秩序。"苛政猛于虎"的政是横暴性的，"为政以德"的政是教化性的。"为民父母"是爸爸式权力的意思。

教化权力的扩大到成人之间的关系必须得假定个稳定的文化。稳定的文化传统是有效的保证。我们如果就个别问题求个别应付时，不免"活到老，学到老"，因为每一段生活所遇着的问题是不同的。文化像是一张生活谱，我们可以按着问题去查照。所以在这种社会里没有我们现在所谓成年的界限。凡是比自己年长的，他必定先发生过我现在才发生的问题，他也就可以是我的"师"了。三人行，必有可以教给我怎样去应付问题的人。而每一个年长的人都握有强制年幼的人的教化权力："出则悌"，逢着年长的人都得恭敬、顺服于这种权力。

在我们客套中互问年龄并不是偶然的，这礼貌正反映出我们这个社会里相互对待的态度是根据长幼之序。长幼之序也点出了教化权力所发生的效力。在我们亲属称谓中，长幼是一个极重要的原则，我们分出兄和弟、姊和妹、伯和叔，在许多别的民族并不这样分法。我记得老师史禄国先生曾提示过我：这种长幼分划是中国亲属制度中最基本的原则，有时可以掩盖世代原则。亲属原则是在社会生活中形成的，长幼原则的重要也表示了教化权力的重要。

文化不稳定，传统的办法并不足以应付当前的问题时，教化权力必然跟着缩小，缩进亲子关系，师生关系，而且更限于很短的一个时间。在社会变迁的过程中，人并不能靠经验作指导。能依赖的是超出于个别情境的原则，而能形成原则、应用原则的却不一定是长者。这种能力和年龄的关系不大，重要的是智力和专业，还可加一点机会。讲机会，年幼的比年长的反而多。他们不怕变，好奇，肯试验。在变迁中，习惯是适应的阻碍，经验等于顽固和落伍。顽固和落伍并非只是口头上的讥笑，而是生存机会上的威胁。在这种情形中，一个孩子用小名来称呼他的父亲，不但不会引起父亲的呵责，反而是一种亲热的表示，同时也给父亲一种没有被挤的安慰。尊卑不在年龄上，长幼成为没有意义的比较，见面也不再问贵庚了。——这种社会离乡土性也远了。

回到我们的乡土社会来，在它的权力结构中，虽则有着不民主的横暴权力，也有着民主的同意权力，但是在这两者之外还有教化权力，后者既非民主又异于不民主的专制，是另有一工的。所以用民主和不民主的尺度来衡量中国社会，都是也都不是，都有些像，但都不确当。一定要给它一个名词的话，我一时想不出比长老统治更好的说法了。

血缘和地缘

缺乏变动的文化里，长幼之间发生了社会的差次，年长的对年幼的具有强制的权力。这是血缘社会的基础。血缘的意思是人和人的权利和义务根据亲属关系来决定。亲属是由生育和婚姻所构成的关系。血缘，严格说来，只指由生育所发生的亲子关系。事实上，在单系的家族组织中所注重的亲属确多由于生育而少由于婚姻，所以说是血缘也无妨。

生育是社会持续所必需的，任何社会都一样，所不同的是说有些社会用生育所发生的社会关系来规定各人的社会地位，有些社会却并不如此。前者是血缘的。大体上说来，血缘社会是稳定的，缺乏变动；变动得大的社会，也就不易成为血缘社会。社会的稳定是指它结构的静止，填入结构中各个地位的个人是不能静止的，他们受着生命的限制，不能永久停留在那里，他们是要死的。血缘社会就是想用生物上的新陈代谢作用，生育，去维持社会结构的稳定。父死子继：农人之子恒为农，商人之子恒为商——那是职业的血缘继替；贵人之子依旧贵——那是身份的血缘继替；富人之子依旧富——那是财富的血缘继替。到现在固然很少社会能完全抛弃血缘继替，那是以亲属来担负生育的时代不易做到的。但是社会结构如果发生变动,完全依血缘去继替也属不可能。生育没有社会化之前,血缘作用的强弱似乎是以社会变迁的速率来决定。

血缘所决定的社会地位不容个人选择。世界上最用不上意志,同时在生活上又是影响最大的决定,就是谁是你的父母。谁当你的父母,在你说,完全是机会,且是你存在之前的既存事实。社会用这个无法竞争,又不易藏没、歪曲的事实来作分配各人的职业、身份、财产的标准,似乎是最没有理由的了;如果有理由的话,那是因为这是安稳既存秩序的最基本的办法。只要你接受了这原则(我们有谁曾认真的怀疑过这事实?我们又有谁曾想为这原则探讨过存在的理由?),社会里很多可能引起的纠纷也随着不发生了。

血缘是稳定的力量。在稳定的社会中,地缘不过是血缘的投影,不分离的。"生于斯,死于斯"把人和地的因缘固定了。生,也就是血,决定了他的地。世代间人口的繁殖,像一个根上长出的树苗,在地域上靠近在一伙。地域上的靠近可以说是血缘上亲疏的一种反映,区位是社会化了的空间。我们在方向上分出尊卑:左尊于右,南尊于北,这是血缘的坐标。空间本身是浑然的,但是我们却用了血缘的坐标把空间划分了方向和位置。当我们用"地位"两字来描写一个人在社会中所占的据点时,这个原是指"空间"的名词却有了社会价值的意义。这也告诉我们"地"的关联派生于社会关系。

在人口不流动的社会中,自足自给的乡土社会的人口是不需要流动的，家族这社群包含着地域的涵义。村落这个概念可以说是多余的。儿谣里"摇摇摇，摇到外婆家"，在我们自己的经验中，"外婆家"充满着地域的意义。血缘和地缘的合一是社区的原始状态。

但是人究竟不是植物，还是要流动的。乡土社会中无法避免的是"细胞分裂"的过程，一个人口在繁殖中的血缘社群，繁殖到一定程度，他们不能在一定地域上集居了，那是因为这社群所需的土地面积，因人口繁殖，也得不断地扩大。扩大到一个程度，住的地和工作的地距离太远，阻碍着效率时，这社群不能不在区位上分裂。——这还是以土地可以无限扩张时说的。事实上，每个家族可以向外开垦的机会很有限，人口繁殖所引起的常是向内的精耕，精耕受着土地报酬递减律的限制，逼着这社群分裂，分出来的部分另外到别的地方去找耕地。

如果分出去的细胞能在荒地上开垦，另外繁殖成个村落，它和原来的乡村还是保持着血缘的联系，甚至把原来地名来称这新地方，那是说否定了空间的分离。这种例子在移民社会中很多。在美国旅行的人，如果只看地名，会发生这是个"揉乱了的欧洲"的幻觉。新英伦、纽约（新约克）是著名的；伦敦、莫斯科等地名在美国地图上都找得到，而且不只一个。以我们自己来说罢，血缘性的地缘更是显著。我十岁就离开了家乡，吴江，在苏州城里住了九年，但是我一直在各种文件的籍贯项下填着"江苏吴江"。抗战时期在云南住了八年，籍贯毫无改变，甚至生在云南的我的孩子，也继承着我的籍贯。她的一生大概也得老是填"江苏吴江"了。我们的祖宗在吴江已有二十多代,但是在我们的灯笼上却贴着"江夏费"的大红字。江夏是在湖北,从地缘上说我有什么理由和江夏攀关系?真和我的孩子一般,凭什么可以和她从来没有到过的吴江发生地缘呢?在这里很显然在我们乡土社会里地缘还没有独立成为一种构成团结力的关系。我们的籍贯是取自我们的父亲的,并不是根据自己所生或所住的地方,而是和姓一般继承的,那是"血缘",所以我们可以说籍贯只是"血缘的空间投影"。

很多离开老家漂流到别地方去的并不能像种子落入土中一般长成新村落,他们只能在其他已经形成的社区中设法插进去。如果这些没有血缘关系的人能结成一个地方社群,他们之间的联系可以是纯粹的地缘,而不是血缘了。这样血缘和地缘才能分离。但是事实上在中国乡土社会中却相当困难。我常在各地的村子里看到被称为"客边""新客""外村人"等的人物。在户口册上也有注明"寄籍"的。在现代都市里都规定着可以取得该地公民权的手续,主要的是一定的居住时期。但是在乡村里居住时期并不是个重要条件,因为我知道许多村子里已有几代历史的人还是被称为新客或客边的。

我在江村和禄村调查时都注意过这问题,"怎样才能成为村子里的人"?大体上说有几个条件,第一是要生根在土里:在村子里有土地。第二是要从婚姻中进入当地的亲属圈子。这几个条件并不是容易的,因为在中国乡土社会中土地并不充分自由卖买。土地权受着氏族的保护，除非得到氏族的同意，很不易把土地卖给外边人。婚姻的关系固然是取得地缘的门路，一个人嫁到了另一个地方去就成为另一个地方的人（入赘使男子可以进入另一地方社区），但是已经住入了一个地方的"外客"却并不容易娶得本地人作妻子，使他的儿女有个进入当地社区的机会。事实上大概先得有了土地，才能在血缘网中生根。——这不过是我的假设，还得更多比较材料加以证实，才能成立。

这些寄居于社区边缘上的人物并不能说已插入了这村落社群中，因为他们常常得不到一个普通公民的权利，他们不被视作自己人，不被人所信托。我已说过乡土社会是个亲密的社会，这些人却是"陌生"人，来历不明，形迹可疑。可是就在这个特性上却找到了他们在乡土社会中的特殊职业。

亲密的血缘关系限制着若干社会活动，最主要的是冲突和竞争；亲属是自己人，从一个根本上长出来的枝条，原则上是应当痛痒相关，有无相通的。而且亲密的共同生活中各人互相依赖的地方是多方面和长期的，因之在授受之间无法一笔一笔地清算往回。亲密社群的团结性就倚赖于各分子间都相互的拖欠着未了的人情。在我们社会里看得最清楚，朋友之间抢着回账，意思是要对方欠自己一笔人情，像是投一笔资。欠了别人的人情就得找一个机会加重一些去回个礼，加重一些就在使对方反欠了自己一笔人情。来来往往，维持着人和人之间的互助合作。亲密社群中既无法不互欠人情，也最怕"算账"。"算账""清算"等于绝交之谓，因为如果相互不欠人情，也就无须往来了。

但是亲属尽管怎样亲密，究竟是体外之己；虽说痛痒相关，事实上痛痒走不出皮肤的。如果要维持这种亲密团体中的亲密，不成为"不是冤家不碰头"，也必须避免太重叠的人情。社会关系中权利和义务必须有相当的平衡，这平衡可以在时间上拉得很长，但是如果是一面倒，社会关系也就要吃不消，除非加上强制的力量，不然就会折断的。防止折断的方法之一是减轻社会关系上的担负。举一个例子来说：云南乡下有一种称上赊的钱会，是一种信用互助组织。我调查了参加赊的人的关系，看到两种倾向，第一是避免同族的亲属，第二是侧重在没有亲属关系的朋友方面。我问他们为什么不找同族亲属入赊？他们的理由是很现实的。同族的亲属理论上有互通有无，相互救济的责任，如果有能力，有好意，不必入赊就可以直接给钱帮忙。事实上，这种慷慨的亲属并不多，如果拉了入赊，假若不按期交款时，碍于人情不能逼，结果赊也吹了。所以他们干脆不找同族亲属。其他亲属如舅家的人虽有入赊的，但是也常发生不交款的事。我调查时就看到一位赊首为此发急的情形。他很感慨地说：钱上往来最好不要牵涉亲戚。这句话就是我刚才所谓减轻社会关系上的担负的注解。

社会生活愈发达，人和人之间往来也愈繁重，单靠人情不易维持相互间权利和义务的平衡。于是"当场算清"的需要也增加了。货币是清算的单位和媒介，有了一定的单位，清算时可以正确；有了这媒介可以保证各人间所得和所欠的信用。"钱上往来"就是这种可以当场算清的往来，也就是普通包括在"经济"这个范围之内的活动，狭义地说是生意经，或是商业。

在亲密的血缘社会中商业是不能存在的。这并不是说这种社会不发生交易，而是说他们的交易是以人情来维持的，是相互馈赠的方式。实质上馈赠和贸易都是有无相通，只在清算方式上有差别。以馈赠来经营大规模的易货在太平洋岛屿间还可以看得到。Malinowski 所描写和分析的 Kulu 制度就是一个例证。但是这种制度不但复杂，而且很受限制。普通的情形是在血缘关系之外去建立商业基础。在我们乡土社会中，有专门作贸易活动的街集。街集时常不在村子里，而在一片空场上，各地的人到这特定的地方，各以"无情"的身份出现。在这里大家把原来的关系暂时搁开，一切交易都得当场算清。我常看见隔壁邻舍大家老远地走上十多里在街集上交换清楚之后，又老远地背回来。他们何必到街集上去跑这一趟呢，在门前不是就可以交换的么？这一趟是有作用的，因为在门前是邻舍，到了街集上才是"陌生"人。当场算清是陌生人间的行为，不能牵涉其他社会关系的。

从街集贸易发展到店面贸易的过程中，"客边"的地位有了特殊的方便了。寄籍在血缘性社区边缘上的外边人成了商业活动的媒介。村子里的人对他可以讲价钱，可以当场算清，不必讲人情，没有什么不好意思。所以依我所知道的村子里开店面的，除了穷苦的老年人摆个摊子，等于是乞丐性质外，大多是外边来的"新客"。商业是在血缘之外发展的。

地缘是从商业里发展出来的社会关系。血缘是身份社会的基础，而地缘却是契约社会的基础。契约是指陌生人中所作的约定。在订定契约时，各人有选择的自由，在契约进行中，一方面有信用，一方面有法律。法律需要一个同意的权力去支持。契约的完成是权利义务的清算，须要精密的计算，确当的单位，可靠的媒介。在这里是冷静的考虑，不是感情，于是理性支配着人们的活动——这一切是现代社会的特性，也正是乡土社会所缺的。

从血缘结合转变到地缘结合是社会性质的转变，也是社会史上的一个大转变。

名实的分离

我们把乡土社会看成一个静止的社会不过是为了方便，尤其在和现代社会相比较时，静止是乡土社会的特点，但是事实上完全静止的社会是不存在的，乡土社会不过比现代社会变得慢而已。说变得慢，主要的意思自是指变动的速率，但是不同的速率也引起了变动方式上的殊异。我在本文里将讨论乡土社会速率很慢的变动中所形成的变动方式。

我在上面讨论权力的性质时已提出三种方式，一是从社会冲突中所发生的横暴权力，二是从社会合作中所发生的同意权力，三是从社会继替中所发生的长老权力。现在我又想提出第四种权力，这种权力发生在激烈的社会变迁过程之中。社会继替是指人物在固定的社会结构中的流动；社会变迁却是指社会结构本身的变动。这两种过程并不是冲突的，而是同时存在的，任何社会绝不会有一天突然变出一个和旧有结构完全不同的样式，所谓社会变迁，不论怎样快，也是逐步的，所变的，在一个时候说，总是整个结构中的一小部分。因之从这两种社会过程里所发生出来的两种权力也必然同时存在。但是它们的消长却互相关联。如果社会变动得慢，长老权力也就更有势力，变得快，"父不父，子不子"

的现象发生了，长老权力也随着缩小。

社会结构自身并没有要变动的需要。有些学者，好像我在上文所提到的那位 Spengler，把社会结构（文化中的一主要部分）视作有类于有机体，和我们身体一般，有幼壮老衰等阶段。我并不愿意接受他们的看法，因为我认为社会结构，像文化的其他部分一般，是人造出来的，是用来从环境里取得满足生活需要的工具。社会结构的变动是人要它变的，要它变的原因是在它已不能答复人的需要。好比我们用笔写字，笔和字都是工具，目的是在想用它们来把我们的意思传达给别人。如果我们所要传达的对象是英国人，中文和毛笔就不能是有效的工具了，我们得用别的工具，英文和打字机。

这样说来社会变迁常是发生在旧有社会结构不能应付新环境的时候。新的环境发生了，人们最初遭遇到的是旧方法不能获得有效的结果，生活上发生了困难。人们不会在没有发觉旧方法不适用之前就把它放弃的。旧的生活方法有习惯的惰性。但是如果它已不能答复人们的需要，它终必会失去人们对它的信仰，守住一个没有效力的工具是没有意义的，会引起生活上的不便，甚至蒙受损失。另一方面，新的方法却又不是现存的，必须有人发明，或是有人向别种文化去学习、输入，还得经过试验，才能被人接受，完成社会变迁的过程。在新旧交替之际，不免有一个惶惑、无所适从的时期，在这个时期，心理上充满着紧张、犹豫和不安。这里发生了"文化英雄"，他提得出办法，有能力组织新的试验，能获得别人的信任。这种人可以支配跟从他的群众，发生了一种权力。这种权力和横暴权力并不相同，因为它并不建立在剥削关系之上；和同意权力又不同，因为它并不是由社会所授权的，和长老权力更不同，因为它并不根据传统的。它是时势所造成的，无以名之，名之曰时势权力。

这种时势权力在初民社会中常可以看到。在荒原上，人们常常遭遇不平常的环境，他们需要有办法的人才，那是英雄。在战争中，也是非常的局面，这类英雄也脱颖而出。现代社会又是一个变迁激烈的社会，这种权力也在抬头了。最有意思的就是一个落后的国家要赶紧现代化的过程中，这种权力表示得也最清楚。我想我们可以从这角度去看苏联的权力性质。英美的学者把它归入横暴权力的一类里，因为它形式上是独裁的；但是从苏联人民的立场来看，这种独裁和沙皇的独裁却不一样，如果我们采用这个时势权力的概念看去，比较容易了解它的本质了。

这种权力最不发达的是在安定的社会中。乡土社会，当它的社会结构能答复人们生活的需要时，是一个最容易安定的社会，因之它也是个很少"领袖"和"英雄"的社会。所谓安定是相对的，指变得很慢。如果我单说"很慢"，这话句并不很明朗，一定要说出慢到什么程度。其实孔子已回答过这问题，他的答案是"三年无改于父之道"。换一句话来说，社会变迁可以吸收在社会继替之中的时候，我们可以称这社会是安定的。

儒家所注重的"孝"道，其实是维持社会安定的手段，孝的解释是"无违",那就是承认长老权力。长老代表传统,遵守传统也就可以无违于父之教。但是传统的代表是要死亡的,而且自己在时间过程中也会进入长老的地位。如果社会变迁的速率慢到可以和世代交替的速率相等,亲子之间,或是两代之间,不致发生冲突,传统自身慢慢变,还是可以保持长老的领导权。这种社会也就不需要"革命"了。

从整个社会看,一个领导的阶层如果能追得上社会变迁的速率,这社会也可以避免因社会变迁而发生的混乱。英国是一个很好的例子。很多人羡慕英国能不流血而实行种种富于基本性的改革,但很多忽略了他们所以能这样的条件。英国在过去几个世纪中,以整个世界的文化来说是处于领导地位,他是工业革命的老家。英国社会中的领导阶层却又是最能适应环境变动的,环境变动的速率和领导阶层适应变动的速率配得上才不致发生流血的革命。英国是否能保持这个纪录,还得看他们是否能保持这种配合。

乡土社会环境固定,在父死三年之后才改变他的道的速率中,社会变迁也不致引起人事的冲突。在人事范围中,长老保持他们的权力,子弟们在无违的标准中接受传统的统治。在这里不发生"反对",长老权力也不容忍反对。长老权力是建立在教化作用之上的,教化是有知对无知,如果所传递的文化是有效的,被教的自没有反对的必要,如果所传递的文化已经失效,根本也就失去了教化的意义。"反对"在这种关系里是不发生的。

容忍,甚至奖励、反对在同意权力中才发生,因为同意权力建立在契约上，执行这权力的人是否遵行契约是一个须随时加以监督的问题。而且反对，也就是异议，是获得同意的必要步骤。在横暴权力之下，没有反对，只有反抗，因为反对早就包含在横暴权力的关系中。因之横暴权力必须压制反抗，不能容忍反对。在时势权力中，反对是发生于对同一问题不同的答案上，但是有时，一个社会不能同时试验多种不同的方案，于是在不同方案之间发生了争斗，也可以称作"冷仗"，宣传战，争取人民的跟从。为了求功，每一个自信可以解决问题的人，会感觉到别种方案会分散群众对自己的方案的注意和拥护，因之产生了不能容忍反对的"思想统制"。在思想争斗中，主要的是阵线，反对变成了对垒。

回到长老权力下的乡土社会说，反对被时间冲淡，成了"注释"。注释是维持长老权力的形式而注入变动的内容。在中国的思想史中，除了社会变迁激速的春秋战国这一个时期，有过百家争鸣的思想争斗的场面外，自从定于一尊之后，也就在注释的方式中求和社会的变动谋适应。注释的变动方式可以引起名实之间发生极大的分离。在长老权力下，传统的形式是不准反对的，但是只要表面上承认这形式，内容却可以经注释而改变。结果不免是口是心非。在中国旧式家庭中生长的人都明白家长的意志怎样在表面的无违下，事实上被歪曲的。虚伪在这种情境中不但是无可避免而且是必需的。不能反对而又不切实用的教条或命令只有加以歪曲，只留一个面子。面子就是表面的无违。名实之间的距离跟着社会变迁速率而增加。在一个完全固定的社会结构里不会发生这距离的，但是事实上完全固定的社会并不存在。在变得很慢的社会中发生了长老权力，这种统治不能容忍反对，社会如果加速的变动时，注释式歪曲原意的办法也就免不了。挟天子以令诸侯的结果，位与权，名与实，言与行，话与事，理论与现实，全趋向于分离了。

从欲望到需要

提起了时势权力使我又想到关于社会变迁另一问题，也就是现在我们常常听到的社会计划，甚至社会工程等一套说法。很明显地，这套名字是现代的，不是乡土社会中所熟习的。这里其实包含着一个重要的变化，如果我们要明白时势权力和长老权力的差别，我们还得在这方面加以探讨。人类发现社会也可以计划，是一个重大的发现，也就是说人类已走出了乡土性的社会了。在乡土社会里没有这想法的。在乡土社会人可以靠欲望去行事，而在现代社会中欲望并不能作人们行为的指导了，发生"需要"，因之有"计划"。从欲望到需要是社会变迁中一个很重要的里程碑，让我先把欲望和需要这两个概念区别一下。

观察人类行为，我们常可以看到人类并不是为行为而行为，为活动而活动的，行为或是活动都是手段，是有所为而为的。不但你自己可以默察自己，一举一动，都有个目的，要吃饭才拿起筷子来，要肚子饿了才吃饭……总是有个"要"在领导自己的活动；你也可问别人："为什么你来呢？有什么事么？"我们也总可以从这问题上得到别人对于他们的行为的解释。于是我们说人类行为有动机的。

说人类行为有动机包含着两个意思，一是人类对于自己的行为是可以控制的，要这样做就这样做，不要这样做就不这样做，也就是所谓意志；一是人类在取舍之间有所根据，这根据就是欲望。欲望规定了人类行为的方向，就是上面所说要这样要那样的"要"。这个"要"是先于行为的，要得了，也就是欲望满足了，我们会因之觉得愉快，欲望不满足，要而得不到，周身不舒服。在英文里欲望和要都是 want，同时 want 也作缺乏解。缺乏不只是一种状态的描写，而是含有动的意思，这里有股劲，由不舒服而引起的劲，他推动了人类机体有所动作，这个劲也被称作"紧张状态"，表示这状态是不能持久，必须发泄的，发泄而成行为，获得满足。欲望 – 紧张 – 动作 – 满足 – 愉快，那是人类行为的过程。

欲望如果要能通过意志对行为有所控制，它必须是行为者所自觉的。自觉是说行为者知道自己要的是什么。在欲望一层上说这是不错的，可是这里却发生了一个问题，人类依着欲望而行为，他们的行为是否必然有利于个体的健全发展，和有利于社会间各个人的融洽配合，社会的完整和持续？这问题在这里提出来并不是想考虑性善性恶，而是从人类生存的事实上发生的。如果我们走出人类的范围，远远地站着，像看其他生物一般的看人类，我们可以看见人类有着相当久的历史了，他们做了很多事，这些事使人类能生存和绵续下去，好像个人的健全发展和社会的完整是他们的目的。但是逼近一看，拉了那些人问一问，他们却说出了很多和这些目的毫不相关的欲望来了。你在远处看男女相接近，生了孩子，男女合作，抚养孩子，这一套行为是社会完整所必需的，如果没有孩子出生，没有人领孩子，人类一个个死去，社会不是会乱了，人类不是断绝了么？你于是很得意去问这些人，他们却对你说："我们是为了爱情，我们不要孩子，孩子却来了。"他们会笑你迂阔，天下找不到有维持人类种族的欲望的人，谁在找女朋友时想得着这种书本上的大问题？

同样地，你在远处看，每天人都在吃淀粉、脂肪，吃维他命A、维他命C，一篇很长的单子，你又回去在实验室研究了一下，发现一点不错，淀粉供给热料，维他命A给人这个那个，——合于营养，用以维持生命。但是你去找一个不住在现代都市的乡下佬问他，为什么吃辣子，大蒜，他会回答你："这才好吃，下饭的呀。"

爱情，好吃，是欲望，那是自觉的。直接决定我们行为的确是这些欲望。这些欲望所引导出来的行为是不是总和人类生存的条件相合的呢？这问题曾引起过很多学者的讨究。我们如果从上面这段话看去，不免觉得人类的欲望确乎有点微妙，他们尽管要这个要那个，结果却常常正合于他们生存的条件。欲望是什么呢？食色，性也，那是深入生物基础的特性。这里似乎有一种巧妙的安排，为了种族绵续，人会有两性之爱；为了营养，人会有五味之好。因之，在十九世纪发生了一种理论说，每个人只要能"自私"，那就是充分地满足我们本性里带来的欲望，社会就会形成一个最好、

从欲望到需要

最融洽的秩序。亚当·斯密说"冥冥中那只看不见的手"会安排个社会秩序给每个为自己打算的人们去好好生活的。

这种理论所根据的其实并非现代社会而是乡土社会，因为在乡土社会中，这种理论多少是可以说正确的，正确的原因并不是真是有个"冥冥中"的那只手，而是在乡土社会中个人的欲望常是合于人类生存条件的。两者所以合，那是因为欲望并非生物事实，而是文化事实。我说它是文化事实，意思是人造下来教人这样想的。譬如说，北方人有吃大蒜的欲望，并不是遗传的，而是从小养成的。所谓"自私"，为自己打算，怎样打算法却还是由社会上学来的。问题不是在要的本身，而是在要什么的内容。这内容是文化所决定的。

我说欲望是文化事实，这句话并没有保证说一切文化事实都是合于人类生存条件的。文化中有很多与人类生存条件无关甚至有害的。就是以吃一项来说，如果文化所允许我们入口的东西样样都是合于营养原则的，我们也不至有所谓毒物一类的东西了。就是不谈毒物，普通的食品，还是可以助证"病从口入"的说法。再说得远一些，我常觉得把"生存"作为人类最终的价值是不太确切的。人类如果和其他动植物有些不同的地方，最重要的，在我看来，就在人在生存之外找到了若干价值标准，所谓真善美之类。我也常喜欢以"人是生物中唯一能自杀的种类"来说明人之异于禽兽的"几希"。——但是，人类主观上尽管有比生存更重要的价值，文化尽管有一部分可以无关及无益于人类的生存，这些不合于生存的条件的文化以及接受不合于生存条件的文化的人，却在时间里被淘汰了。他们不存在了。淘汰作用的力量并不限于文化之内，也有在文化之外的，是自然的力量。这力量并不关心于价值问题；美丑、善恶、真伪，对它是无关的，它只列下若干条件，不合则去，合则留。我们可以觉得病西施是美，但是自然却并不因她美而保留她，病的还是要死的，康健才是生存的条件。自然不禁止人自杀，但是没有力量可以使自杀了的还能存在。

于是另外一种说法发生了。孙末楠在他的名著 *Folkways* 中开章明义就说：人类先有行为，后有思想。决定行为的是从试验与错误的公式中累积出来的经验，思想只有保留这些经验的作用，自觉的欲望是文化的命令。

在一个乡土社会中，这也是正确的，那是因为乡土社会是个传统社会，传统就是经验的累积，能累积就是说经得起自然选择的，各种"错误"——不合于生存条件的行为——被淘汰之后留下的那一套生活方式。不论行为者对于这套方式怎样说法，它们必然是有助于生存的。

在这里更可以提到的是，在乡土社会中有很多行为我们自以为是用来达到某种欲望或目的，而在客观的检讨中，我们可以看到这些行为却在满足主观上并没有自觉的需要，而且行为和所说的目的之间毫无实在的关联。巫术是这种行为最明显的例子。譬如驱鬼，实际上却是驱除了心理上的恐惧。鬼有没有是不紧要的，恐惧却得驱除。

在乡土社会中欲望经了文化的陶冶可以作为行为的指

导,结果是印合于生存的条件。但是这种印合并不是自觉的,并不是计划的,乡土文化中微妙的配搭可以说是天工,而非人力,虽则文化是人为的。这种不自觉的印合,有它的弊病,那就是如果环境变了,人并不能作主动的有计划的适应,只能如孙末楠所说的盲目的经过错误与试验的公式来找新的办法。乡土社会环境不很变,因之文化变迁的速率也慢,人们有时间可以从容的作盲目的试验,错误所引起的损失不会是致命的。在工业革命的早期,思想家还可以把社会秩序交给"冥冥中那只看不见的手",其实一直到目前,像美国那样发达的文化里,那样复杂的社会里,居然还有这样大的势力在反对计划经济。但是这时候要维持乡土社会中所养成的精神是有危险的了。出起乱子来,却非同小可了。

社会变动得快,原来的文化并不能有效地带来生活上的满足时,人类不能不推求行为和目的之间的关系了。这时发现了欲望并不是最后的动机,而是为了达到生存条件所造下的动机。于是人开始注意到生存条件的本身了,——在社会学里发生了一个新的概念,"功能"。功能是从客观地位去看一项行为对于个人生存和社会完整上所发生的作用。功能并不一定是行为者所自觉的,而是分析的结果,是营养而不是味觉。这里我们把生存的条件变成了自觉,自觉的生存条件是"需要",用以别于"欲望"。现代社会里的人开始为了营养选择他们的食料,这是理性的时代,理性是指人依了已知道的手段和目的的关系去计划他的行为,所以也可以说是科学化的。

在现代社会里知识即是权力，因为在这种社会里生活的人要依他们的需要去作计划。从知识里得来的权力是我在上文中所称的时势权力；乡土社会是靠经验的，他们不必计划，因为时间过程中，自然替他们选择出一个足以依赖的传统的生活方案。各人依着欲望去活动就得了。

后 记

这集子里所收的十四篇论文是从我过去一年所讲"乡村社会学"的课程中所整理出来的一部分。我这门课程已讲过好几遍,最初我采用美国的教本作参考,觉得不很惬意,又曾用我自己调查的材料讲,而那时我正注意中国乡村经济一方面的问题,学生们虽觉得有兴趣,但是在乡村社会学中讲经济问题未免太偏,而且同时学校有土地经济学和比较经济制度等课程,未免重复太多。过去一年我决定另起炉灶,甚至暂时撇开经济问题,专从社会结构本身来发挥。初次试验离成熟之境还远,但这也算是我个人的一种企图。

以我个人在社会学门内的工作说,这是我所努力的第二期。第一期的工作是实地的社区研究。我离开清华大学研究院之后就选择了这方面。二十四年的夏天,我和前妻王同惠女士一同到广西瑶山去研究当地瑶民的生活。那年冬天在山中遭遇了不幸,前妻未获生回,我亦负伤,一直在广州医院渡过了春天才北返。在养病期间,我整理了前妻的遗稿,写成了《花蓝瑶社会组织》。二十五年夏天我到自己家乡调查了一个村子,秋天到英国,整理材料,在老师 Malinowski 教授指导之下,写成了 *Peasant Life in China* 一书,在二十七年返国前付印，二十八年出版。返国时抗战已进入第二年，所以我只能从安南入云南，住下了，得到中英庚款的资助，在云南开始实地研究工作，写出了一本《禄村农田》。后来得农民银行的资助，成立了一个小规模的研究室，附设于云南大学，系云大和燕京大学合作机关。我那时的工作是帮忙年轻朋友们一起下乡调查，而且因为昆明轰炸频繁，所以在二十九年冬迁到呈贡，古城村的魁星阁。这个研究室从此得到了"魁阁"这个绰号。我们进行的工作有好几个计划，前后参加的也有十多人，有结果的是：张子毅先生的《易村手工业》《玉村土地与商业》《洱村小农经济》；史国衡先生的《昆厂劳工》《个旧矿工》；谷苞先生的《化城镇的基层行政》；田汝康先生的《芒市边民的摆》《内地女工》；胡庆钧先生的《呈贡基层权力结构》。其中有若干业已出版。我是魁阁的总助手，帮着大家讨论和写作，甚至抄钢笔板和油印。三十二年我到美国去了一年，把《禄村农田》、《易村手工业》和《玉村土地与商业》改写英文，成为 *Earthbound China* 一书，《昆厂劳工》改写成 *China Enters the Machine Age*。三十三年回国，我一方面依旧继续做魁阁的研究工作，同时在云大和联大兼课，开始我的第二期工作。第二期工作是社会结构的分析，偏于通论性质，在理论上总结并开导实地研究。《生育制度》是这方面的第一本著作，这本《乡土中国》可以说是第二本。我在这两期的研究工作中虽则各有偏重，但在性质上是联贯的。为了要说明我选择这些方向来发展中国的社会学的理由，我不能不在这里一述我所认识的现代社会学的趋势。

社会学在社会科学中是最年轻的一门。孔德（Comte）在他《实证哲学》里采取这个名字到现在还不过近一百年，而孔德用这名词来预言的那门研究社会现象的科学应当相等于现在我们所谓"社会科学"的统称。斯宾塞（Spencer）也是这样，他所谓社会学是研究社会现象的总论。把社会学降为和政治学、经济学、法律学等社会科学并列的一门学问，并非创立这名称的早年学者所意想得到的。

社会学能不能成为一门特殊的社会科学其实还是一个没有解决的问题。这里牵涉到了社会科学领域的分划。如果我们承认政治学、经济学有它们特殊的领域，我们也承认了社会科学可以依社会制度加以划分：政治学研究政治制度，经济学研究经济制度等。社会现象能分多少制度也就可以成立多少门社会科学。现在的社会学，从这种立场上说来，只是个没有长成的社会科学的老家。一旦长成了，羽毛丰满，就可以闹分家，独立门户去了。这个譬喻确说明了现代社会学中的一个趋势。

讥笑社会学的朋友曾为它造下了个"剩余社会科学"的绰号。早年的学者像孟德斯鸠，像亚当·斯密，如果被称作社会学家并非过分，像《法意》，像《原富》一类的名著，包罗万象，单说是政治学和经济学未免偏重。但是不久他们的门徒们把这些大师们的余绪发挥申引，蔚成家数，都以独立门户为荣，有时甚至讨厌老家的渊源。政治学、经济学既已独立，留在"社会学"领域里的只剩了些不太受人问津的、虽则并非不重要的社会制度，好像包括家庭、婚姻、教育等的生育制度以及宗教制度等等。有一个时期，社会学抱残守缺地只能安于"次要制度"的研究里。这样，它还是守不住这老家的，没有长成的还是会长成的。在最近十多年来，这"剩余领域"又开始分化了。

在这次大战之前的几年里，一时风起云涌的产生了各种专门性质的社会学，好像孟汉（Karl Mannheim）的知识社会学，Joachim Wach 的宗教社会学，叶林（Eugen Ehrlich）的法律社会学，甚至人类学家斐司（Raymond Firth）称他 *We, the Tikopia* 的调查报告作亲属社会学。这种趋势发展下去，都可以独立成为知识学、宗教学、法律学和亲属学的。它们还愿意拖着社会学的牌子，其实并不是看得起老家，比政治学和经济学心肠软一些，而是因为如果直称知识学或宗教学就不易和已经占领着这些领域的旧学问相混。知识学和知识论字面上太近似，宗教学和神学又使人不易一见就分得清楚。拖着个"社会学"的名词表示是"以科学方法研究该项制度"的意思。社会学这名词在这潮流里表面上是热闹了，但是实际上却连"剩余社会科学"的绰号都不够资格了，所剩的几等于零了。

让我们重回到早期的情形看一看。在孔德和斯宾塞之后有一个时期许多别的科学受了社会学的启发，展开了"社会现象和其他现象交互关系"的研究，我们不妨称作"边缘科学"。这种研究在中国社会学中曾占很重要的地位。我记得在十五年左右以前,世界书局曾出过一套社会学丛书,其中主要的是:社会的地理基础、心理基础、生物基础、文化基础等的题目。孔德早已指出宇宙现象的级层,凡是在上级的必然以下级为基础,因之也可以用下级来"解释"上级。社会现象正处于顶峰,所以任何其他现象都可以用来解释它的。从解释进而成为"决定论",就是说社会现象决定于其他现象。这样引诱了很多在其他科学里训练出来的学者进入社会学里来讨论社会现象,因而在社会学里引成了许多派别:机械学派、生物学派、地理学派、文化学派。苏洛金(Sorokin)曾写了一本《当代社会学学说》来介绍这许多派别。这书已有中译本,我在这里不必赘述(黄凌霜译,商务出版)。

虽则苏洛金对于各家学说的偏见很有批评,但是我们得承认"边缘科学"的性质是不能不"片面"的。着眼于社会现象和地理接触边缘的,自不能希望他会顾到别的边缘。至于后来很多学者一定要比较那一个边缘为"重要"因而发生争论,实在是多余的。从边缘说,关系是众多的,也可以是多边的,偏见的形成是执一废百的结果。社会学本身从这些"边缘科学"所得的益处,除了若干多余的争论外还有多少,很难下断语,但是对于其他科学却引起了很多新的发展,好像人文生物学、人文地理等等,在本世纪的前期有了重要的进步,不能不说是受了社会学的影响。

社会现象有它的基础,那是无从否认的;其他现象对社会现象发生影响,也是事实;但是社会学不能被"基础论"所独占,或自足于各种"决定论",那也是自明的道理。社会学躲到这边际上来是和我上述的社会科学分家趋势相关的。堂奥既被各个特殊社会科学占领了去,社会学也只能退到门限上,站在门口还要互争谁是大门,怎能不说是可怜相?

社会学也许只有走综合的路线,但是怎样综合呢?苏洛金在批评了各派的偏见之后,提出了个 X+1 的公式,他的意思是尽管各派偏重各派的边缘,总有一个全周。其实他的公式说是"综合"不如说是"总和"。总是把各边缘加起来,和是调解偏见。可是加起来有什么新的贡献呢?和事佬的地位也不够作为一门科学的基础。社会学的特色岂能只是面面周到呢?

社会现象在内容上固然可以分成各个制度,但是这些制度并不是孤立的。如果社会学要成为综合性的科学,从边缘入手自不如从堂奥入手。以社会现象本身来看,如果社会学不成为各种社会科学的总称,满足于保存一个空洞的名词,容许各门特殊的社会科学对各个社会制度作专门的研究,它可以从两层上进行综合的工作:一是从各制度的关系上去探讨。譬如某一种政治制度的形式常和某一种经济制度的形式相配合,又譬如在宗教制度中发生了某种变动会在政治或经济制度引起某种影响。从各制度的相互关系上着眼,我们可以看到全盘社会结构的格式。社会学在这里可以得到各个特殊的社会科学所留下、也是它们无法包括的园地。

以全盘社会结构的格式作为研究对象,这对象并不能是概然性的,必须是具体的社区,因为联系着各个社会制度的是人们的生活,人们的生活有时空的坐落,这就是社区。每一个社区有它一套社会结构,各制度配合的方式。因之,现代社会学的一个趋势就是社区研究,也称作社区分析。

社区分析的初步工作是在一定时空坐落中去描画出一地方人民所赖以生活的社会结构。在这一层上可以说是和历史学的工作相通的。社区分析在目前虽则常以当前的社区作研究对象,但这只是为了方便的原因,如果历史材料充分的话,任何时代的社区都同样的可作分析对象。

社区分析的第二步是比较研究,在比较不同社区的社会结构时,常发现了每个社会结构有它配合的原则,原则不同,表现出来结构的形式也不一样。于是产生了"格式"的概念。在英美人类学中这种研究的趋势已经十分明显,好像 Pattern、Configuration、Integration 一类名词都是针对着这种结构方面的研究,我们不妨称之作"结构论"(Structuralism),是"功能论"(Functionalism)的延续。但是在什么决定"格式"的问题上却还没有一致的意见。在这里不免又卷起"边缘科学"的余波,有些注重地理因素,有些注重心理因素。但这余波和早年分派互讦的情形不完全相同,因为社区结构研究中对象是具体的;有这个综合的中心,各种影响这中心的因素都不致成为抽象的理论,而是可以观察、衡量的作用。

在社区分析这方面,现代社会学却和人类学的一部分通了家。人类学原是一门包罗极广的科学,和社会学一般经过了分化过程,研究文化的一部分也发生了社区研究的趋势。

所以这两门学问在这一点上辐辏会合。譬如林德（Lynd）的 *Middletown* 和马凌诺斯基（Malinowski）在 Trobriad 岛上的调查报告，性质上是相同的。嗣后人类学者开始研究文明人的社区，如槐南（Warner）的 *Yankee City Series*，艾勃里（Embree）的《须惠村》（日本农村）以及拙作 *Peasant Life in China* 和 *Earthbound China*，更不易分辨是人类学或社会学的作品了。美国社会学大师派克（Park）先生很早就说：社会学和人类学应当并家，他所主持的芝加哥都市研究就是应用人类学的方法，也就是我在上面所说的"社区分析"。英国人类学先进白朗（Radcliffe-Brown）先生在芝加哥大学讲学时就用"比较社会学"来称他的课程。

以上所说的只是社会学维持其综合性的一条路线，另一条路线却不是从具体的研究对象上求综合，而是从社会现象的共相上着手。社会制度是从社会活动的功能上分出来的单位：政治、经济、宗教等是指这些活动所满足人们不同的需要。政治活动和经济活动，如果抽去了它们的功能来看，原是相同的，都是人和人之间的相互行为。这些行为又可以从它们的形式上去分类，好像合作、冲突、调和、分离等不同的过程。很早在德国就有形式社会学的发生，席木尔（Simmel）是这一派学者的代表。冯维瑞（Von Wiese）的系统社会学经贝干（Becker）的介绍在美国社会学里也有很大的影响。派克和盘吉斯（Park and Burgess）的《社会学导论》也充分表明这种被称为"纯粹社会学"的立场。

纯粹社会学是超越于各种特殊社会科学之上的，但是从社会行为作为对象，撇开功能立场，而从形式入手研究，又不免进入心理学的范围。这里又使我们回想到孔德在建立他的科学级层论时对于心理学地位的犹豫了。他不知道应当把心理现象放在社会现象之下，还是之上。他这种犹豫是起于心理现象的两元性，其一是现在所谓生理心理学，其二是现在所谓社会心理学。这两种其实并不隶属于一个层次，而是两片夹着社会现象的面包。纯粹社会学可以说是以最上层的一片作对象的。

总结起来说，现代社会学还没有达到一个为所有被称为社会学者共同接受的明白领域。但在发展的趋势上看去，可以说的是社会学很不容易和政治学、经济学等在一个平面上去分得一个独立的范围。它只有从另外一个层次上去得到一个研究社会现象的综合立场。我在这里指出了两条路线，指向两个方向。很可能是再从这两个方向分成两门学问；把社区分析让给新兴的社会人类学，而由"社会学"去发挥社会行为形式的研究。名称固然是并不重要的，但是社会学内容的常变和复杂确是引起许多误会的原因。

依我这种对社会学趋势的认识来说，《生育制度》可以代表以社会学方法研究某一制度的尝试，而这《乡土中国》却是属于社区分析第二步的比较研究的范围。在比较研究中，先得确立若干可以比较的类型，那就是依不同结构的原则分别确定它所形成的格式。去年春天我曾根据 Mead 女士的 *The American Character* 一书写成一本《美国人的性格》，并在这书的后记里讨论过所谓文化格式的意思。在这里我不再复述了。这两本书可以合着看，因为我在这书里是以中国的事实来说明乡土社会的特性，和 Mead 女士根据美国的事实说明移民社会的特性在方法上是相通的。

我已经很久想整理这些在"乡村社会学"课上所讲的材料，但是总觉得还没有成熟，所以迟迟不敢下笔。去年暑假里，张纯明先生约我为《世纪评论》长期撰稿，盛情难却，才决定在这学期中，随讲随写，随写随寄，随寄随发表，一共已有十几篇。储安平先生约我在"观察丛书"里加入一份，才决定重新编了一下，有好几篇重写了，又大体上修正了一遍。不是他们的督促和鼓励，我是不会写出这本书的，但也是因为他们限期限日的催稿，使我不能等很多概念成熟之后才发表，其中有很多地方是还值得推考。这算不得是定稿，也不能说是完稿，只是一段尝试的记录罢了。

三十七年二月十四日于清华胜因院

（据上海观察社 1947 年版排印）

乡土重建

中国社会变迁中的文化结症

任何对于中国问题的讨论总难免流于空泛和偏执。空泛，因为中国具有这样长的历史和这样广的幅员，一切归纳出来的结论都有例外，都需要加以限度；偏执，因为当前的中国正在变迁的中程，部分的和片面的观察都不易得到应有的分寸。因之，我在开讲之始愿意很明白的交代清楚，我并不想讨论本题所包括的全部，我只想贡献一种见解，希望能帮助我们了解中国社会变迁的方向。我在这次演讲中，并不能把社会各方面，好像经济、政治、宗教、教育等等的变迁情形，一一枚举，只愿分析在这些方面所共具的基本问题，也可说是文化的问题。所谓文化，我是指一个团体为了位育处境所制下的一套生活方式。我说一"套"，因为文化只指一个团体中在时间和空间上有相当一致性的个人行为。这是成"套"的。成套的原因是在：团体中个人行为的一致性是出于他们接受相同的价值观念。人类行为是被所接受的价值观念所推动的。在任何处境中，个人可能采取的行为很多，但是他所属的团体却准备下一套是非的标准，价值的观念，限制了个人行为上的选择。大体上说，人类行为是被团体文化所决定的。在同一文化中育成的个人，在行为上有着一致。

讲到这里，我应该特别提出位育这个字。一个团体的生活方式是这团体对它处境的位育（在孔庙的大成殿前有一个匾写着"中和位育"。潘光旦先生就用这儒家的中心思想的"位育"两字翻译英文的 adaptation，普通也翻作"适应"。意思是指人和自然的相互迁就以达到生活的目的）。位育是手段，生活是目的，文化是位育的设备和工具。文化中的价值体系也应当作这样看法。当然在任何文化中有些价值观念是出于人类集体生活的基础上，只要人类社会存在一日，这些价值观念的效用也存在一日。但是在任何文化中也必然有一些价值观念是用来位育暂时性的处境的。处境有变，这些价值也会失其效用。我们若要了解一个在变迁中的社会，对于第二类的价值观念必然更有兴趣。因之，我在这次演讲中将要偏重于这方面，去分析那些失"时宜"的传统观念。

我这里所说的"处境"其实可以代以常用的"环境"一词。但是我嫌环境一词太偏重地理性的人生舞台，地理的变动固然常常引起新的位育方式，新的文化；但是在中国近百年来，地理变动的要素并不重要。中国现代的社会变迁，重要的还是被社会的和技术的要素所引起的。社会的要素是指人和人的关系，技术的要素是指人和自然关系中人的一方面。处境一词似乎可以包括这意思。

对于变迁的概念，我也想作一注脚。变迁是一个替易或发展的过程，从一种状态变成另一种状态。若要描写这过程，最方便的是比较这两种状态的差别。但这是须在后起的局面多少已成形的时候才能有此方便。中国社会变成什么样子，现在还没有人敢说。所以我只能先说明传统的方式。传统的方式不但有记载可按，而且有现实的生活可查；关于新兴的方式则除了可以观察者外，只能参考所采取新的要素在其他社会里所引起的变迁了。我并不愿承认中国从西洋传入了新工具必然会变成和西洋社会相同的生活方式。我不过是借镜西洋指出这可能的趋向。

中国社会变迁的过程最简单的说法是农业文化和工业文化的替易。这个说法固然需要更精细的解释，不能单从字面上做文章，但是大体上指出了中国是在逐渐脱离原有位育于农业处境的生活方式，进入自从工业革命之后在西洋所发生的那一种方式。让我从这一句笼统的说法作出发点，进而说明农业处境的特性和在这处境里所发生的价值观念和社会结构。

中国传统处境的特性之一是"匮乏经济"（economy of scarcity），正和工业处境的"丰裕经济"（economy of abundance）相对照。我所说的匮乏和丰裕，并不单指生活程度的高下，而是偏重于经济结构的本质。匮乏经济不但是生活程度低，而且没有发展的机会，物质基础被限制了；丰裕是指不住的累积和扩展，机会多，事业众（我在《初访美国》中有较长的说明）。在这两种经济中所养成的基本态度是不同的，价值体系是不同的。在匮乏经济中主要的态度是"知足"，知足是欲望的自限。在丰裕经济中所维持的精神是"无餍求得"。关于西洋资本主义的发展和"无餍求得"精神的关系，已经由今天的主席 Tawney 教授分析过，我不必在这里详述。我在这里想用同样方法来分析的是匮乏经济和知足观念的关系。

传统匮乏经济的形成有着许多条件。首先，中国是个农业国家。中国人民的生活多少是直接用人力取给于土地的。土地经济中的报酬递减原则限制了中国资源的供给。其次，我们可耕地的面积受着地理的限制。北方有着戈壁的沙漠，而且日渐南移，黄沙覆盖了农业发祥地的黄河平原。西方有着高山。东方和南方是海洋，农夫们缺乏航海的冒险性。中华腹地，年复一年地滋长着人口，可耕的可说都耕了。悠久的历史固然是我们的骄傲，但这骄傲并不该迷眩了我们为此所担负的代价。这个旧世界是一个匮乏的世界，多的是人，少的是资源。

马尔萨斯的人口论似乎最适合于中国的情势了。但是我却常觉得并不够解释为什么中国人口会这样多，使他们生活程度不能不降得这样低。人究竟不是普通的动物，依着生物原性去增加他们后裔的。中国人口的庞大实在是农业经济所造成的，在利用人力和简单的工具去经营农业的时代，这也许是不能避免的现象。农作活动是富于季候性的。在农忙时节，很短的时间中，必须做完某项工作，不能提早，也不能延迟。若是要保证在农忙时节不缺乏劳力，在每一个区域之内，必须储备着大量人口。农忙一过，农田上用不着这些劳力了，但是这批人口还得养着。生产是季候性的，消费却是终年的事。农田不但得报酬所费的劳力本身，而且还要担负培养和储备这些劳力的费用。农业和工业性质的不同也分出了担负的轻重，表现出来的是人多资源少的现象。

土地所需劳力的分量是跟着农业技术而改变的。若是农业中工具改进，或是应用其他动力，所需维持的人口也可减低。但是，在这里我们却碰着了一种恶性循环。农业里所应用人力的成分愈高，农闲时失业的劳力也愈多。这些劳工自然不能饿了肚子等农忙，他们必须寻找利用多余劳力的机会。人多事少，使劳力的价值降低。劳力便宜，节省劳力的工具不必发生，即使发生了也经不起人力的竞争，不值得应用。不进步的技术限制了技术的进步，结果是技术的停顿。技术停顿和匮乏经济互为因果，一直维持了几千年的中国的社会。

我承认物质生活的享受总是人生的一种引诱。但是我们应当问的，在一个资源有限的匮乏经济中这种引诱会引起什么结果？在村子里，每一方田上都有着靠它生活的人。若是有一个人要扩张他的农田，势非把别人赶走不成。一人的物质享受必然是其他人生活的痛苦。路上的冻死骨未始不就是朱门酒肉臭的结果。人不向自然去争取享受，而在有限的供给中求一己的富裕，结果不免于人相争食。这并不是东方的特色，而是人类社会的基本原则。桑巴克曾说，在资本主义以前的社会通性是"从权力得到财富"。在中国历史上固然不缺乏刘邦、朱元璋之类的人物，但是每个人若都像项王一般，存着"取而代之"的心思，这个社会显然是难于安定了。没有机会的匮乏经济中是担当不起这一种英雄气概的。刘邦、朱元璋究竟是亿万人中的幸运儿，不足为训；历史上读不到的是屈死篱下的好汉。尊荣享受所给的对象是个人，幻灭是社会的混乱。这史实，这教训，这领悟，凝成一种态度，知足安分；一代又一代，知足安分的得到了生存和平安，谁能否认这不是处世要诀？

我这种分析并不想把价值观念只视作客观经济处境的心理反映。观念是文化中不能分的一部分；是一种帮助社会位育处境的力量。在资源有限的匮乏经济里有不知足不安分的人，而且对于物质享受的爱好，本是人性之常，但是这种精神并不能使人在这处境中获得满足，于是有知足安分的观念发生了。这观念把人安定在这种处境里。我并不是在批评这种观念，我不过想了解这观念。

从这个角度里去看传统的儒家思想，可以帮助我们对它的领会。我常觉得我们这位"万世师表"所企图的是在规划出一个社会结构，在这结构中有着各种身份（君臣父子之类），每个人在某种身份中应当怎样想，怎样做。社会结构本是人造的，人造的东西都可以是一种艺术。社会也可以是一种艺术。身份安排定当，大家安分的生活下去，人生的兴趣就在其中——"吾与点也"。这正是像英国的国术足球。球员们从不感觉到球场应当要加宽一些，球得加重一些，或是增加几个球员。他们是安"分"的。他们更不会坚持一套规则只许自己用手，不许人家用手，自己门上装个铁网，人家门前不许守卫。这样做不成了玩球了。人生的鹄的若在"游于艺"的话，我们似乎必须有一套社会结构。这结构的创立固然需要合于艺术的原则，大同之境，而人也必需要安分的精神。这精神就是"礼",我很想翻译成英国人民所熟习的sportsmanship。Sportsmanship是承认自己所处的地位,自动的服从于这地位的应有的行为,也就是"克己"。在北平街上,有些门上还可以看到"知足常乐"四字。快乐是人生的至境,知足是达到这境界的手段。

我并不知道在传统社会中的中国人是否快乐;但是知足的态度却使他并不能欣赏进步的价值,尤其是一种不说明目的地的"进步"。孔子对于生产技术是不发生兴趣的,他是一个在农业社会里不懂农事的人。他的门徒中比较更极端一些的像孟子,劳力的被视作小人了。当时和儒家不太和合的庄子,在限制欲望、知足这一点上是表示赞同的,以"有限"去追求"无限",怎么会不是件无聊而且危险的事呢?惟一对于技术有兴趣的墨家,在中国思想上所占的地位远不如儒家,这也可以说明在一个劳力充斥的农业处境中去讲节省劳力的技术,是件劳而无功的事。我在这里并不能对中国传统思想多作介绍,我所想的是指出知足、安分、克己这一套价值观念是和传统的匮乏经济相配合的,共同维持着这个技术停顿、社会静止的局面。

在这里我想对儒家偏重身份的观念再下一些注释。儒家的注重伦常,有它的社会背景。中国传统社会结构的基础是亲属关系。亲属关系供给了显明的社会身份的基图,夫妇、父子间的分工合作是人类生存和绵续的基本功能所必需的。这些身份比了其他社会团体中的身份容易安排,容易规律。而且以婚姻和生育所结成的关系,一表三千里,从家庭这个起点，可以扩张成一个很大的范围。而且在亲属扩展的过程中，又有性别、年龄、辈分等清楚的原则去规定各人相对的行为和态度。在儒家的社会结构中，亲属也总是一个主要的纲目，甚至可以说是一切社会关系的模范。

以亲属关系作结构的纲目是同儒家以礼作社会活动的规模相配合的。礼，依我以上的注释，是依赖着相关各人自动的承认自己的地位，并不是法。法是社会加之于各人使他们遵守的轨道。自动的合作，必须养成于亲密、习惯、熟悉的日常共处中。"学而时习之"的习字，是养成礼的过程。足球的指导员一定明白球员的合作必须经过朝夕的练习。从这个意义上说，礼也很近于哈佛大学 Mayo 教授所谓 social skill，直译是"社会技术"，意译是"洒扫应对"。用普遍社会学的名词来说：积极的和自动的合作需要高度的契洽，契洽是指行为前提的不谋而合，充分的会意；这却需要有相同的经验，长期的共处，使各人的想法、做法都能心领神会。换一句话说，人和人之间的亲密合作，不能是临时约定，而需要历史养成。亲属在这方面说正是人和人的历史关系，家庭又正是养成亲密合作的场合。在家庭和亲属关系里，"社会技术"最易陶养，以礼来规范生活的社会也最易实现。儒家想创造一个礼尚往来的理想社会结构，中国原有的亲属组织也就成这结构的底子了。

也许我们可以问这种把社会身份规定住了的结构不是一种保守主义么？从人类文化的物质基础上说也许是这样。但是我觉得儒家并不是反对物质的享受，孔子至少承认富人也可以为善，虽则和穷人为善的方法不完全相同。他对于贫富、财货并不关心，他所关心的是人和人的相处，并不在人对自然的利用。我们若要为儒家辩护，可以说不论人对自然的利用到什么程度，人和人相处相得还是和人生直接有关的问题。对于这问题，人类还得不住的用工夫，求善道。因之，儒家可以有理由对物质享受之道不加关心。不关心并不是疾视，"你去问别人好了"。若是我们从人和人的关系上去看，儒家并不是保守的，而是有理想的，有理想的就不能对现实满意。孔子的栖栖皇皇，坐不暖席，为的是他有理想。社会结构的标准是完整，是大同。这个概念和法国社会学家的前驱 Le Play 和 Durkheim 很相近。大同或是社会完整，很不易加以简单的定义，若是必须要说的话，我认为这是一种社会组织的程度，在这程度上个人觉得和团体相合，而且在作这整体的一部分时，个人从团体中获得他生活需要的高度满足。Durkheim 在他的《自杀论》里反面的说明了不完整社会的形态。在他之前 Le Play 已有 6 册巨著分析工业初期欧洲社会的解组。这两位大师对于英国人类学的影响之深早已显著，但是他们对于现代社会的批判却并没有引起海峡对岸的回响。可是，远隔大西洋的美国，这基本概念，社会完整，却被许多研究工业组织的学者们所重视了，可惜的是数十年中，人类已经受到两次大战的打击了。回念我们被视为古旧的中华文化，几千年来这问题久已成为思想家的主题。东西相隔，我们的传统竟迄今没有人能应用来解释当前人类文化的危机。人类进步似乎已不应单限于人对自然利用的范围，应当及早扩张到人和人共同相处的道理上去了。

我对中国传统秩序已说了不少的话，可是我还只能粗枝大叶的提出一些问题罢了。我这篇话只想说明中国传统价值观念是和传统社会的性质相配合的，而且互相发生作用的。希望并没有引起一种误会，认为我是主张回返传统或是盲目于饥饿的群众。即使我承认传统社会曾经给予若干人生活的幸福或乐趣，我也决不愿意对这传统有丝毫的留恋。不论是好是坏，这传统的局面是已经走了，去了。最主要的理由是处境已变。在一个已经工业化了的西洋的旁边，决没有保持匮乏经济在东方的可能。适应于匮乏经济的一套生活方式，维持这套生活方式的价值体系是不能再帮助我们生存在这个新的处境里了。"悠然见南山"的情境尽管高，尽管可以娱人性灵，但是逼人而来的新处境里已找不到无邪的东篱了。我不反对我们能置身当年情境欣赏传统的幽美，但这欣赏并不应挡住我们正视现实：这一个利用自然动力，机器和庞大组织的生产方法；这人口汇集，车如流水的都市；这财富累积，无餍求得的社会；这疾如流星，四通八达的交通；这已经发现了利用原子能的新世界——回到我最初的命题，这自从工业革命之后在西洋所发生的那一套生活方式，这是一个丰裕的经济。

我并不觉得自己配谈西洋文化，我缺乏分析这新处境所需的知识，但是从别人的著作中看去，似乎工业革命曾在欧洲社会引起过一个很重要的转变；在西洋人民的生活中已有一套新的原则在活动，在若干方面正和我在上面所指出的那种生活方式刚刚相反。当然，我并不是说东方和西方事事相左，我们的白天是你们的黑夜；你们的白天是我们的黑夜。人类文化有着基本的相同点，但是今天我是在讨论变迁，变迁是出自相异。

若是匮乏经济和丰裕经济只是财富多寡之别，东方和西方正可以相邻而处，各不相扰。贫而无谄，富而好施，还是可以往来无阻。但是这两种经济的不同却有甚于此。匮乏经济是封闭的、静止的经济，而丰裕经济却是扩展的、动的经济。工业革命之后的西洋，代表着一个扩展的过程，一个无孔不入的进取性的力量。甘地想从个人意志上立下一道匮乏经济的最后防线，显然是劳而无功。这世界已因交通的发达而形成不可分割的一体，在这一体之内，手艺和机器相竞争，人力和自动力相竞争，结果匮乏经济欲退无地，本已薄弱的财富，因手工业的崩溃、生产力的减少，而益趋贫弱。在这方面说，确是一个弱肉强食的场合。尽管你可以瞧不起锦衣玉食，但是当饥寒交迫的时候，谁也不能不承认生活确是有一道物质基础的。当经济的竞争把人推到不能不承认物质生活的重要时，怎能不憬然醒悟最初不重视物质生活的失策了。

即在东西接触之初，西学的实用是早经公认的了，我们可以很简单地说，直接使东方受到患难的是西方的武器和生产技术。这就是"西学为用"的用的方面。在学习和接受西学之用的方面时，我们逐渐发现了用和体是相关联的，是一套文化。技术是人利用自然的方法，重视技术，发展技术是出一种人对自然的新关系。匮乏经济因为资源有限，所以在位育的方式上是修己以顺天，控制自己的欲望以应付有限的资源；在丰裕经济中则相反，是修天以顺己，控制自然来应付自己的欲望。这种对自然的要求控制使人们对它要求了解，于是有了科学。西学确是重于人和自然的关系，根本上脱不了利用厚生之道，是重"用"的。但是这偏重的背后却有一种新的看法，这看法规定着人在宇宙里的地位，是出于西洋宗教的基源。这一点，今天的主席 Tawney 先生已经分析过，不必重述。我想指出的是在基督教传统中所孕育的那种无餍求得的现代精神，只有在一个丰裕经济中才能充分发挥，成为领导一个时代的基本力量。我在论匮乏经济时曾指出一种循环：劳力愈多，技术愈不发达，技术愈不发达，劳力也愈多；在丰裕经济中也有一种循环：科学愈发达，技术愈进步，技术愈进步，科学也愈发达。到现在至少已有一部分人感觉到，科学发达得太快，技术进步得太快，人类已不知怎样去利用已有的科学和技术来得到和平的生活了。这两种循环比较起来，前者已造成人类的贫穷，后者已造成了人类的不安全，都可以说是恶性的。

中国传统文化中不发生科学，决不是中国人心思不灵，手脚不巧，而是中国的匮乏经济和儒家的知足教条配上了，使我们不去注重人和自然间的问题，而去注重人和人间的位育问题了。我不敢说在人事上中国传统文化是否有很大的造就，但是在科学上没有发达，那是无法否认的。一直到现在我还是不敢说中国的科学已有基础。我怀疑在中国经济得到解放之前科学在中国是会入土滋长的。我们要知道过去100年东西的接触，并没有造下中国能在本土发达科学的处境。这远东的大国至今不过是西洋工业的市场，本身并不是一个工业的基地。我似乎觉得工业化和科学化是相配的，分不开的。日本工业发达之后，科学上的成就并无逊于西洋，是一个很好的证据。中国经了100多年，在接受西洋文化上还没有显著的成效，在我看来，是在我们匮乏经济的恶性循环并没有打破，非但没有在经济上得到解放，反而因为和现代工业国家接触之后，更形穷困。在这生产力日降，生活程度日落的处境中，绝不会有"现代化"的希望的。

在接受西洋生产技术的过程中，还有一种困难，我愿意在这里加重的提到，那就是利用现代技术的社会组织。在西洋，因为现代技术的需要产生了集中的工厂。工厂在中国都市里也发生了，机器也装上了，工人也招来了。虽则在规模上比不了西洋，但是这新的生产组织至少也传入了中国。中国乡土工业的崩溃使很多农民不能不背井离乡的到都市里来找工做。工厂里要工人，决不会缺乏。可是招得工人却并不等于说这批工人都能在新秩序里得到生活的满足。有效的工作，成为这新秩序的安定力量。依我们在战时内地工厂里实地研究的结果说，事实上并不如此（可参考史国衡著《昆厂劳工》）。我们认为在中国现代的工厂里，扩大一些，现代的都市里，正表示着一种社会解组的过程，原因是现代工厂的组织还没有发达到完整的程度。

我在上面已说过社会完整的意思。在完整的社会里社会所要个人做的事，养孩子，从事生产，甚至当兵打仗，个人会认真地觉得是自己的事。这就是我所谓"个人觉得和团体相合"的意思，要使人对于社会身份里的活动不感觉到是一种责任，而是一种享受——孔子所谓"不如好之者"的境界——至少要先使人对于他所做活动和自己生活的关系有认识；活动、生活、社会三者要能结合得起来。这里，在我看来，必须要一个完整的人格，就是个人的一举一动都得在一个意义之下关联起来，这意义又必须要合于社会所要求于他的任务。现代技术的发达在社会组织的本身引入了一个"超人"的标准，那就是最小成本最大收获的经济律。在这标准之下，再加上了机械活动的配合律，串成一套生产活动，支配这活动的最终目的并不是参加活动者的个人目的，甚至并非社会的目的，而是为生产而生产，为效率而效率的超于人的目的。资本主义的不断累积，是出于积财富于天上的动机。

在这种活动体系中，一个工人实在不易了解在这体系中他个人活动的意义何在，除了从这活动中所得到的报酬。他们能吸收到个人生活体系中去的只是这报酬，并不是活动的本身。他们对于活动本身并不发生兴趣，没有乐趣，更谈不到"好之"的境界。于是在现代工业里的劳工最主要的要求是，少做工，多得报酬，这还是欧美劳工运动的基本目标。在社会学的观点上看，是社会解组的现象，因为这里充分表现了社会缺乏完整。Le Play 和 Durkheim 很早的见到这个趋势，感觉到人类社会的危机。

西洋这社会解组的趋势并没有很快的走上危机，因为现代技术虽则一方面打破了社会的完整性，但是另一方面却增进了一般人民的物质享受。而且他们有充分的时间，逐步的用"法"把社会关系维持下去。基督教和罗马法本是西洋文化的两大遗产，和现代技术结合，造成了个人资本主义的一种文化。在中国，现代技术并没有带来物质生活的提高，相反的，在国际的工业竞争中，中国沦入了更穷困的地步。现代技术所具破坏社会完整的力量却已在中国社会中开始发生效果。未得其利，先蒙其弊，使中国的人民对传统已失信任，对西洋的新秩序又难于接受，进入歧途。

在歧途上的中国正接受着一个严重的试验。我当然希望欧美的文化既已发生了现代技术，能百尺竿头，再进一步，创造出一个和现代技术能配合的完整的社会结构。这可以使在技术上后进的东方减轻一些担负。但是我不能不怀疑现在这种结构已经存在，虽则我愿意承认社会主义在英国的出现确表示着对这方向的迈进。以往只在技术上求发明，而忽略各社会组织上求进步和配合，不能不说是人类历史上的憾事。我们的传统，固然使我们在近百年来迎合不上世界的新处境，使无数的人民蒙受穷困的灾难，但是虽苦了自己，还没有贻害别人。忽略技术的结果似乎没有忽略社会结构的弊病为大。若是西方经讨了这两次大战而不觉悟到非注意到人和人的关系时，我想也许我们几千年来在这方面的研讨和经验，未始没有足以用来参考的地方。在这里我记起Radcliffe-Brown教授的话，他发挥了社会人类学的理论之后，在中国的一次旅行中，发现了荀子的著作里有着不少和他相同的见解。在欧洲曾有过一次文艺复兴，为这现代文化开了一扇大门，我不敢否认世界文化史中可能再有一次文艺复兴。这一次文艺复兴也许将以人事科学为主题，中国和其他东方国家传统可能成为复兴的底子。我不必在这方面多作猜测，在我们中国立场上讲，我们只有承认现在有的弱点，积极地接受西洋文化的成就，但是我们也应当明了怎样去利用现代技术和怎样同时能建立一个和现代技术相配的社会结构是两个不能分的问题。若是我们还想骄傲自己的历史地位，只有在这当前人类共同的课题上表现出我们的贡献来。

中国社会变迁，是世界的文化问题。若是东方的穷困会成为西方社会解体的促进因素，则我们共同的前途是十分暗淡的。我愿意在结束我这次演讲之前，能再度表达我对欧美文化的希望，能在这次巨大的惨剧之后，对他们的文化基础作一个深切的研讨，让我们东西两大文化共同来擘画一个完整的世界社会。

1947年1月30日在伦敦经济政治学院学术演讲稿

乡村·市镇·都会

相成相克的两种看法

对于中国乡村和都市的关系有相成和相克的两种看法：

从理论上说，乡村和都市本是相关的一体。乡村是农产品的生产基地，它所出产的并不能全部自消，剩余下来的若堆积在已没有需要的乡下也就失去了经济价值。都市刚和乡村不同。住在都市里的人并不从事农业，所以他们所需要的粮食必须靠乡村的供给，因之，都市成了粮食的大市场。市场愈大，粮食的价值也愈高，乡村里人得利也愈多。都市是工业的中心，工业需要原料，工业原料有一部分是农产品，大豆、桐油、棉花、烟草，就是很好的例子。这些工业原料比了粮食有时经济利益较大，所以被称作经济作物。都市里工业发达可以使乡村能因地制宜，发展这类经济作物。另一方面说，都市里的工业制造品除了供给市民外，很大的一部分是输入乡村的。都市就用工业制造品去换取乡村里的粮食和工业原料。乡市之间的商业愈繁荣，双方居民的生活程度也愈高。这种看法没有人能否认。如果想提高中国人民的生活程度，这个乡市相成论是十分重要的。中国最大多数的人民是住在乡村里从事农业的，要使他们的收入增加，只有扩充和疏通乡市的往来，极力从发展都市入手去安定和扩大农产品的市场，乡村才有繁荣的希望。

但是从过去历史看，中国都市的发达似乎并没有促进乡村的繁荣。相反的，都市兴起和乡村衰落在近百年来像是一件事的两面。在抗战初年，重要都市被敌人占领之后，乡市往来被封锁了，后方的乡村的确有一度的（即使不说繁荣）喘息。这现象也反证了都市对乡村实在害多利少。这个看法若是正确的，为乡下人着想，乡市的通路愈是淤塞，愈是封锁，反而愈好。

这两种看法其实都是正确的，前者说明了正常经济结构中应有的现象，后者说明了中国当前经济畸形发展的事实。让我先分析一下为什么在中国应当是相成的经济配偶会弄得反目相克的呢？

传统市镇并非生产基地

第一我们应当了解的是乡市的差别在中国并不是农工的差别。在传统经济中，我们的基本工业是分散的，在数量上讲，大部分是在乡村中，小农制和乡村工业在中国经济中的配合有极长的历史。孟子已经劝过人家在田园四周种些桑树，意思是农业本身并养不活农场极小的人家，惟一的求生方法是兼职，农闲的时候做些手工业。基本工业分散的结果，乡市之间并不成为农工的分工了。乡村是传统中国的农工并重的生产基地。它们在日常生活中保持着高度的自给。惯于降低生活来应付灾荒的乡下老百姓，除了盐，很可以安于自给自足的经济，虽则这种自给自足的经济必然是匮乏的。

在乡村里生产者之间，各人所生产的东西可能并不完全相同，于是需要交换。这种贸易在大部分的中国到现在还是在日中为市式的"街"、"集"等临时集合的摊子上进行的。街集之类的贸易场合里甚至还有直接以货易货的方式，即是以货币作媒介的，货币也常只是价值的筹码；带着货物上街的人，还是带了其他货物回家的。乡村里很大部分的贸易活动就到这类街集为止。

在比较富庶的地方，这类街集集合的时间可以频繁些，频繁到每天都有，更在这些集合的场所设立了为憩息之用的茶馆，为收货贩运者贮货的小仓库——成了一个永久性的小市镇。我愿意相信这类从乡村贸易需要里产生的小市镇在中国各处都有，但是中国很多较大的市镇却并不都是这样兴起的。

中国人口的繁殖，使乡间的劳力过剩。过剩的劳力在只有农业和小规模的家庭手工业的传统经济中并不能离开乡村，他们尽力的以降低生活程度为手段向别人争取工作机会。劳力成本的降落，使一部分稍有一些土地的人付出很低的代价就可以得到脱离劳作的机会了。他们出租了土地，自己就离乡住入较为完全的城里去。在乡间做个小小富翁并不是件太安心的事，那是我们中国人的普通经验，用不着我来举例作证的。那些地主们在他们住宅周围筑个城墙，可以保卫。他们有资本可以开典当铺，可以在谷贱时收谷，谷贵时卖谷，可以放高利贷，可以等乡间的自耕农来押田借谷，过一个时候贱价收买。Tawney 教授曾说：那些离地地主和佃户的关系其实是金融性质的。我想我们很可说，这类市镇所具的金融性质确在商业性质之上，至于工业实在说不上。在这类市镇中，固然有兼做大户人家门房的裁缝铺，有满储红漆嫁奁的木匠铺，有卖膏丸补药的药材铺，有技术精良专做首饰的银匠铺——这些只是附靠着地主们的艺匠，与欧洲中古封主堡垒里那些艺匠的性质相同。

这些市镇并不是生产基地，他们并没有多少出产可以去和乡村里的生产者交换贸易。他们需要粮食，需要劳役，可是他们并不必以出产去交换，他们有地租、利息等可以征收。乡村对于这些市镇实在说不上什么经济上的互助，只是一项担负而已。

乡村靠不上都会

自从和西洋发生了密切的经济关系以来，在我们国土上又发生了一种和市镇不同的工商业社区，我们可称它作都会，以通商口岸作主体，包括其他以推销和生产现代商品为主的通都大邑。这种都会确是个生产中心。但是它们和乡村的关系却并不是像我们在上节所提到的理论那样简单。我已说过中国传统经济中曾有很发达的手工业，技术上当然很差，出品也不漂亮，但是却是乡下老百姓的收入来源。现代都会一方面把大批洋货运了进来，一方面又用机器制造日用品。结果是乡村里的手工业遭殃了。现在到乡村里去看，已经没有多少人家自己纺纱织布了。都会兴起把乡村里一项重要的收入夺走了。如果乡村里农业因之繁荣了，手工业的崩溃并没有什么关系。可惜的是农业并没有因都会兴起而繁荣起来。都会里确是需要粮食。需要增加，粮食价格不是也可以提高了么？不然。中国的现代交通只沟通了几个都会，并不深入乡村。这种特殊的，有人说这是专门是为推销洋货而设计的交通系统，的确会发生向海外运粮食比了向国内产粮食的乡村中去购买和运输为便宜的事情。而且，在都会和乡村之间还隔着一个市镇。

西洋货实际上运到乡村里的并不多。牙刷、牙膏之类当然用不着，就是布匹还是以洋纱土织的居多。乡下老百姓决不是和外汇发生直接关系的人。中间有市镇挡着。市镇上这些不事生产的地主们，在享乐一道上是素有训练的。他们知道洋货的长处。他们把从乡村里搜来的农产品送入都会，换得了洋货自己消费了。乡下的生产者并没有看到洋货的影子，看到了也买不起。乡村里的老百姓本来靠手工业贴补的，现在这项收入没有了，生活自然更贫穷了。他们不能不早日出售农产物，不能不借债，不能不当东西，结果不能不卖地。从与日俱增的地租、利息——且不提因政治而引起的摊派、捐税、敲诈——使他们每年留在乡村里自己消费的产物一天减少一天，大批无偿地向市镇里输送。在市镇里过一道手，送入都会。市镇里的地主的享受增加了，但是乡村的血液却渐形枯竭。

这个分析，说明了在中国的过去和现在，乡村和都市（包括传统的市镇和现代的都会）是相克的。如果我们不能改变这个局面，将来也还是这样。所谓相克，也只是依一方面而说，就是都市克乡村。乡村则在供奉都市。在这情形下，乡村没有了都市是件幸事，都市却绝不能没有乡村。我们若了解这一点，我们才能明白为什么在抗战时期，后方乡村有过一度喘息的机会，为什么工合运动可以很快地发展。我们也才能明白为什么很多地方的老百姓并不因目前军事把乡村和都市隔断而发慌。这是乡村里的老百姓所求之不得的。乡村和都市一隔断，受打击的是都市。以往近百年来，都市并没有成为一个自立的生产基地，主要的是洋货的经纪站。洋货固然没有大量地流入乡村，但是用来换取洋货的土产却几乎全部靠乡村供奉的。供奉的来源一断，除了不受偿的救济品和借来的东西外，洋货是进不来了。现在我们似乎已碰着了这个僵局。

都市破产乡村原始化的悲剧

自从现代交通纵贯南北的路线打通了由自然地形所划

分的三大流域之后，南北朝的局面在今后历史上已不易有出现的机会。可是这都市和乡村间近百年来所累积的矛盾却终于暴露了一种新的裂痕，点线和面脱离了政治和经济的联系。在短期看，乡村离开都市可以避免农产品的大量外流，使乡下老百姓在粮食上不致匮乏以致饥荒。这本是一种消极性的反应，因为乡村一离开都市，它们必须更向自给自足的标准走。自给自足得到的固然是安全，但是代价是生活程度更没有提高的可能。回复到原始的简陋生活，自然不是解决中国经济问题的上策。可是我们也必须承认，乡村的宁愿抛离都市，老百姓宁愿生活简陋，原因是都市在过去一个世纪里太对不起乡村了。先夺去了他们收入来源的手工业，他们穷困了，更乘人之急，用高利贷去骗出他们的土地，最后他们还剩些什么可以生活的呢？乡村若决心脱离都市，对它们短期间并不会有比以往更苦的遭遇；但是都市却不能没有乡村。所以问题是发生在都市里。

都会工商业的基础并不直接建筑在乡村生产者的购买力上，现代货物的市场是都市里的居民。这些人的购买力很大部分倚赖于乡村的供奉。乡村的脱离都市最先是威胁了直接靠供奉的市镇里的地主们，接下去影响了整个都市的畸形经济。为了都市经济的持续，不能不利用一切可能的力量去打开乡村的封锁了。愈打，累积下来的乡市矛盾暴露得更清楚，合拢机会也更少。

中国的经济决不能久长停在都市破产乡村原始化的状态中；尤其是在这正在复兴中的世界上，我们的向后转，可能在很短时间里造成经济的陷落，沉没在痛苦的海底。怎样能使乡市合拢呢？方向是很清楚的，那就是做到我在本文开始时所说的一段理论，乡村和都市在统一生产的机构中分工合作。要达到这目标，在都市方面的问题是怎样能成为一个生产基地，不必继续不断地向乡村吸血。在乡村方面的问题，是怎样能逐渐放弃手工业的需要，而由农业的路线上谋取繁荣的经济。这些问题固然是相关的，但是如果要分缓急先后，在我看来，应该是从都市下手。在都市方面，最急的也许是怎样把传统的市镇变质，从消费集团成为生产社区，使市镇的居民能在地租和利息之外找到更合理，更稳定的收入。这样才容易使他们放弃那些传统的收入。这些市民应当觉悟，世界已经改变，依赖特权的收入终究是不可靠的，等人家来逼你放弃，还不如先找到其他合理的收入，自动放弃来得便宜。中国是否可以像英国一般不必革命而得到社会进步，主要的决定因素就在这种人有没有决心。

乡村和都市应当是相成的，但是我们的历史不幸走上了使两者相克的道路，最后竟至表现了分裂。这是历史的悲剧。我们决不能让这悲剧再演下去。这是一切经济建设首先要解决的前提。

1947年4月20日于清华新林院

论城·市·镇

我觉得,我们对于城乡关系问题的讨论,已经到了对这有关的双方——城和乡——的性质在概念上应当作更进一步加以详细检讨的时候了。记得我最初写《乡村·市镇·都会》的那篇短文中,就已感觉到应当把我们通常归入"城"的一类的社区,加以分别成"市镇"和"都会"两种形式,我那时的看法多少带了一点历史的观点,就是把没有受到现代工业影响的"城"和由于现代工业的发生而出现的"城"分开来说,前者称之作"市镇",后者称之作"都会"。半年多以来,参考了许多朋友们的讨论,我已觉得这种分类还不够;不够的意思是说,依这分类,每个形式中还有值得再加以分类的"次形"。换一句话说,在原来所分出的形式中,还包括若干在某些方面性质相异的社区。当我们讨论时,如果不在概念上有清楚的规定,很容易因为用同一名词指着不同对象而发生混淆。我在本文中,想对于"城"这一类社区加以分析,希望能有助于今后的讨论。

人口与城乡

怎样的社区才能算是一个"城"？这问题是很不容易确切回答的。美国人口局规定2500人以上集居的社区称之为"城"（city），以别于乡。凡是居民超过10万人，其中至少要有5万人住在"市区"，近郊的区域的密度每方里150人以上的社区，称作"都会"（metropolitan district）。若干社会学家对于这类规定并不同意，但又没有一致的看法。譬如，Mark Jefferson认为人口密度须每方里在1万人以上才能构成城市，而Walter F. Willcox却认为1000人已足。无论他们所规定的数目多大出入，有一点是相同的，就是根据人口密度区别"城"和"乡"。

究竟人口密度要高到什么程度才算是够得上构成城市社区的资格？依我看来，这里并没有一个绝对的标准，譬如中国有很多省区的平均人口密度已超过每方里500以上的（山东615；浙江657；江苏896），这些省区里有些地方据说每方里人口可以达到6000的，成都平原平均密度就在2000以上。如果依Willcox的说法，这些都可称作城市社区了。这种说法显然和常识不合。如果各地的标准不必一律，问题也就发生了"怎样去决定每个地方的标准呢？"这问题也说明，单以人口密度一项来看是不能用来区别城乡了。

从人口角度去区别城乡，其实并不只是一个数量和密度的问题，而是分布的问题。这是说，人类经济生活发展到某一程度，一个区域里会发生若干人口密集的中心地点，像一个细胞中发生了核心。一个区域的核心就是"城",核心的外围人口密度较低的地带是"乡"。如果我们对照着核心和外围来看,数量和密度上确有显著的差别,但是差别的程度却依人口集中的程度而决定,并没有一定的标准。因之我们要讨论城乡的区别就得先分析人口为什么会发生集中的形态。

在自给经济中,不论是采集、渔猎、游牧或是农业,每个生活单位可以孤立地存在时,一个区域里散布着类似的集团,并不需要有细胞核心形的中心地点。各个生活单位是一个简单的细胞,并不和他单位合组成一个共同的细胞。它们尽可以鸡犬相闻而不相往来。

单以农业的区域来说,如果没有其他的原因,纯从耕种技术上的需要,每个农家最好是住在他所经营的土地上。这样他们可以免于运输和往来的跋涉,而且易于看守他的田地——这是散居式的社区。美国的农家大多还是散居式的,和我们聚居的村落不同(但在四川,因为地形和历史的原因,还可以看到散居的形式),经济上充分自给的农家聚居在一个地点构成村落,并不是出于耕种技术上经济的需要,而是出于社会的需要,主要的是亲属的联系和安全的保卫。在一个兄弟平均继承土地的社会中,一个农家经了几代就可以长成一个小小的同姓村落。如果这地方的四围还有可以开垦的土地,这种村落也可以继续长大。亲属的联系使他们在一块儿居住。土地和居住地点距离增长,在经济上说是不利的。但是集居却在自卫上有其利益。农业的人民是很容易受到侵略的,除非在安全上有着保障,不必自卫,妇孺老幼加上存贮的农产品最好是集中在一个容易保卫的地点,周围加上一些防御工程,成为一个"村落"。

在我们各地乡村的建筑上很可以看得出自卫的性质。在山区不易有较大村落的地方,分散的农家常常建筑近于堡垒式的住宅,至少向外是没有窗的。在较大的村落里也有在中心区筑了围墙,在必要时居民可以撤退到这围墙之内去,每家的农产品在必要时也可以集中到这类堡垒里去。在安全较为可靠的江南乡村中,人数多,河道可以封锁的情形下,房屋的建筑式也改变了,每家并没有个别的围墙,窗门可以开向通路。

这一类多少是自给的生活单位的聚居,不论人数有多少,在性质上并不能构成我们普通所谓"城"。"城"的形成必须是功能上的区位分化,那就是说,有一个赋予某种特殊社区功能的中心区。换句话说,为了功能分化而发生的集中形式。

衙门围墙式的城

说到这里,我想把以上统称的"城"字予以较狭的定义了。我想把这字用来指一个区域的政治中心。"城"字本意是指包围在一个社区的防御工事,也即是城墙。如我上面所说,实际上这类防御工事可以有大有小,小到一家、一村,但是我们称作"城"的却又常限于一种较大规模的防御工事，它所保卫的是一区域的政治中心。城墙的工程浩大，费用繁重，不是被包围在内的人民所能担负的，它须是一个较大区域中人民共同的事业。除了凭借政治力量，为了政治的目的，这种城墙是建筑不起来的。

"城"墙是统治者的保卫工具，在一个倚靠武力来统治的政治体系中，"城"是权力的象征，是权力的必需品。因之，"城"的地点也是依政治和军事的需要而决定的。在皇权代表的驻扎地点必然要有一个保卫的"城"。有时几个县的政府合住在一个城里，所以城墙其实是衙门的围墙。在云南，我们可以看得很清楚，县城的形势是：一半在居高临下的山丘上，一半在平地里，这是易于防守的形势。在没有山丘可以筑城的地方，沿城要掘一道环城的水道，也就是所谓"池"。城池是连成一个名词的。这条水沟也称隍，"城隍老爷"也是政治权力的象征。在城内，都有一些可以种植的田地；就是像北平、南京、苏州等一类大城，也有它的农业区。这些田地被围在城里，可以供给居民必要的菜蔬和其他不易贮藏的农产品。不但在历史上我们常读到长期守城待援的事例，就是在我们自有的经验中，城门也有时会阻碍经常的出入，那时城里的田园的重要性就显著了。最理想的"城"是一个能自足的堡垒。

这种城区在人口上并不一定比村落为多为密。在云南有许多县城，譬如呈贡，在人数上较附近的村子为小。但是这种有着较坚固防御工事设备的城区有它吸引人口的力量。许多脱离劳作不必经常在乡村里居住的拥有较易注目的财富，而且继续和农民维持剥削关系的地主们，在乡村里住着并不安全。他们就被吸收到这类"城"里去了。从积极方面说，他们要维持剥削关系必须凭借政治势力，必要时得动用政府的武力，靠近政治中心居住可以使他们和政府的关系拉得紧些。地主们集居到这类城里来了之后，增添了这类社区的经济特色。他们在四乡带来了财富，而且经常的依靠地租，吸收着四乡的农产品。这笔财富一部分是被地主们所消费了，一部分被利用来成为继续引吸四乡财富的金融力量。

为了地主消费的需要在城里或城的附近发生了手工业的区域。他们从事于各种日用品的生产，供给地主们的消耗。地主集中的数目多，财富集中的力量雄厚，这类手工业也愈发达，手艺也愈精细，种类也愈多。成都、苏州、杭州、扬州等可以作这类"城"的最发达的形式。为了各个城里货物的流通，以及各地比较珍贵的土产的收集，在这种城里商业也发达了起来。这种城的经济基础是建筑在大量不从事生产的消费者身上，消费的力量是从土地的剥削关系里收吸来的。

地主们除了从地租获得他的收入之外还利用他的资本作高利贷、典当、米行等一类金融性质的活动来增加对乡村的吸血。我在云南一个县城里调查高利贷活动的情形时，有一位熟习这情形的朋友告诉我："城里这些人全是放债的。"这句话并非完全系事实，只是指放债的人很多的意思。典当是高利贷的一种方式。米行在性质上也富于金融性质，在谷贱时向乡间收米，米贵再卖给乡间；但是也有一部分是卖给城里的工人，以及运往其他地方去的，是一种商业。而且乡间出卖的是谷子，到了城里才碾成米。碾米的工作，有时用水力，现在已大多用柴油机和电机，是最基本的农产品加工的作坊工业。因之，在这类城里也有这类作坊工业。

不论附属于"城"的工商业怎样发达，在以地主为主要居民的社区里，它的特性还是在消费上。这些人口之所以聚集的基本原因是在依靠政治以获得安全的事实上。

贸易里发达出来的市和镇

乡村里农家经济自给性固然高，但并不是完全的，他们自身需要交换，而且有若干消费品依赖于外来的供给，这里发生了乡村里的商业活动，在这活动上另外发生了一种使人口聚集的力量。这种力量所形成较密集的社区我们可以称之为"市"，用以和"城"相分别。

在中国内地还通行着临时性的市集，各地方的名称不同：街、墟、集、市——但都是指以生产者之间相互交换为基础的场合。生产者并不需要天天做买卖，所以这类市集常是隔几天才有一次，在云南普通是6天一街。赶街的那一天，各村的乡民提着他们要出卖的东西上街，再用卖得的钱去买他们所要的东西。街子有大小（依交通方便和附近人口的数目而定），大的可以有几万人，昆明附近的龙街、狗街、羊街等都是这种大街子。在高地望下去，像个人海，挤得真是摩肩接踵。但是这种热闹场面并不是长久的，一到太阳偏西，一个个又赶着回家；黄昏时节，只剩下一片荒场。

街子式的市集并不构成一个经常的社区，它不过是临时性的集合，本身只是一个地点，依着交通的方便而定。为了要容得下大量的人数，所以这地点必须有一个广场。但是商业活动逐渐发达，市集的集合逐渐频繁，在附近发生了囤积货物的栈房。居民需要外来货物的程度提高了，贩运商人不必挑了货担按着不同市集循环找卖客，商店也产生了。从商业的基础长成的永久性的社区，我们不妨称之作"镇"。

在太湖流域，水道交通比较陆路交通方便，镇也特别宜于发达。在我所调查过的江村，有着一种代理村子里农家卖买的航船。一个航船大概要服务 100 家人家。每天一早从村子里驶向镇里，下午回村。我所观察过的镇经常有几百个航船为几万农家办货。镇里的商店和个别的航船维持着经常的供应关系。这样大的一个消费区域才能养得起一个以商业为基础的镇。这种镇在内地是极少见的。

市镇和城不但在概念上可以分开，事实上也是常常分开的。在云南这种情形可以看得很清楚。昆明这个大城的附近就围绕着六七个很大的街子。当然昆明城里的商业也很发达，但是这不是乡民所倚赖的市场。正义路上的百货公司和金店，晓东街的美货铺面，甚至金碧路上的广货和越货店——它们的顾客是昆明的居民以及各县城里来采办的商贩，不是四乡的农民。农民的商业不在昆明，而在昆明附近的街子上。

更清楚的是在居民不多的县城里。以昆明南的呈贡说，县城里虽有一条街，但是市集却不在城里，而在离城约15分钟的龙街。县城和市集遥遥相望，并不并合在一起。那是因为这两种社区的性质是不同的，前者是以政治及安全为目的，所以地点的选择是以易守难攻为主要考虑之点。而后者是以商业为目的，地点必须是在交通要道，四围农村最容易达到的中心。以太湖流域的情形说，我的故乡吴江县的县城在商业上远不及县境里的镇，好像震泽、同里都比吴江县城为发达。在清代，震泽和吴江分县的时候，两个县政府却一起挤在这荒凉的县城里，不利用经济繁荣的镇作政治中心，也表现出"城"和"镇"在性质上的分化。

城和镇在表面上有着许多相似之处，那因为镇也是地主们蚁集之所。在经济中心里住着，地主们可以有机会利用他的资本作商业的活动。但在传统社会地位来说，镇里的商人地主没有城里的官僚地主为优越。这种传统逐渐消失之后，镇的地位事实已有超过了县城的。镇上经济的繁荣，商店的发达，同样要一批手工业的匠人来服役，因之在这方面很类似于城。

本文中想特别提出城和镇的两个概念来，目的是想指出这两种性质上不完全相同的社区，它们和乡村的关系也有差别。这里所指的城，那种以官僚地主为基础的社区，对于乡村偏重于统治和剥削的关系；而那种我称作镇的社区，因为是偏重于乡村间的商业中心，在经济上是有助于乡村的。

最后让我补一笔，在很多事例中，城镇可能是合一的，我在本文中，因为注重于社区的分类，所以着眼于比较单纯的事例，两种形式的混合是不免的，但是为了分析的方便，我们在概念上最好能分开来。

如果我们要分析现实的社区，还得增加一个概念就是"都会"。我在本文里不能对这一个概念多加说明，只能简单地说，它是以现代工商业为基础的人口密集的社区。但是中国的都会性质上也不能完全和西洋的都会相比，因为它主要的经济基础是殖民地性质的。它可以说是西洋都会的附庸。关于这一方面，我想留到以后再分析了。

不是崩溃而是瘫痪

崩溃之谜

"中国似乎是一切原则的例外"——的确，中国在现代西洋人，或是熟习西洋观念的人，看来多少是个谜。譬如说目前的经济，已经有过不少人预测说，总崩溃就在眼前了；可是一关一关，似乎还是在拖，而且也好像还是拖得过去。这样很使不少人觉得拖是一个万应灵丹了。拖拖也许会拖得出头，正如抗战一般，拖到胜利；经济的困难是不是也可能拖到繁荣呢？

要中国的经济豁然崩溃我想是不太可能，但是拖却拖不出繁荣倒是一定。小农经济不会崩溃只会瘫痪。瘫痪是慢性的，逐渐加深的。慢性和逐渐加深的病并不是轻症。医生和病人都最怕这种深入每个细胞的瘫痪。在病人说，急性的病，就是不治，痛苦也受得少；瘫痪才是活受罪。在医生说，急病一定求治得早，开刀上药还来得及，慢性的瘫痪要使病人了解非求医不成时，大概已深入膏肓，不能治了。

在工业化的现代经济里，如果出起毛病来，常常是成为头条新闻的，干脆、明白，每个人都看得到，因为没有人能不受影响。崩溃、危机等字都是用来形容现代化的经济现象的。譬如英国去冬的煤荒，星期二动力部长在阁议里还在盼望可以安渡难关，星期五宣布紧急方案，星期一半个英国停电停工，星期三全国停电停工——真像是闪电式的。这叫做"危机"。

美国1929年的不景气也是有一点迅雷不及掩耳，3月里胡佛上台时，"有史以来没有比现在更繁荣了"。10月21日，证券市场有一点小风波，三天之内，风暴掀天，一百二百万的股票转了手，到29日，一星期又一天，证券市场崩溃了，持券人损失了15亿美元。

有人以为中国年来物价一跳一跳，总会跳到"豁然崩溃"的程度，可是这似乎早应降临的不幸，总是被拖了下去。我不敢预言在若干都市里不会有些类似闪电式的大事件发生，但是以整个中国的经济说，却显然在沿着另一种公式进行，是日渐瘫痪，一直到溃烂不治。

现代工业国家会有惊人的危机发生是因为它们的经济是一个密切相关的分工体系，牵一脉动全身的。像一部机器，即使是一个小零件损坏了一些，全部机器就会停下来。正因为这样，它们的经济危机并不是每一部门的败坏，而常是某一部门受到阻碍，或是活动周转不灵。它们只要把零件修好了，或是阻碍活动的因素矫正了，全部机构又可以上轨道照常运行。危机之后可以接着复兴，甚至可以繁荣。现代经济的危机不过是生产的停顿，并不是指生产能力的败坏。依我上面譬喻说是急性病，身体的元气是没有伤的，如果治得快，复原也快。

我们没有这种危机，有的是每个细胞的逐渐在瘫痪。病害得重得多，是沉疴不是险症。

小农经济的坚韧

中国经济的基本结构是一个个并存排列在无数村子里的独立小农。在小农之间很少分工。大家种同样的作物，大家从他自己的土地上得到各人生活上基本需要的粮食。邻舍如果病了，不能耕种，并不会使自己的生产活动受到阻碍。说得刻薄一点，这正是一个帮工得些外快的机会，至少也可以卖个人情。

我们的农业还没有进步到大量种植商品作物的程度。美国大部分农民并不是种植供给自家消费的作物的。他们种了东西，预备出卖。麦子、烟草等等自己不用，所吃的面包和香烟还得向店里买。这种农业才是整个分工的经济中的一部门，所以会发生农产卖不出去，用来当燃料等事。这种农民才会遭遇经济危机。

商品作物在中国农业中只占很小的部分。大多数的农民是为了自家的消费而生产的。从佃户说，他得缴纳一部分农产品给地主，这是供奉，不是商品。农家的经济是尽力求自给。当然，农家并不是样样东西都靠自己的，他们可以买些香烟、耳环之类，而且以现在情形说，布匹也大多是购买的了。因之,他们总得出卖一部分农产品才能购买这些东西。但是这和现代经济的互相倚赖性是不同的。第一,这些农民现在所倚靠都市供给的并不是他们生活上不能长期缺乏的物品。在抗战年头,我们自己都经验到两三年不买衣料还是可以过得过的。第二,这些物品的缺乏更不会影响到农业生产。农业上的工具,不但简单,而且都是可以长久使用的。所以我虽不说中国农家全是自给,但是我却认为他们在相当长的时期内是可以自给的。

在这种小小的生产细胞中,不但消费可以自给,生产要素也是高度的自给。劳力是靠自己下田,必要时和别人换换工。劳力的自给更加强了农业经济的韧性。如果一块土地是雇工来耕种的,这块土地上的出产必须高过所付的工资;而工资的决定又要看在这地方其他受雇机会中能得的数目;低过这数目,工人会到别的部内去卖工,不到农田上来了。因之,工资可以规定一块地是否值得耕植,所谓土地利用的边际。但是在劳力自给的农家,他们并没有工资这问题。"反正也没有其他用处"的劳力,无论怎样,只有在田里讨生活。土地不好,收成坏,并不能发生"不值得耕"的边际。他们是以生活程度来迁就现实的。生活程度是个别的,是大有伸缩性的。农业生产直接和这一直可以降到死亡的生活程度一沟通,除了死亡的威胁似乎很少可能使农民自动放弃耕作,于是农业生产停顿也成了不太容易发生的事了。

天灾和逃荒

这种小农经济里会不会生产停顿的呢？——会的。什么时候会停顿呢？——遭到了灾。我们说话时"灾"字之下常连着个"荒"字。荒是指农业生产的停顿，灾是指土地无法耕种的情形。成灾的原因最普通的是自然的变化，所谓天灾。农作物的生理决定了它能生长的环境。大旱大水，可以成灾。除了人想收获农作物的果实外，还有其他动物也在觊觎，蝗虫螟虫等等无不是与人争收的，在人看来也是灾。

灾是农业的威胁，对此除了祈祷烧香，立庙供奉之外，农民们并没有积极控制的方法。所幸这些出于自然原因的灾并不常常不留余粒的。灾有轻重。虽则中国农民从来就没有和灾分过手，七八成的收成已经说丰年，标准很低；但是事实上太重的灾也只限于较小的区域，并不常在广大的平面上赤地千里的。一个区域里的农民成灾到不能以降低生活程度的手段来应付时，实在没有粮食时，传统的办法是"逃荒"。像我这种在太湖流域里长大的孩子，绝不会忘记一年一度甚至几度的"难民到了"的恐怖。这就是所谓"就食江南"。运粮食到灾区去救济显然不是老办法，因为这是需要比较廉洁和有效的行政机构，大概这是我们向来所不常有的。逃荒很可能是我们人口移动的经常原因。汉丁顿氏论中国民族性时特别重视这个现象。慷慨的，有同情心的人不容易不顾一切的就道，结果是被淘汰了。身体弱的，不容易适应别地水土的人在路上死了。留下的是代表着我们民族性的一辈肯低头、自私、不康健却也不容易死的难民们。

从经济的角度去看逃荒，这是些微有一些像现代经济危机般会蔓延的。这蔓延并不是有机性的，而是机械性的。灾区里的难民拥到了附近比较好的地方，如果这地方所有的粮食只够自己吃的，经这批难民来一挤，也变成不够吃的灾区了，于是只有加入难民团体一起出外就食了。这些难民一方面是边走、边死，另一方面是边走、边增；一直要到有余粮可以挡住他们前进的地方才停得下来。淮河流域的难民，逃荒可以一直逃到太湖流域，而且依我童时的记忆说，这是每年必有的现象。

在自己粮食不够敷余的地方逢着逃荒的到来，冲突是可能发生的。如果灾区大，难民众，这个行列不能不借武力来获得救济时，也就成了我们历史上常见的各种各式的所谓"寇"和"贼"了，但是也有不少是从这些贱称中蜕变成为"王"为"帝"的——这是我们小农经济中相当于现代工业经济中危机的现象。

排斥了救济的瘫痪

在救济事业的发达下，上述那种逃荒的现象可不致大规模的发生了。去年湘桂的灾荒情形相当严重，如果不是发生在去年，很可能会引起历史性的混乱，但是去年正有着经常的救济机关，而且这机关又拥有雄伟的资力，足以在短期间把外洋面粉投入灾区，至少把灾区封住没有蔓延开来。

天灾还是容易看得到的病症，所以救济工作还能及时办到。现在我们所患的病，却比灾荒更深入。这是人造的灾荒，普遍的和继续的在把劳力和土地隔开，把劳力和农时隔开，结果是土地的荒废。土地荒废就等于农业停顿。

农民可以黏紧在土地上，以降低生活程度为手段去开垦不太有利的土地，还是以能免于一死为条件的。我充分承认在中国人命确已如草芥，但是求生的努力还是一切活动的动力。如果这一点都不能给他们，他们并没有理由真的爱土如命，还是不肯放弃土地，不让土地荒废的。

现在差不多已到了这地步。多年战争的结果，本来可以增加国民收入的种种作业一项一项地关闭了。工业停了，渔业不成了惟一还能继续生产的只有我们这片土地了。于是大家的生活都得倚靠这土地了。不但如此，一切的费用包括大规模在消耗中的弹药，大批向外洋输送中的钱财，最后都得要这片土地来担负。公务员和军人感觉物价高了，还可以向政府要求加薪，要求配给粮食；可是政府哪里来粮食，还不是向这片土地要？通货膨胀了，物价高，公务员和军人生活苦，而这苦很快的摊派一大部分到农民身上去了。本来可以维持耕种者生活的土地，加上了这摊派，根本没有维持耕种者生活的能力了，在这里发生了一个很奇怪的现象，就是不耕种的人反而可以有粮食吃，耕种的人却没有饭吃了。到了这时候，人要求生的话，只有放弃土地了，在前年年底，我们在云南乡下已看见农民把田契贴在门上全家离乡的事件。事隔一年半，这已是到处都在发生的现象了。报章杂志上关于乡村的通信，很少不记载着这类情形。把巨大的战争担负压到土地上去，必然会把人和土地挤开来的。

中国的耕地本来已经有很大的部分是不能给人温饱以上的报酬的，换一句话说，土地利用的边际实在已经太低；所以一遇着较重的征税，立刻承当不起。比较好的土地是否还能维持耕种呢？并不。在抗战初年后方乡村中壮丁不是被征，也已经逃亡，这是征兵的结果。抗战结束后，征兵的区域更广了，政令所到的地方，人口逃亡的情形是不免的。这还只是减少劳力而已。更重要自然是直接受到战事的地方。粮食和劳力愈不易得，为了充实自己，削弱敌人，凡是两军争夺的区域，粮食和劳力的争为己用也成了军略上必须的要着。粮食的真空地带，人是住不下的，人走了土地也就不会再出粮食了。

更使情形严重的是农业富于季节性。在任何时候，给战争破坏过的地方，虽则破坏的本身可能只有短期，但必须等到一季之后才能再行种植。这样，使战争所到之处不但当时遭殃，而且要长期停顿在不生产的状态中。

这是我所谓经济瘫痪的意义。静悄悄的，荒芜的土地跟着战区的扩大而推广。一家一家的小农离开了生产事业。他们吃还是要吃的，性质上和逃荒并无不同，可是这些应该急速予以救济的人造灾民，却并不加以救济，反而因为他们不纳粮，不应征，加以迫害。这些人成了战争的对象，也成了战争的主力，战争因之更扩大，在这公式下，一直可以蔓延开去。中国经济中生产细胞逐一破坏,形成瘫痪。

瘫痪是慢性的崩溃,可是并不使经济结构突然受阻,在还有可以生产的细胞时,还是可以维持着半身不遂的局面,这就是拖。拖并不会拖出希望来的,每增加一个失去生产效能的细胞,也必加重一分生产细胞的担负和缩短一分生产细胞的寿命。瘫痪是排除救济的灾荒,因为这是人为的灾荒,自然不能盼望制造灾荒的人自己去予以救济。在本质上原是和经济崩溃和灾荒相类的,但是在打算挽救这一点上却远没有这二者的简单。

这沉疴是愈拖愈深了。眼看一个一个细胞在破坏,眼看生产部门,一门一门在封闭,而大家还是在拖,一直要拖到没有了健全的、生产的细胞为止,那时候:即使有机会改弦易辙,想走上建设的路上,每一个零件都已经腐败了的机器是用不成了的。瘫痪是在腐蚀生产的能力,比了生产停顿的经济崩溃严重得多。

1947 年 5 月 22 日于清华新林院

基层行政的僵化

题前的话

自从政治效率问题被视作了中国是否还能得到国际尊重的关键后,朝野在不愉快的心情下对此似乎已有相当警惕。不论任何性质的政府,也不论政府有任何政策,如果让贪污和无能腐蚀了行政效率,一切都是落空的,国事只有日趋恶化,这一点已没有人否认。因之,不论各人政见怎样不同,提高行政效率必是大家的共同愿望;因之,我相信,在这共同愿望下大家应该有推诚讨论的雅量和热忱。这是我这篇短论的基本假定。

目前对于社会上普遍的贪污无能的现象有两种看法。一部分人认为这是"人心不古,道德堕落"的结果。他们把这罪恶归咎于若干豪门,希望有几个当代的"包龙图"那种铁面无私,明察秋毫的传奇人物出现,只要把这些"老虎"开了刀,或是退求其次也得杀几只鸡给猴子看看,吏治就会澄清,行政效率立刻会提高。这自是大快人心之事,在心理上可以一新耳目振作起来。且不论传奇人物是否真有出现可能,即是出现了,偶然的斩了几个头,是否会像野火般烧过了，春风来时，更成了荒草的一片沃土？

另外一种看法，多少是想开脱个人和政府的责任，认为贪污无能是中国由来已久的暗疾，这是个文化和社会问题。他们可以举出事实来证明这看法：哪家老妈子买菜不虚报账目？哪场草台戏开场不是以抬元宝接在跳加官的后面？把责任推给了祖宗，就好像可以自己洗手，咎不在我，要改良也得慢慢来了。我们刚因不愉快的公开指摘，不能再讳隐暗疾，却又以老病无医来自宥，这是可怕的。

我同意说这是社会文化问题，但并不包含和个人无关的意思，只是说这不是一两人觉悟或悔改就可以了事的；正因为这是有关很多人，和控制这许多人行为的社会习尚的事，所以保管和执行社会权力的政府责任更大。同时正因为这是积疾，不能头痛医头，脚痛医脚，必须及早求七年之艾，立刻应当着手治疗，耽搁不得。

如果政府里的负责人真挚地觉悟这有关国家生存的严重暗疾是一个社会和文化问题，他们就应当明白，一两道命令决难见效，必须准备痛下决心在社会和文化各方面力求适当的改革。从何改革起呢？于是必须有确切的诊断。因之，初步必须的工作是充分的和虚心的检讨，开放舆论，让社会各方面对这问题能有无所顾忌的发表意见的机会。我着重无所顾忌四字，因为这些意见必然会令人听来不太愉快的。良药难得是不太苦口的。这类严重的问题如果在英国发生，他们国会一定要组织皇家委员会进行多方面的考查和研讨，征集民间的意见，提出报告。在英国这类报告是有名的，而且是有力的。我不敢希望我们能做到这程度，但是总希望能在民间有一个富于建设性的检讨运动。这是我写这篇短论的基本希望。

行政效率的低落，贪污无能，原因很复杂，但并不是无从了解的原因所造成的。因为原因众多所以决不是三字口诀所能表达。我在这短论里只能从一个角落里去分析这问题的一方面。我想提出来讨论的是地方基层行政，这是普通不太注意但是和老百姓生活最密切的一层。我所根据的事实是我和几位同事直接在云南乡村观察所得的。我虽则相信中国各地情形不完全相同，但是在这里想分析的若干原则问题，据我询问所及的，却也相当普遍。如果我在以下所说的不合于某些地方的实情，我极愿意知道，而且愿意修改我这里的结论。

传统皇权的无为主义

中央集权的行政制度在中国已有极长的历史。自从秦始皇废封建、置郡县以后，地方官吏在原则上都是由中央遣放的。而且在传统规律中曾有当地人避免做当地官吏的惯例。从表面上看来中国以往的政治只有自上而下的一个方向，人民似乎完全是被动的，地方的意见是不考虑的。事实上果真如是的话，中国的政治也成了最专制的方式，除非中国人是天生的奴才，这样幅员辽阔的王国，非有比罗马强上多少倍的军队和交通体系，这种统治不太可能维持。不论任何统治如果要加以维持，即使得不到人民积极的拥护，也必须得到人民消极的容忍。换句话说，政治绝不能只在自上而下的单轨上运行。人民的意见是不论任何性质的政治所不能不加以考虑的，这是自下而上的轨道。一个健全的，能持久的政治必须是上通下达，来往自如的双轨形式。这在现代民主政治中看得很清楚，其实即是在所谓专制政治的实际运行中也是如此的。如果这双轨中有一道淤塞了，就会发生桀纣之类的暴君。专制政治容易发生桀纣，那是因为自下而上的轨道是容易淤塞的缘故。可是专制政治下也并不完全是桀纣，这也说明了这条轨道并不是永远淤塞的。

中国以往的专制政治中有着两道防线，使可能成为暴君的皇帝不致成为暴君。第一道防线是政治哲学里的无为主义。这是从经验里累积出来的道理。中国历史上并不是没有主张过甚至试验过用政治权力来为国家社会多做些事的。商鞅变法，增加了政府所做的事情，也可以说实现了政治的能力，结果国富民强，打下了秦国统一天下的基础，但是商鞅在传统的批评下是被咒诅的，他个人的不得善终被视作天道不爽的报应。王莽、王安石又是我们熟习的史例。他们违背政治上的无为主义，结果都失败了。为什么呢？同情他们的人惋惜当时"反动势力"的阻梗，其实忘了这几位想把政治的权变成能的人物，都忽略了在法律范围不住皇帝的专制政治下，政府的有为只是在自上而下的单轨上开快车。政府所做的事是否能为人民所接受无从知道，而且即使有一些政策

基层行政的僵化　　**161**

是人民所拥护的，但是人民并没有保证每一个政策都是合于他们意思的。单轨上的火车开快了，一旦开出了民意之外，遭殃的还是人民。天下没有人能信任无法控制的野马，是有理由的。西洋的政治史是加强对权力的控制，使它逐渐向民意负责，那就是宪法；中国的政治史是软禁权力，使它不出乱子，以政治的无为主义来代替宪法。这是我所谓防止专制政治发生暴君的第一道防线。

现在我们可以认为这种无为主义的不彻底，要不得，这是因为现代生活中我们必须动用政治权力才能完成许多有关人民福利之事的缘故。在乡土性的地方自足的经济时代，这超于地方性的权力没有积极加以动用的需要。这不但在中国如此，在西洋也如此。宪法是现代的产物，在现代之前，西洋的政权是受着神权的牢笼。就是在现代工业发达之前所成立的美国宪法，主要的哲学还是"最少管事的政府是最好的政府"的无为主义。也许因为我们儒家的思想在统治阶级中支配力量太大，所以我们在过去不必在制度上去作有形的牢笼来软禁政权，以致到现在还没有宪法的传统。

由下而上的政治轨道

在这篇短论里我想着重的倒不是第一道防线，而是第二道防线。我们以往的政治一方面在精神上牢笼了政权，另一方面又在行政机构的范围上加以极严重的限制，那是把集权的中央悬空起来，不使它进入人民日常有关的地方公益范围之中。中央所派遣的官员到知县为止，不再下去了。自上向下的单轨只筑到县衙门就停了，并不到每家人家大门前或大门之内的。普通讲中国行政机构的人很少注意到从县衙门到每家大门之间的一段情形，其实这一段是最有趣的，同时也最重要的，因为这是中国传统中央集权的专制体制和地方自治的民主体制打交涉的关键，如果不弄明白这个关键，中国传统政治是无法理解的。

这关键得从两面说起，一面是衙门，一面是民间。先从衙门说：我说中央所派的官员到县为止，因为在过去县以下并不承认任何行政单位。知县是父母官，是亲民之官，是直接和人民发生关系的皇权的代表。事实上，知县老爷是青天，高得望不见的；衙门是禁地，没有普通老百姓可以自由出入的。所以在父母之官和子民之间有着往来接头的人物。在衙门里是皂隶、公人、班头、差人之类的胥吏。这种人是直接代表统治者和人民接触的，但是这种人的社会地位却特别低，不但在社会上受人奚落，甚至被统治者所轻视，可以和贱民一般剥夺若干公权。这一点是很值得注意的，因为这是最容易滥用权力的地位，如果在社会地位上不用特殊的压力打击他们的自尊心，这些人可以比犬狼还凶猛。当这种职司的人在社会地位上爬不起来时，他即使滥用权力，并不能借此擢升，因之他们的贪婪有了个事实上的限制。

在无为主义政治中当地方官是近于闲差，我们可以在历史上看到很多在这职务下游山玩水，发展文艺才能的例子。

他们的任务不过于收税和收粮，处理民间诉讼。对于后者，清高的自求无讼，贪污的虽则可以行贿，但是一旦行贿，讼诉也自会减少，反正要花钱，何必去打官司呢？差人的任务也因之只限于传达命令，大多是要地方出钱出人的命令。

如果县政府的命令直接发到各家人家去的，那才真是以县为基层的行政体系了。事实上并不然，县政府的命令是发到地方的自治单位的，在乡村里被称为"公家"那一类的组织。我称这类组织作为自治单位是因为这是一地方社区里人民因为公共的需要而自动组织成的团体。公共的需要是指水利、自卫、调解、互助、娱乐、宗教等。这些是地方的公务，在中国的传统（依旧活着的传统）里是并非政府的事务，而是由人民自理的。在这些公务外还有一个重要任务就是应付衙门。

我把应付衙门这任务和其他地方公务分开来说是有原因的。在自治组织里负责的，那些被称为管事和董事等地方领袖并不出面和衙门有政务上的往来。这件事却另外由一种人担任，被称为乡约等一类地方代表。在传统政治里表面上并不承认有自下而上的政治轨道。君要臣死，不得不死。违抗命令就是罪名。但是自上而下的命令谁也不敢保证一定是人民乐于或有力接受的。所以事实上一定要敷下双轨。衙门里差人到地方上来把命令传给乡约。乡约是个苦差，大多是由人民轮流担任的，他并没有权势，只是充当自上而下的那道轨道的终点。他接到了衙门里的公事，就得去请示自治组织里的管事，管事如果认为不能接受的话就退回去。命令是违抗了，这乡约就被差人送入衙门，打屁股，甚至押了起来。这样，专制皇权的面子是顾全了。另一方面，自下而上的政治活动也开始了。地方的管事用他绅士的地位去和地方官以私人的关系开始接头。如果接头的结果达不到协议，地方的管事由自己或委托亲戚朋友，再往上行动，到地方官上司那里去打交涉，协议达到了，命令自动修改，乡约也就回乡。

在这种机构中，管事决不能在公务上和差人接头，因为如果自治团体成了行政机构里的一级，自下而上的轨道就被淤塞了。管事必须有社会地位，可以出入衙门，直接和有权修改命令的官员协商。这是中国社会中的绅士（参考拙作《论绅士》）。

在这简单的叙述中我希望能说明几点：一、中国传统政治结构是有着中央集权和地方自治的两层。二、中央所做的事是极有限的，地方上的公益不受中央的干涉，由自治团体管理。三、表面上，我们只看见自上而下的政治轨道执行政府命令，但是事实上，一到政令和人民接触时，在差人和乡约的特殊机构中，转入了自下而上的政治轨道，这轨道并不在政府之内，但是其效力却很大的，就是中国政治中极重要的人物——绅士。绅士可以从一切社会关系：亲戚、同乡、同年等等，把压力透到上层，一直可以到皇帝本人。四、自治团体是由当地人民具体需要中发生的，而且享受着地方人民所授予的权力，不受中央干涉。于是人民对于"天高皇帝远"的中央权力极少接触，履行了有限的义务后，可以鼓腹而歌，帝力于我何有哉！

自治单位完整性的破坏

在上述那种行政机构中,无能不是个恶名,贪污也有个限度,行政效率根本不发生问题。和人民直接有关的公务,有着地方自治团体负责,而地方自治团体是人民自己经营的具体有关生活和生存的事的,所以效率是不能低的。在云南呈贡化城的人民如果娶了亲不生孩子每年都要受公家的罚,甚至于打屁股。宗教的、习俗的制裁力支持着这些自治团体的公务。皇帝无为而能天下治的原因是有着无数这类团体遍地地勤修民政,集权的中央可以有权无能,坐享其成。

可是乡土性的地方自足时代是过去了。超过于地方性的公务日渐复杂,要维持这有权无能的中央是不合时宜了,这一点任何人都应该承认的。事实的需要使中央的任务日益扩大。这扩大并不引起制度上的困难,因为中国的传统本是中央集权的,甚至可以说,在法律上中央的权力可以大到无限。于是防止权力被滥用的第一道防线溃决了。无为主义的防线的溃决我们不必加以惋惜,这本是消极的办法,不适用于现代社会。我在本文中想提出来检讨的是第二道防线,在专制和集权名义所容忍着的高度地方自治。保甲制度的推行把这防线也冲破了。

保甲制度是把自上而下的政治轨道筑到每家的门前,最近要实行的警管制更把这轨道延长到了门内。保甲制度有它推行的原因,自上而下的轨道半途停下来,像传统的形态,对于政令的执行是不易彻底的。为了要在这单轨上开快车,轨道是延长了。保甲制度本来是有意成为基层的自治单位,从这起点筑起一条公开的自下而上的轨道,实现现代的民主政体。如果能贯彻这目的自然是好的。设计这制度的人却忽略了一点,政治是生活的一部分,政治单位必须根据生活单位。生活上互相依赖的单位的性质和范围却受着很多自然的、历史的和社会的条件所决定。我们绝不能硬派一个人进入一个家庭来凑足一定的数目。同样的地方团体有它的完整性。保甲却是以数目来规定的,而且力求一律化的。把这保甲原则压上原有的地方自治单位,未免会发生格格不相入的情形了。原来是一个单位的被分割了,原来是分别的单位被合并了,甚至东凑西拼,支离碎割,表面上的一律,造成实际上的混乱。

生活是不能在混乱中继续下去的,于是在乡村中常看到重叠的两套。一套是官方,一套是民方。如果官方那一套只是官样文章,那倒也罢了;事实上这一套却是有着中央权力的支持,民方那一套却是不合法的。于是官民两套在基层社会开始纠缠。

政治双轨的折除

问题的严重以致僵化是发生在保甲的人选上。保甲是执行上级机关命令的行政机构,同时却是合法的地方公务的执行者。这两种任务在传统结构中由三种人物分担:衙门里的差人，地方上的乡约和自治团体的领袖管事。现在把这三种人合而为一是假定了中央的命令必然是合于人民意愿和地方能力的。这假定当然是堂皇的，但是比了传统任何皇权的自信还大。从这假定中发生的中央和地方合一的保甲制度发生了许多事实上的困难了。

即是到现在，很多地方凡是有地位的人是不愿做保长的，传统的绅士为了他在政治结构中的特殊作用不能进入行政机构。他一旦走了进去，惟一的自下而上的轨道就淤塞了。保长对于县长是下属对上司，他的责任是执行命令，不能讨价还价。为了维持这传统方式，当保长的常是社会没有声望的人，等于以前的乡约。可是事实上保长和乡约是不同的，乡约是没有权力的，而保长却有权力。以并不代表地方利益的人来握住地方的权力，而且他是合法的地方公务执行者，他有权来管理地方的公款，这变化在地方上引起的迷惑是深刻的。结果是地方上有地位的人和保长处在对立的地位而没有桥梁可通。

乡村里有声望的人为了自己的利益，放弃地方立场加入行政系统，较为合算。他当了保长之后还是可以支配地方自治事务。但是事实上，他的地位是改变了，因为他不能拒绝上级命令，不能动用自下而上的政治轨道，这类地方也就完全成了下情不能上达的政治死角。受不了时只有革命了。

保甲制度不但在区位上破坏了原有的社区单位，使许多民生所关的事无法进行，而且在政治结构上破坏了传统的专制安全瓣，把基层的社会逼入了政治死角。而事实上新的机构并不能有效地去接收原有的自治机构来推行地方公务，旧的机构却失去了合法地位，无从正式活动。基层政务就这样僵持了，表现出来的是基层行政的没有效率。

中央延长自上而下的政治轨道，目的是在有效促进政令。中央的政令是容易下达了，可是地方的公务却僵持了。中央下达的政令中，除了要钱要人之外，凡是要在地方上建设的事，好像增产等等，却因为地方社会结构的紊乱和机构的僵持，公文停留在保公所里，走不出来。在这种情形下，不论才能有多高，绝没有施展的机会。别人批评行政人员无能，我很觉得不平。

从乡村的基层看去，使我觉得行政效率的丧失，人的因素可能不及制度，也许应当说政体为大。制度上发生的病症必然是有历史性的，所谓历史性并不是说这是宿疾，由来已久。在过去，如果几千年来，我们一直生着像现在这样严重的病，带病延年也决不能延得这样长。现在的病症是从我们转变中发生的。我们必须在历史背景中，才能了解这病源，但是得病的责任并不是我们祖宗，而是我们自己。

依我在上边的分析，也许可以看到，基层行政的僵化是因为我们一方面加强了中央的职能，另一方面又堵住了自下而上的政治轨道，把传统集权和分权，中央和地方的调协关键破坏了，而并没有创制新的办法出来代替旧的。我们似乎有意无意地想试验政治单轨制。一个历史上从没有成功过的方式，目前所遭遇的政治上的严重局面，也许值得我们彻底自省，及早改变这企图了罢。

再论双轨政治

上月我写了一篇《基层行政的僵化》，在《大公报》发表之后，半个月里我接到了若干相识的和不相识的朋友们的来信。秋来气候变得太激烈，旧疾时发，执笔为艰，未能一一答复，因之我想在这里再借《大公报》的一栏篇幅把上文未尽之意，或是可能引起误会的地方，加以申引说明。

批评者的论点

有一位朋友很率直的问我是否想做司马光。他说："自历史言，保甲制固曾中衰，然彼一时也，此一时也。彼时交通不便，行政人员又未受训练，加以主其事者刚愎自用，所托非人，以致未见实效。今则不然，上述之阻碍已不存在，更有进者，吾国现处数千年之大变局，兴革万端，而人民之程度犹未达自觉之境，故所兴所革必自上为之，保甲制乃深入民间之执行机构，正宜加强其效力，而先生反提回原之论，其将以现代之司马光自期乎？先生岂知腐儒之已成历史之陈物乎？"

我是否想做司马光，无关宏旨，不必置论。在这段话里，在我读来，却包含两个很重要的论点，我愿意代为发挥一下：

一、传统皇权的无为主义是出于客观情势的限制，包括技术和行政的条件。这些限制使企图加强中央对地方权力的改革家无法贯彻他们的主张。司马光之流的"腐儒"不过是在客观条件所发生的事实结果上做做文章罢了，并没有实在的力量。现在客观情势已经改变，中央集权事实上已经可能，而且跟着铁路、公路、飞机的应用，大一统的局面业已在形成中，这时需要的应当是怎样因势适情地去加强这集权制的机构，现代司马光不会发生作用的。

二、为什么要集权呢？这位朋友也提出了一个值得我们考虑的意见。中国社会的需要现代化并不是由于自身矛盾的爆发，而是所谓"外铄"的，由于和西洋文化接触之后所引起的。于是感觉到需要变和明白怎样变的人并不是大众，而是少数的先知先觉。少数人为了全体的适应于现代社会，必须设法去"改良"大多数人的生活。这里所谓"改良"就表示了我在上文中所说的自上而下的过程。中央权力的加强正合于推行这种改良工作的需要。

民主和宪法

这两点，如我所发挥的意思说，我大体上有一部分是可以同意的。其实，先就第一点说，我在上次的论文中并没有否定中央权力加强的需要和趋势，更没有意思要重提皇权无为论。我所着重的并不是中央和地方分权的问题而是中央权力的责任问题。关于这点，我想引用另一封批评我的信来加以说明。

"我对于你近来所发表的文章时常感觉到不够爽直的毛病。你为什么一定要避免，也许并不是你有意的，许多简单明白的名词，而绕着很多圈子说话，结果使读者捉不住要点。譬如你那篇论基层行政的文章，你造下了不少好像政治的双轨和单轨等名词，而实际要说的不就是民主和宪法么？"

我想这位朋友说得很对的，我在那篇文章中想着重的是防止权力的滥用。防止的方法有积极的和消极的两途。传统中国所采用的是消极的办法：皇权无为，衙门无讼。这些办法在有着"客观情势的限制"时是足够了，但是现在这种限制已经放松了（还没有完全不存在），所以消极的办法是不够了。积极的办法是在加强"自下而上"的政治轨道，就是民主和宪法。我不用这两个现存的名词是有意的，原因是这两个字已经用滥了，羊头和狗肉混得太久，会使人不感肉味，所以我在分析一个具体现象时，感觉到这些名词不够达意。如果要用这些名词，我还得先加说明：宪法是限制政府权力的契约，订立这契约的是人民和政府两造。民主是表达人民意见的方法和代表民意的机构。在这样的定义下，我可以说加强自下而上的政治轨道来防止权力的滥用就是民主和宪法了。

防止权力滥用,并不一定是指反对中央集权及加强中央政府的任务。英国的内阁现在可以管到每家每餐有没有肉吃,克利浦斯甚至可以使女人的裙子"愈短愈妙"——这是集权,但是他们并没有,也不能,滥用权力,因为无论内阁的权力大到怎样程度,却大不出国会所授予他们的范围。英国政府所有的权力是有限的,限于人民所允许他们的程度。这样说来,防止权力的滥用并不一定是回原到皇权无为主义了。

限制权力的消极方法逐渐失去其客观条件,是件不应当忽视的事实。正因为如此,所以我们得在积极方法上去打算。这套积极方法在中国传统的政治机构中并不发达,于是我们不得不向西洋,尤其是英美学习。

两橛还是双轨

传统中国给我们的遗产中所不足而必须向英美学习的并不是限制权力的需要,而是政治权力大可有为的现代情势中积极性防止它被滥用的有效机构。我们遗产中找得到"民为贵"的精神,找得到"不与民争"的态度,也找得到基本社会团体的自治习惯;但是找不到像英美一般的宪法和民主。

中国传统政治机构究竟是怎么样的呢?在这里我可以提到张东荪先生对于我那篇论文的意见了。他在《我亦追论宪政兼及文化的诊断》里说:"他认为中国政治轨道有两个,一是自上而下的,另一是自下而上的。虽然自上而下与自下而上等用语容易导人于误解,但事实上却有这样两橛的分别。所以我特别避用这些容易误会的名词,而只把上一橛名为甲橛,把下一橛名为乙橛。甲橛是皇帝的政权和官僚的政治,乙橛是乡民为了地方公益而自己实行的互助。"

张先生为了要避了上下这两个似乎带着价值观念的字,用橛来代替轨道。这些本来都是取譬之意,总不会十分切当的;但是这一换,却把我想说明的传统结构的形态的一方面更形容得毕肖了一些。两橛是指两部分,首尾衔接的两段,一根竹竿的两节。这就是我在上文中所说:"把集权的中央悬空起来,不使它进入人民日常有关的地方公益范围之中。中央所派遣的官员到知县为止,不再下去了。自上向下的单轨只筑到县衙门就停了。"在地方上,有另外一套自治机构,所以可以说是两橛。两橛的形态是从有形组织 formal organization 上看出来的。如果我们只从法定组织 de jure organization 看去,连乙橛都看不到,因为地方的自治组织是实有 de facto 组织,不是法定组织。

可是我在上文中又提出了一个理论上的原则:"政治绝不能只在自上而下的单轨上运行的。一个健全的,能持久的政治必须是上通下达,来还自如的双轨形式。"如果这原则可以确立的话,则中国传统政治中不能只是相联或相配的"两橛"结构(我在上文中曾用"中央集权和地方自治的两层"的说法),因之使我在传统结构中发现了一种"无形组织"(informal organization),"就是中国政治中极重要的人物——绅士"。这个无形组织是一条自下而上的"无形轨道"。所以我又说："绅士可以从一切社会关系：亲戚、同乡、同年等等，把压力透到上层，一直可以到皇帝本人。"如果我对于绅士的政治功能的说法是正确的，则政治双轨原则不但"在现代民主政治中看得清楚，其实即是在所谓专制政治的实际运行中也是如此的"。

为了要形容政治结构的全部形态，包括有形、无形、法定、实有的各种组织，用"两橛"不如用"双轨"形容来得切当。两橛是分层的，双轨是平行的。在英国，威斯敏士特的巴力门和唐宁街的首相官邸是并峙的，在美国，Capitol 和 White House 也是遥遥相望的，这些象征着这双轨平行形式。

地方人才

关于绅士在传统政治里的功能曾引起另一位来信的朋友的责问：

"我曾读过你在《观察》上发表的《论绅士》，所得的印象乃是此种人物系以卑颜屈膝之态度取得皇帝之怜惜，得免干徭役赋税者。但是在你《基层行政的僵化》一文中，却又力言绅士在传统政治中之贡献，岂非矛盾？更从该文的结构看去，又似乎对于这所谓自下而上的传统轨道，恋恋不舍。你是否对这种所谓绅士的人物还寄托着改革中国政治的希望么？这是我所不敢苟同的落伍见解。"

我不敢说我潜意识里没有这位朋友所说的"恋恋不舍"之情,但是就文论文,即有此情亦当在文外。在那篇论文中我并没有把怎样恢复政治双轨的意见说明,因为我只想提出原则上的问题,以及现状的诊断罢了。

如果能把附着在绅士这个名词上的恶感和成见除去,我想地方上的领袖人才在恢复政治双轨中实是有相当重要的地位的。我在《重访英伦》的《访堪村话农业》一文中曾提到过英国乡村里缺乏社会重心的话。以往那种贵族、乡绅、牧师等人物现在已经失去了被人民尊重的地位,但是在英国乡村里却有一种人在担负过渡性的领袖责任。我称他们的责任是过渡性,因为依我看来,将来乡村社区里自会生长出新的社会重心和新的领袖人物来的。现在那些过渡性的领袖是从都市里退休回去的医生、公务员、学者和富于服务心的太太们。这些人并不是从乡间出身的,他们的职业也不在乡间,但是退休到了地方上却成了地方自治的机构中的重要人物了。

到火车站开了汽车来接我的是一位太太,她是地方法庭上的审判官,是地方政府的理事,是战时招待疏散儿童的委员,衔头多得很,还有人告诉我她是"义务车夫",凡是有人病了,有像我这种客人下乡,她百忙里也会抽空出来开车接送的。她是个大学毕业生,懂得文学和艺术,又有兴趣和我一起在牛津的农业研究所费了半天和各个专家谈话,发出我所想不到的具体问题。她是一位伦敦商人的太太。

再举那个到中国来过的医官作例。他曾为我们海关设计防疫事宜,又在印度做过多年医官,年龄太老了退休回来，住在堪村，他在堪村主持着地方卫生事务，推动水管的设置，在地方政府中是这类委员会的主席。他曾经给我看一本地方政府手册，职员表中名字有好几十个，各种委员会我一时也看不完。我问他这些是谁呢？他指着一个个名字说："这是泥水匠，这是种田的……这些是和我们一般性质的……"我指着前面几个名字问他："你们和他们合得来么？""当然，不但合得来，而且我们是个很好的队伍（team）；我们不很知道地方上的需要，他们不很知道怎样才能满足这些需要，我们一合拢来，地方上的事就好办了。"

这段话可能影响了我在上次论文中所含蓄的见解，不论这是不是"落伍"，我很羡慕英国乡村里有这些退休回村的专家们，和不在麻将桌上消耗时间而愿意在乡间做"义务车夫"的太太们。这些人物如果允许我把他们包括在"绅士"一类中，我愿意把地方自治的前途寄托在他们的身上。

或者有人认为这是英国的情形和我们国情不同的，中国的绅士都是"劣"的，是剥削人民的。我并不愿为他们辩护，虽则我确知道有些绅士们是热心于公务的。我不愿辩护的原因是在中国传统绅士是地主占绝对多数。地主的经济基础可以说是剥削农民的。如果中国也有一大批不必寄生在地方上的，而有专长的人才退回到乡间去，我想他们并不一定不能做到英国那种情形。问题是在像那种医官们的中国人一旦老了却并不回乡罢了。

提高行政效率重在地方

说到这里,我可以重提第一位朋友给我信中的第二点了。处于激速变迁中的社会是否需要个强有力的集权的中央政府?从表面上看去这个论调是很有理由的。我并不是个迷信"人民"的人,我承认经过几千年专制政治压迫下来的中国老百姓,政治程度是极低的。他们怕事,他们盲从,这些都可以是事实。中国现代化的需要不是基层老百姓所自觉,即使觉到了生活不能这样下去,也不一定知道怎样解决他们的问题,这些我也充分承认,但是我从这些事实中得出来的结论却不是加强远离老百姓的中央权力,而是,相反的,应该在基层自治事务中去加强启发和领导作用。

我在上次论文中所表示最使我痛心的就是保甲成了中央法令的执行机关,而不是,也不能成为一个自治单位,在保甲的人选上又因为我在上文中所说的那些原因,无法得到能启发和领导地方自治工作的人去参加,相反的,差不多已成了流氓地痞的渊薮。在这现行的机构中,中央尽管有良法美意,一到最后执行者手上,就会变成扰民的举动。即使假定创立现行保甲制的用意是为了要增加行政效率,结果却是欲速不达,反而使基层行政沦于僵化。

中央集权并不是说地方上的事由中央代办,真正做地方上事务的还是地方上的人,中央不信托原有在地方上办事的人,而要自己去挑选执行法令的人,结果这些人只会传传命令,事情办不成;或是借着中央所授的权力在没有乡谊的人群中为非作恶。这又何尝是中央集权的本意呢？

如果真的想推动老百姓向现代化生活迈进的，在我看来只有把人才渗透到和老百姓日常生活有关的地方自治事务中去。我们传统对于衙门的畏惧和厌恶不是旦夕之间可以改变的，何况这几十年来，衙门里总是伸手出来要，从来没有给过，这些经验使一切从官方发动的改革都成了十足的官样文章。所以我说如果真心要改革社会，只有从民间的自治机构入手。

英国人民政治程度可算是很高的了，但是凡属地方上不了解或没有准备的中央命令还是常常行不通的。最近若干煤矿罢工，就是抗议中央不顾地方实情滥下命令的表示。中央的政治机构是集成的作用，它配合、调解地方的活动，如果把它看成一个自己能发动能完成的机构，我们概念上是有毛病的。

问题还存在

最后我想补充说明就是在传统结构中自下而上的轨道是脆弱的；利用无形的组织，绅士之间的社会关系，去防止权力的滥用，不但并不能限制皇权本身，而且并不是常常有效的。这也是绅士自身腐化的原因。他们可以利用这种政治上的地位去谋私利，甚至倚势凌人，鱼肉小民。这种无形轨道没有理由加以维持，更谈不到加强。从这方面说，我实在没有对这种机构"恋恋不舍"。

为了适应中央集权逐渐加强，政府逐渐大可有为的趋势，要维持政治机构的健全，我们必须加强双轨中的自下而上的那一道。加强的方法在我看来大概只有学习英美的代议制。关于这一点，近来很有表示怀疑的。梁漱溟先生那篇《预告选灾，追论宪政》把这怀疑用文化的观念明白表达了出来。但是因为梁先生说："读者设于本文有批评见教之处，不妨待之全部理论主张看过之后也。"所以我在这里不便对这篇文章说什么话。可是如果对英美代议制怀疑的，不论怀疑它值得不值得学，或是有没有能力去学，怎样去防止权力的滥用，还是个急切得加以回答的问题。这问题并不是对任何人或任何党而发的，今后无论哪一党所组成的政府必然得做比以往的政府更多的事，传统的无为主义已经失其意义，而在我们的文化遗产中所有防止权力滥用的机构又是十分脆弱。我们是否将坐视双轨体系的被破坏？坐视中央权力无限扩大？坐视地方自治的式微？如果我们果真没有能力学习英美代议制，我们有什么代替品呢？以往我们没有学像英美代议制是"不为"呢？还是"不能"？我很愿意梁先生能在这些问题上给我们一些指教。

损蚀冲洗下的乡土

李林塞尔（Lilienthal）在他所著 *TVA* 一书中，曾用"采矿"一词来描写美国田纳西河流域以往的植棉方法。采矿是把地下所储藏的资源挖掘出来，资源挖掘出来之后，这地也就没有用了。美国以往植棉区域，也有相类的情形，一块地上种了几年棉花，把地里的养料拔完了，这地也就不能再种作物，除非另加肥田粉。到后来，土地只给农作物一个生长的空间，所能从土里长出来的，都得依靠不断加到土里去的原料，像工厂里的机器，李氏认为这是和农业的原则不合的。土地是有生命的机体，地力得培养，如果培养得法，可以取之不竭，用之不穷，不是个矿山。

田纳西河流域土地变质，农作技术的不良固然是一个重要原因，河水的冲洗影响更大。土质变坏，作物不长，加以原有的森林日渐砍伐之后，土地大多暴露。童山濯濯，大雨过后，泥土里没有草根，留不住本来可以滋养土地的水分，反而被水溶解了各色各样植物的营养品，挟之而去。水往低处聚，汇成巨流，澎湃急涌，拖带力也愈来愈大，一路把膏腴之地冲洗侵蚀，浩浩荡荡，奔流到海不复回——经过这样冲洗过的土地，由肥田而成瘠土，由农地而成荒区。

李氏主持下的TVA计划主要的贡献就在土地复原。一方面用巨坝控制水流；另一方面是利用水力发电，更用电制造化学肥料，医治瘠土；再一方面选择农作物，培养泥土肥力种植森林，恢复自然的有机循环。这个有类于黄河的祸水，竟成了这地域人民的命脉。

我提到这一套已经为国人所熟知的常识，并不是想鼓吹把这套计划拿到中国来实施而已，而是想借这个例子来说明性质上极可类比的一个社会现象，就是我们乡土社会被损蚀冲洗的过程。如果我们在物质建设上想采取TVA一般的计划，我们还得把这土地复原的概念扩大成乡土复员。除非乡土社区里的地方人才能培养、保留、应用，地方性的任何建设是没有基础的，而一切建设计划又必然是要地方支持的。因之我写这篇短论，提出这个问题来讨论。

落叶归根的社会有机循环

乡土复员的意思其实还是从近来在上海《大公报》专栏里发表过的几篇有关基层行政问题的讨论中引申来的。燕鸣轩先生在他《论基层行政的僵化》一文中，详细说明了地方自治机构逐步腐烂的经过。黄明正先生也在他《从经济角度看基层行政的僵化》一文中，强调这一方面的情形。黄先生似乎认为被我"评价太高，期许太切"的绅士，自古至今，一直是和老百姓利益相冲突的。燕先生则和我近一些，承认"这条轨的黄金时期，士大夫阶级多能担负下'道在师儒'的光荣使命，为民师表，移风易俗，促成郅治的太平景象。当这一条轨到了腐烂时期，绅士们勾结了贪官，变成了土豪劣绅"。——这是说现在基层行政的僵化是因为这条轨道腐烂的结果。他至少承认有此一轨，此轨如果不腐烂，还是可以发生正作用的。我对于历史知道得很少，所以我不妨留此问题给更适合讨论这问题的人去讨论罢。我想我们同意的是目前地方上各种公务腐败不堪，政治的双轨实际都已淤塞。站在自上而下的路线上看，地方官无法执行职务，竟有成为绅士们的傀儡。中央在名义上是集权，机构上也已筑下了直达民间户内的轨道，而实际上却半身不遂，所筑轨道反而给别人利用来营私舞弊，大权旁落在无数土皇帝手上，空担了个恶名。站在由下而上的路线上看，有如我自己，上通的轨道影子都不见了，以致连以往"道在师儒"时代的无形轨道都觉得值得回念了。回头看看一般谈政治和经济改革的人，眼睛却大多只对着中枢政策，这一大片广大苦海里在法外特殊政治机构中苟延喘息的老百姓的惨景，连提都没有人提一提，怎能不令人痛心？

　　腐烂的乡土上什么新鲜时髦的外国好制度都建立不起来的。腐烂是病状，形成这结果的有一个过程，也就是我在本文中所要提出的，乡土社会被损蚀冲洗的经过。引起这损蚀冲洗作用的是许多经济、政治、社会、文化的因素，这些因素发生在我们近百年的历史里。

　　我在本文开始时引了一节关于美国南部土地损蚀和冲

洗的情形，因为这情形给我一种启示，使我觉得中国的乡土社会中本来包含着赖以维持其健全性的习惯、制度、道德、人才，曾在过去百年中，也不断地受到一种被损蚀和冲洗的作用，结果剩下了贫穷、疾病、压迫和痛苦。我这种看法，也暗示除非能大规模的复员乡土，像 TVA 一般的复原土地，我们在表面上所做一切花样，用意且不加怀疑，也无法挽回这个沉沦的大局。

像我在以往几篇讨论中的假定一般，我想在以往传统的环境中，我们中国是有一套足以使大多数人民能过得去的办法的。生活程度固然很低，局面的混乱也没有停过，但是标准放低了看，多少是常常做到"黎民不饥不寒"的小康水准的。在现在看来，这小康水准也可称作过去了的黄金时代，而且要恢复到这水准，已非易事了。

中国传统小康经济是建筑在小心侍候土地，尽力保持土力，使人们老是可以取资于地面上培植的作物的基础上。这是李林塞尔所要在田纳西河流域恢复的有机循环。任何一个到中国乡村里去观察的人，都很容易见到农民们怎样把土里长出来的，经过了人类一度应用之后，很小心地重又回到土里去。人的生命并不从掠夺地力中得来，而只是这有机循环的一环。甚至当生命离开了躯壳，这臭皮囊还得入土为安，在什么地方出生的，回到什么地方去。

人和地在乡土社会中有着感情的联系，一种桑梓情谊，落叶归根的有机循环中所培养出来的精神。这种精神在那些倚赖矿产来维持生活的人看来是迂阔的。海外的华侨可以劳苦终日，一文一文地储蓄了寄回家乡，死了还把棺材遥远地运回去安葬；那种万本归原的办法是西洋人所不能了解的。在我们传统文化里却看得比什么都重要。我自己就有一个老祖，中了举，派到云南去做官，受不住瘴气，死在任所。他的弟弟牺牲了自己的前途，跋涉长途去运柩回吴江，经了有好几年，遇着各种困难，完成这在现代文化中认为毫无必要的使命。但在我们家谱上却大书特书，认为历代事业中最伟大的一项。如果我们从这类事情所代表的意义来看，可能是值得我们细加思索的。这象征着乡土联系的最高表现，而乡土联系却维持着这自然的有机循环。也就是这有机循环，从农民一朝的拾粪起，到万里关山运柩回乡止，那一套所系着的人地关联，支持着这历久未衰的中国文化。

我希望读者不要误解我竟"落伍"落到提倡拾粪运柩，这些是在某种环境中所流露出来代表一种精神的方式，方式尽可以变，我绝不留恋于任何方式，但是我确觉悟到这种精神的重要。我因为怕有些把中国传统看得全无是处的人，因为我提到了拾粪运柩而连其所表示的精神一并忽视，所以不得不借重李林塞尔的话，以及标准美国事业的TVA，来作重提此种精神的助证。

乡下人为孩子提名，最普通的是"阿根"，人也有根的，个人不过是根上长出的枝条，他的茂盛来自这个根，他的使命也在加强这个根。这个根就是供给他生长资料，供给他教育文化的社会：小之一家一村，大之一乡一国。这个根正是李林塞尔所谓 grass roots。惟有根固的枝叶才能茂盛，也只有枝叶茂盛的根才能固。从社会说，取之于一乡的必须回之于一乡；这样，这个社会才能维持它的水准。不论是人才还是物资，如果像矿苗一样只取不回，经过一个时候这地方必定会荒芜。取与回的循环可以很广，很复杂，但是却不能转不过来。TVA是一个大循环，我们内地拾粪的小农场是个小循环。循环愈大，水准愈高；但是能维持任何水准，必须有个循环。采矿式的消耗，性质上是自杀的，自杀可以慢性，但终必有枯竭的时限。一个健全的和能平衡的文化必须站在有机循环的基础上。

回不了家的乡村子弟

在我们传统的乡土文化中，人才是分散在地方上的。最近潘光旦先生和我一同分析了915个清朝贡生、举人和进士的出身。从他们地域分布上说，52.5%出自城市，41.16%出自乡村，另有6.34%出自介于城乡之间的市镇。如果再依省分别来看，以有较多材料的直、苏、浙、鲁、皖、晋、豫7省说，乡项百分比超过城项的有鲁、皖、晋、豫4省。这些数字告诉我们，即以必须很长文字训练才能有机会中式的人才，竟有一半是从乡间出来的。更有意义的是我们所分析的人物中父亲已有功名的和父亲没有功名的比例，城乡双方几乎相等；城方是68∶32，乡方是64∶36。这是说中国人才缺乏集中性的事实，也就是原来在乡间的，并不因为被科举选择出来之后就脱离本乡。这和现代西洋社会不同。Sorokin教授曾说："（在西洋）一切升迁的途径几乎全部集中在都市以内。如果不先变做城里人，一个乡间的寒门子弟已几乎完全不再有攀登的机会。"——中国落叶归根的传统为我们乡土社会保持着地方人才。这些人物即使跃登龙门，也并不忘本；不但不损蚀本乡的元力，送往外洋，而且对于根源的保卫和培养时常看成一种责任。因之，常有一地有了一个成名的人物，所谓开了风气，接着会有相当长的时期，人才辈出的。循环作育，蔚为大观。人才不脱离草根，使中国文化能深入地方，也使人才的来源充沛浩阔。

我在《再论双轨政治》一文中提到地方人才的问题时，曾说起了英国退休的公务员分散到乡间和地方上去服务的情形。燕鸣轩先生给我私人的信上曾说："先生所希望的中国绅士像英国的绅士，事实上恐怕不相类的。"从目前的情形说固然不相类，但是我还觉得在传统社会中，似乎曾有过类似的情形。杨开道先生曾写过一本《中国乡约制度》，从这本书里看去，中国士大夫对于地方事业的负责可以说比任何其他国家的中间阶级为甚。即使我们说这些人服务地方为的是保障他们自身的地主利益，是养鸡取蛋的作用；我们也得承认这和杀鸡取蛋是大大不同了。何况在中国传统土地制度还有着"家无三代富"的升降流动机构，形成另一循环，使刻苦耐劳的小农有着上升的机会，并不像那富者愈富，贫者愈贫的两极化的情形呢。

燕先生很清楚地告诉我们地方权力变质的经过：最初是

贡爷老爷，继之是洋秀才，最后是团阀。为什么会这样变质的呢？那就引到了我在本文中所提到的损蚀和冲洗过程了。以前保留在地方上的人才被吸走了；原来应当回到地方上去发生领导作用的人，离乡背井，不回来了。一期又一期的损蚀冲洗，发生了那些渣滓，腐化了中国社会的基层乡土。

乡土培植出来的人已不复为乡土所用，这是目前很清楚的现象。今年暑假很多毕业生找不到职业，在一次"欢送会"里很不欢地谈到了这青年失业问题。有一位老师劝这些青年回乡去，在原则上是能说服他们的，但是他们几乎一致地说："我们已经回不了家了。"结果我还没有知道有哪个回了去的，他们依旧挤在人浮于事的都市里，甚至有靠朋友接济过日子的。

他们"已经回不了家"是不愿，也是不能。在没有离乡之前，好像有一种力量在推他们出来，他们的父兄也为他们想尽方法实现离乡的梦，有的甚至为此卖了产业，借了债。大学毕业了，他们却发现这几年的离乡生活已把他们和乡土的联系割断了。且不提那些正在被战事所蹂躏的区域，就是在战区之外的地方，乡间也是容不下大学毕业生的。在学校里，即使什么学问和技术都没有学得，可是生活方式，价值观念却必然会起重要的变化，足够使他自己觉得已异于乡下人，而无法再和充满着土气的人为伍了。言语无味，面目可憎。即使肯屈就乡里，在别人看来也已非昔比，刮目相视，结果不免到家里都成了个客人，无法住下去了——这是从个人的感觉上所发生的隔膜。城乡之别在中国已经大异其趣，做人对事种种方面已经可以互相不能了解，文化的差异造下了城乡的解纽。

如果有大学生真的回乡了，他向哪里去找可以应用他在大学里所学得的那一套知识的职业呢？说是英雄无用武之地可以，大才无法小用也可以，事实上，大学并不是为乡土社区造人才的。现在的教育是传授新知识的，所谓新知识，其实就是从西洋来的知识。这本来是可以的，知识不应分国籍，我们目前正应当赶快现代化，要现代化就得输入西洋文化。乡间的传统正待改良。新知识正是改良的方案。但是一个乡间出来的学生学得了一些新知识，却找不到一条桥可以把这套知识应用到乡间去；如果这条桥不能造就，现代的教育，从乡土社会论，是悬空了的，不切实的。乡间把子弟送了出来受教育，结果连人都收不回。

不但大学是如此，就是中等教育也是如此。我们曾在云南一个乡城附近的村子里作研究。靠近村子不远有个农业学校，这村因为靠近县城，所以园艺很发达，乡下朋友常指着学校的农场和他们说笑话；我们到农校里找他们教员谈话，也有很有专门训练的，说村子里的蔬菜大可改良。乡下朋友说老师们种菜像是种花，赔本的，不错；老师们说乡下的菜长得不高，也不错。所错的是各人做各人的，合不起来。学生们出来，没有这么多"校农场"给他们"实习"和"试验"；回家去，家里没有这么多本钱来赔。结果，有些当了小学教员，有些转入军校，有些就在家里赋闲，整天无所事事的鬼混，在县城里造了一批新的"流氓"，他们也就逐渐变成燕先生所称的"团阀"的干部。

我们的大学多少也难免有此情形，所不同的是大都市中吸收新人物的能力比县城里大一些，除了当教员之外还有衙门、工厂里可以找职员做，但是有两点是相同的，一是他们并没利用新知识去改良传统社会，一是产生了一批寄生性的"团阀"阶层，既不能从生产去获取生活，只有用权势去获取财富了。

从这方面说，现在这种教育不但没有做到把中国现代化的任务，反而发生了一种副作用，成了吸收乡间人才外出的机构，有一点像"采矿"，损蚀了乡土社会。

流落于东西文化之外的寄生阶层

有人可以说现代化本来就是都市化。现代文化是都市产物，都市人口总是从乡间吸收来的。在乡间即使有人才也没有发展的可能，一到都市里，机会多，个性可以自由发展，所以城市是造就人才的地方。在乡间至多有"潜才"，不能说有"人才"，所以都市化对于乡村是有利无害的。在西洋，这种情形是很显然的。在中国，不能是例外。

这种说法是有理由的，但是也不全是事实，而且最后一句话，说中国不能是例外，更值得考虑。所谓"例外"是指在中国有很多条件和西洋不同，因之西洋社会的通则有时并不能不加修改地应用在中国。

我在本文开始时提出 TVA 是有用意的。念过李林塞尔那本书的，可以说上面的理论在美国也并不完全正确。美国都市的发达，确曾损蚀过内地的乡土社会。田纳西河流域，所谓 Deep South 在实施 TVA 计划之前是一个极悲惨的世界。每年每个农家的收入只有 150 元，比美国人当时工人的平均收入低下五倍；没有电灯，没有电话，没有公共医院。名剧《烟草路》里描写出来的生活比我们的农村还不如。美国可以有纽约的"自由发展"，但是在 Deep South 却没有免于饥饿的自由。为什么？和中国目前的情形一样，社会的有机循环脱了链。南部的物质（土地里"采"出来的棉"矿"）和人才不断地输出而没有回来。这土地，这人民，受到了损蚀，一直到罗斯福才重建了这循环，繁荣才恢复。

都市和乡村是必须来回流通的。美国都市的工业依靠广大农村作市场。农村的损蚀固然乡下人先遭困乏，但是困乏的乡间也会引起都市的恐慌。罗斯福发动 TVA 的计划目的还是在挽救都市的经济恐慌。李林塞尔最得意的杰作就是在恢复由城到乡的这条桥梁。从这桥梁上，城市里所孕育出来的现代知识输入了乡间，乡间出来的人才，受了现代科学的教育后，可以回去服务农村了。

提倡都市化是不错的，但是同时却不应忽视了城乡的有机联系。如果其间桥梁一断，都市会成整个社会机体的癌，病发的时候城乡一起遭殃。中国却正患着这病症，而且，依我看来，目前正在病发的时候了——表现出来的是乡间的经济瘫痪和行政僵化，都市的经济恐慌和行政腐败。

中国城乡关系本来就和西洋不同。这一层意见我已在《乡村·市镇·都会》一文里申说过，这里不必重复。那篇论文中我还只就经济的素质上加以说明这三者的关系。在本文上节里我又从文化的背景上加染了一笔。如果我们说都会代表西洋文化，乡村代表传统文化，那是不正确的；我的意思是：都会是两套文化接触的场合，被西洋文化改变了生活和思想方式的人回不了乡村，有一部分被都会里新兴的生产事业所吸收了，但是还有一部分却流落在生产事业之外，发生了一层倚赖权势过活的新人物，他们转而阻碍了城乡双方生产事业的发展。

这一层新人物从他们来路上说，直接间接是从乡土社会里吸收出来的。在东西文化接触之前，这些人物可能就被科学的机构所吸住，依旧在乡村和市镇间居住，"学而优则仕，仕而优则学"，也是燕先生所谓"贡爷老爷"，受着传统儒家哲学的教育，执行"道在师儒"的社会任务。他们可能在土地制度之内剥削农民，但是乡间财富并不大规模的外流。以整个社会说，有如叉麻将，叉来叉去，最后不会有太大的输赢。

如果中国都会里的生产事业发达得快，乡间吸收出来的人都能找到发展才能的适当地位，乡土社会虽则被损蚀了，但是都市却繁荣了，我们可能走上美国的道路，等都市财富积聚得无法消化时，再像 TVA 一般流回农村去。果真这样，我们的局面也必大非今观了。不幸的是我们的经济和政治却处于次殖民地的地位，大规模的工业化并不可能。西洋文化并没有全盘输入，只输入了它的上层或表面的一层，包括思想、意识、生活方式和享受欲望，并没有把维持这上层的底子——经济基础——搬了过来。这个脱节可真脱得严重，也是发生那流落在西洋和传统文化之外，流落在生产事业之外的倚赖权势为生的阶层，中国悲剧中的主角和导演。

洪流冲洗下的中国

土地的损蚀只是冲洗的开端。地方给采矿性的棉花拔尽之后，大片的土地上没有了覆盖的草皮，吸收不住水分，汇成巨流，造成灾区。社会性的损蚀作用同样会引起类似冲洗的人口流亡。损蚀作用中所带走的还有选择：最早离乡的多少是自动的，在经济地位上说是较富的，在教育程度上说是较优秀的。财富和人才离了乡，再加上了都市工业势力的压迫，农村开始穷困，小康之家降而为穷户，穷户就站不住脚，开始离乡；但是在乡间至少还有个中坚阶层足以维持——两极的移动多少是都市化过程中对农村所发生的一般影响。这两极也就是都市中劳资阶层的来源。

但是当中国所特有的流落在城乡生产机构之外的新阶层一旦出现，一旦庞大，他们利用着权势构成种种法外的"团阀"（法外并不指他们表面的地位而言，指他们获取财富的手段而言），乡间知识程度较低，团结力较弱，组织较松弛的农民，也最容易成为这种人物寄生的对象。使黄明正先生"暗自饮泣之黯然的图画是每个在乡下住的人所熟知的"。当我疏散在乡间时，这些人物的蛮强无理的敲诈掠劫曾使我多次因激于"侠义"出头干涉而陷入纠纷和痛苦。这些也是我一生中永远不敢忘怀的经验。这些人物的盛气凌人反衬出中国广大人民的善良和忍耐。但是善良和忍耐并不是敲诈掠劫的理由。容忍有其限度。当限度到来时，中国农民的坚韧也成了他们自救的力量。从局部的情态去看，任何还有正义感的人不会放错他的同情心的，但是从整个局面合起来看，却是一个大悲剧，演出的是反抗、流血、摧残、流亡、沉沦。本来是乡土里流出去的，父母伯叔卖了田地，节衣缩食，指望着回来繁荣乡土的子弟，当他们回来时，却带来了这一种礼物！

我记得有一次向一个冒充军官来乡间敲诈的人说："你不也是从乡间长大的么？如果有像你一样的人到你乡间去这样胡闹的话，你觉得怎样？"他曾为我这话低下头去。"可是——"他犹豫了一下，没有回答——这些是同一出悲剧中的角色。如果我们把一切责任都放在这些人肩头，同样是偏面的，不根本的，而且是无济于事的。

可是由这种人物所激起农民的仇恨，却逐渐形成一片火海。虽则明知这火海里并没有人得到便宜，但是到这程度，好像泥土里没有了草根，水愈聚愈多，最后必然会造成决堤的洪流。

地方上现在已没有任何挡得住那种借权势和暴力来敲诈劫掠的力量了。贡爷老爷已经不存在，洋秀才都挤在城里，农民除了束手待毙，只有自己出来抵抗，而整个生产机构也就难免于瘫痪了。

整个中国，不论上层下层，大小规模，多少正在演着性质相似的悲剧，但在生活已经极贫困的乡间，这悲剧也就演出得更不加掩饰，更认真，更没有退步。日积月累，灾难终于降临，大有横决难收之势了——这就是我想说明的损蚀和冲洗我们乡土社会的过程。这过程的发生是由于社会有机循环的破坏。很显然的，如果我的分析有若干正确性的话，我们必须从速恢复城乡之间的循环关系。关于怎样才能恢复的问题，我想留到以后论"乡土复员"里再提出来讨论了。

1947 年 11 月 26 日于清华胜因院

黎民不饥不寒的小康水准

我在《损蚀冲洗下的乡土》一文的结尾说起我想提出一些怎样才能重建中国城乡有机循环的意见，并且预定了《乡土复员》这个题目。忽忽已有一个月，好像欠了一笔债似的，使我很着慌，屡次下笔都不克交卷，其间固然有许多冗杂的事务阻挠着思考，而这问题本身的复杂，也是个很重大的原因，何况当前的一切似乎还谈不到建设。破坏之动员未已，乡土复员的说法，竟带着讽刺的意味。可是话还得说回来，在一般人民对国是失望感慨之余，也没有比这个时候更需要彻底自觉，在恩怨之外，找出这空前变局的结症所在。宿疾求艾，即使并不是怎样急救灵丹，也是我们应当致力之处。虽说是书生之见，但也只有书生才能暂时在切身的烦恼之外，瞩望将来，注视这个可能的免亡之道。所以最后，我还是鼓着勇气，贡献一点较远的看法。我这几篇乡土复员论将从一个问题出发：假如我们还希望走上一条安康的道路，我们应当向哪个方向出发。至于我们怎样能走上这条路，那不是我在这几篇短论里所想讨论的了。

土地分配和民生

现在论乡土经济衰落的人,大都注目于中国的土地制度,尤其是租佃制度。租佃制度引起人的注意是有理由的,而且是现实的。一个自己没有土地,租别人土地来经营耕种的人,普通都得把正产,主要农作物的出产的一半以上,在地租的名义下,交给地主。"一半以上"正产量作为地租算不算很高呢?单凭百分比是看不出意义来的。我曾根据我自己调查的结果,用产米量和食米量的比例来说明地租的真实分量。这里不妨举出一个村子的情形来表示。在"江村"(太湖附近的一个村子)每农家经营的农场平均面积是8亩半,合1.29英亩。每英亩产米平均约数是40蒲式耳(每蒲式耳约重67磅。这种产量,在中国一般情形说,可算是收获很丰富的了),每农家平均产米总量51.6蒲式耳。每农家人口平均是4.1,合壮丁数2.9(所谓合壮丁数是指食米量而言,依Atwater标准经我们修正后折合)。每壮丁每年平均食米量为7蒲式耳,即470磅,每家共需食米20.3蒲式耳。总产量减去食米量剩余31.3蒲式耳。如果这家的农田是租来的,租额如果是正产量的一半,合25.8蒲式耳。把地租交出后,只剩余5.5蒲式耳的米,农场上其他作物的产量依我们估计其价值约合米量10蒲式耳。这家人可以用在食米之外的消费量及农业投资只有15.5蒲式耳米等值的数目。于是问题是:这点钱够不够呢?依我的估计中国农民普通的支出各项的比例是:吃米42.5%,其他消费42.5%,农业投资

15%，依这比例，这家人需28.4蒲式耳米等值的钱作吃米之外的其他费用。这个人家如果在农场之外别无他收入，每年要缺12.9蒲式耳的米。

如果农场较大，交了地租之后，剩余可以略增。但是农场的面积一方面是限于可供耕种的土地面积和人口的比例，另一方面又限于现有技术下，家有劳力所能经营的面积。我在云南农村中曾经分析过农业劳力的问题。在最忙的农期中，一夫一妻所能耕面积只有3亩强。换一句话说，他们如果要经营较大农场，在最忙的时候必须换取或雇佣劳力帮同工作。能耕面积因之也有赖于劳力的组织。在一般情形中，如果技术和劳力组织不加改进，一个农家所能经营的农田面积并不能超过现有平均农场过远。现在农场面积平均数目各地因作物及土质不同固然略有伸缩，以太湖流域说，江村的情形决非例外。

扩大农场的机会很小，这不是一个分配的问题，而是农业人口和可耕地面积比例的问题。分配是从所有权上说的，中国土地分配不平均是事实。但握有较多土地的地主通常并不是自己经营农田的。大地主还是分成了小农场出租给佃户。所以从经营着眼，如果要扩大农场，分配问题远没有技术及组织为重要，最基本的是农业人口怎样能减少的问题。

但如果说重分配既不能扩大农场，对于生产并无重大贡献，因之我们不注意这问题，那却又不对的。分配问题在民生上有极严重的影响。如我上述的情形，假如江村的农民都是自耕农，他们单靠现有的土地也足以达到"不饥不寒"的水准了。61.6蒲式耳米等值的收获可以经常支出20.3蒲式耳的吃米，20.3蒲式耳米等值的消费品，和8.4蒲式耳米等值的农业投资。另外还有12.6蒲式耳米作其他特殊费用的准备——这正是我所说的"小康水准"。

农工混合的乡土经济

如果我以上的分析是正确的，在租佃制下经营小农场上的佃户并不能靠土地维持"不饥不寒"的水准，则在传统的乡土经济早应该发生土地问题了，为什么土地问题到近二三十年来才见严重呢？

乡土经济中土地问题早已存在，我想是事实；但是在传统经济中却有一道防线挡住了这潜在的问题暴露成佃户和地主中间的严重冲突。这道防线是乡土工业。关于乡土工业在传统经济中的地位，我曾一再写文论述过。简单地说，在海禁未开之前，中国人民日用消费品是自给的。中国从来不是个纯粹的农业国家，而一直有着相当发达的工业。可是传统的工业却并不集中在都市里，而分散在无数的乡村里，所以是乡土工业。各地依它的土产加工制造成消费品，日积月累，各种工业都有著名的地域。中国早年出口的生丝最有名的叫辑里丝，查海关报告还有这英文译音；辑里丝是太湖附近很小一个区域里出的丝，居然成了个中国出口生丝的别名。其他如龙井的茶，景德的瓷器，高阳的布，都属此类。这些还只是些最著名的土产，其实每个小区域，甚至许多村子都有一两样附近所熟知的土产，土产中又有很多是制造品。而制造这些土产的却是一家家的农户。轻工业中最重要的纺织，在传统中国是家庭工业。我幼年还帮助祖母纺过纱，我母亲的嫁妆里还有个织布机，"不闻机杼声"这诗句在我是极亲切的。制造工业分散在家庭里固然使中国传统工业在技术上不易进步，但却是一个传统经济中的重要事实，使普通土地不足的农家可以靠这些家庭工业里的收入，维持小康生活。

中国的农场为什么会这样小，是一个基本问题，直接的原因可以说是人口太多，但是为什么人口会这样多呢？这问题有人认为是不必问的，人口繁殖是生物现象；也有人认为是儒家思想提倡的结果。我却愿意从劳力上来看：农作活动有季候性，在一个短的时期中需要相当多的劳力，也就是所谓"农忙"。农村里必须养着能足够应付农忙时所需的人口，虽则农忙一过，这些人在农田上可以并没有工作可做，也就是所谓农闲。在充分利用人力来工作的农业技术下，农忙和农闲所需劳力的差别可以很大。如果单看农忙期间的农村，人口并不能说太多，因为没有这样多的手脚，现有农田在现有技术下并不能充分经营。依我这种看法，所谓中国农村人口太多是从生活程度上说的，并不是从农业生产上说的。除非农业技术能改变，农村人口不易减少。抗战后期因乡村壮丁的流亡已在后方农村中发生了缺乏劳工的情形。

农业虽则在短期需要大量劳力，但是有 2/3 的日子是没有农作可做的，于是发生周期性失业的情形。换一句话说，我们是"养工一年，用在农忙"。这些劳工并不能离开农村，离开了，农忙期会缺工，可是农闲期怎么办呢？这里引入了乡土工业，乡土工业在劳力利用上和农业互相配合了来维持农工混合的经济。也只有这种农工混合的乡土经济才能维持原有的土地分配形态。一个自己没有土地的小农场上的佃户，在男耕女织的农工合作下，勉强能达到他们生活的小康水准，同时也使传统的地主们可以收取正产量一半的地租，并不引起农民们的反抗。反对地主利益的人可以说这种乡土工业正是给他们剥削佃户的机会；从整个经济分析上说，农业技术，劳力需要，人口数量，农场面积，乡土工业，地租数量，地主权利等因素是一个有机的配合。中国传统社会能很久的维持着这配合，那是因为它至少可以给在这种经济里生活的人不饥不寒的小康的生活。任何经济结构如果不能维持最低限度的民生，是决不能持久的。

传统有机配合的脱栓

在过去近一个世纪来，上述传统有机配合开始破坏了。破坏在哪里开始的呢？在我看来，第一个脱栓的齿轮是乡土工业。农业技术、人口数量、农场面积、地租数量、地主权利等齿轮，并没有变；跟着乡土工业那一齿轮脱了栓的却是那传统有机配合所维持的小康生活。

乡土工业的衰落由于它和西洋都市机器工业竞争的结果，这一点不需我在这里费词引证。机器工业在大规模生产的方式下成本减轻了，品质提高了，土货成了个贬损的名词，洋气才是风头，骨子里不过是两种生产方法的优劣。费了较高成本制造出既不雅观，又不适用的土货，怎能在既便宜又漂亮的洋货旁争得购买者呢？土货的市场让给了洋货，在享乐上是提高了买得起洋货者的水准，可是同时却引起了乡村里无数靠着制造土货的工人们的失业。

贫穷跟着乡土工业的衰落侵入乡村，这个魔手是间接的，impersonal 的，捉不住、看不清对象的，是一种无可抵御的势力。只感觉到而摸不着的，要反抗也无从反抗起，要抵御也无从抵御起。一个织土布的媳妇，没有人要买她的出品时，代替机杼声的也只有叹息罢了。她去怨恨谁呢？

这时她只有指望丈夫在农田上的收获了。一家的生活压在土地上。也在这时，传统经济里早就潜伏着的土地问题暴露了。地主并没有丧失他收租的权利，租额并没有减低。而且传统的地主并不是生产的阶层，他们是"食于人"的。在新的处境里他们也没有大量的改变这种身份。相反的，因为西洋舶来品的刺激，更提高了他们的享受，消费增加，依赖于地租的收入也更不能放松。可是当他们下乡收租时，却发现他们的佃户并不像以往一般驯服了。怎能驯服呢？交了租就要挨饿了。为了生存，佃户和地主之间发生了严重冲突。地主不会明白为什么佃户变了，他还是收取和以往同样的租额，并不是过分的要求。佃户们眼里的收租者却变了，成了来要他最后一粒谷的催命鬼——看不见的是没有声音的西洋工业势力，它打碎了传统有机配合中的一个齿轮，那一个地主本来不关心而其实是保证他们特权的齿轮，乡土工业。

破坏乡土工业的力量是深入、遥远、庞大、有力的，它背后还有着巨舰大炮，"帝国主义"，有组织的，而且是现代化的。缺乏团结力，缺乏组织，缺乏科学知识，分散在乡村里兼营着农业的传统工人，对于这个力量怎能抗得住，可是地主的势力，和了外来工业势力相比，却脆弱得多，于是为了求生存不能不奋斗的农民挑选了地主做对象——这样，在近代史上，中国的土地问题日深一日。

地主阶层合理的出路

不饥不寒是民生的最低水准，如果人有生存的权利，也就应当承认争取这水准是公道而且合理的——这是民生主义中基本的内容。可是中国不停地在被解除它原有的工业生产力，小康的降而为小贫，小贫的降而为大贫，大贫的铤而走险，乡土在冲洗中。农民们在要求回复失去了的生活水准。

在这个局面中，如果不能挽回我们在衰亡中的工业，本来间接依靠原有乡土工业，通过地租形式，而维持的地主阶层，迟早是会被打击而消灭的。这些地主并不能自己去耕种土地，而得假手于农民，这片土地又不能同时养活地主和佃户双重人物，地主却不能采取消灭佃户的手段来维持自己的收入。另一方面，没有了地主的农民还是可以耕种土地——所以在地主和农民的争斗中，农民必然占据优势的。从理论上说，地租原是在土地能在供养耕者之外还有剩余的情形下发生的。可是中国的租佃制度却并不直接建筑在土地生产的剩余上，而间接地建筑在农民兼营的乡村工业上，所以乡土工业崩溃实在打击了中国"地租"的基础，注定了地主阶层的运命。

地主并不能在同意之外获得地租。虽则在短期间地主固然可以靠压力来赢得"被迫的同意"，但压力包括费用，而反抗可以无限的增长，因为反抗的动力是生存的要求，和压力正比累积；二者竞赛，以有限压无限，总有穷时，所以我们可以预言其结果。

为地主着想，合理的出路决不应是加速自己的灭亡，而是适应新的局势，另建他们生活的基础。和农民的"不饥不寒"的水准去对抗是徒劳无功的，只有承认这人类生存的基本事实，而在土地之外另谋出路。说来似乎矛盾，地主得在土地之外去找出路，而事实上却一点都不矛盾，因为中国的地主原本不是靠土地的。当西洋工业势力侵入打击中国乡土工业时，地主们如果要保持他们的生存，就应当勇敢地迎战。这战线上如果不能获胜，他们的生存总难维持，不论直接清算他们的是谁。

我承认对外的迎战是艰难的，但不论怎样艰难，这是地主阶层生死关键所在，无法推诿的考验，而在这恢复工业的艰难事业中，尤须广大农民的支持，因为在已经成熟的西洋侵略性的工业经济的滩头，要确立我们民族工业的阵地，在策略上大概不能避免走上复兴乡土性工业的路子。换一句话，还得依赖能耐苦的农民以生活程度来和西洋劳工相竞争——这是从经济上说的。从政治上说，西洋工业背后随时可以转变为军事侵略的政治压力，也必须以国内的政治安定和统一才能应付，那更需要国民中 80% 以上的农民的支持。从任何一方面看，地主阶层在面临生存威胁之际，不但应当，而且只有以放弃地租为条件来和农民共同克服这危机。这是孙中山先生眼光远大之处，耕者有其田的政策是一个地主阶层自保的钥匙。

我这种说法，完全是站在地主阶层的生存兴趣上立论的。我很明白，完全站在农民阶层的立场上，还有一条路：那就是抓住土地，占有土地上所能出产的，不放松，必要时不惜出之以武力的保卫。完全占得住土地上所生产的一切，确可恢复小康水准，而且从他们看，一个没有力量在向外战线上团结保卫的阶层，也不会有能力维持向内的战线，两线作战是兵家之忌。这套想法并不是没有理由，但是，依我看来，如果加上国家观念，这种做法总可以说是不幸的。而且中国复兴的基础最后不能不是工业的复兴，生产力的增大和生活水准的提高，这不是单纯农业所可以达到的；何况内战的直接结果是破坏，破坏的结果是外来势力的增高，中国工业更难建设。中国农民固然是吃得起痛苦的,但是耐苦也不应是理想的价值。

历史并不常是合理的,但是任何历史的情境中总包含着一条合理的出路,历史能不能合理发展,是在人能不能有合理的行为。一个被视为"书生"的人,有责任把合理的方向指出来,至于能不能化为历史,那应当是政治家的事了。

地主阶层面临考验

特权的动摇

上一篇乡土复员论里，我提出了一种看法：中国土地问题严重性的表面化是由于乡土工业衰落而引起的，土地的生产并不能单独同时养活地主和佃户两重人物，中国现有的人地比例，注定了"耕者有其田"的秩序。如果我们承认当前严重局面基本上是土地问题在作祟，则土地问题的合理解决自应是重建和平秩序的前提。合理解决，在我看来，却不只是在土地权的重分配。我说"不只是"，因为要能做到土地权重分配，实行耕者有其田，必须有一个条件就是本来靠地租维持生活的地主得另外找到一个经济的基础。有人会说，地主这阶层是寄生在农民身上的剥削者，他们已经侥幸地被供养了几千年，现在该被清算了；把田拿走了，如果他们自己没法找到生存的机会，那是活该。我不愿在道德立场上讨论这问题，只想从事实上说，如果地主阶层找不到新的生产性的经济基础，他们不会轻易放弃土地的，于是，如果要实现耕者有其田，就不免要在同意的方式之外用暴力的手段了。再换一句话说，如果不给地主阶层一个经济的出路，土地问题的解决过程中避免不了暴力的因素。我的立场是想在和平方式中去解决这无法拖延的基本问题，所以特别愿意强调和平解决所必需的条件。我承认地主阶层即使找到了新的经济基础，不一定就能和平解决土地问题，这只是一个必要的条件，而并非足够的条件。

我也承认"另外找到一个经济基础"的责任是在地主阶层自己，因为他们在传统社会中是握有特权的阶层。拉斯基教授在工党上台前夕给英国特权阶层的忠告，很适用于中国当前的形势。如果特权阶层不自动的放弃特权，在和平的情势中获取另外经济基础和社会地位，就将被迫放弃特权，在暴力的运用里，损失最大的也就将是这个阶层。

事实上，当前的地主阶层已感觉到他们的特权不可靠了。这里我可以抄录一节一位在家乡（苏州附近）的朋友给我的信：

> 以前农民"拔田"（有永佃权的佃户向地主买俗称田底的地权）每亩需粳20担，农民花得起这笔钱的很少。现在市价只要两担。很多地主在困难重重，前途又无希望之中，甚至肯收更低的代价把田卖掉。

这其实是乡土衰落所必然会发生的结果。地主们放弃土地，离乡入城，已有相当久的历史。现在城市里多少中下层的居民不是从原有的地主阶层里出来的呢？他们如果在城市里得到了谋生的职业，或是投资的机会，即使没有"重重困难"去迫他们出卖土地，他们也不会留恋于已不一定收得到租的土地。但是关键是在他们身虽离乡，而并不易在土地之外找到一个稳定的经济基础。中国民族工业的萧条，使他们的收入还是直接间接的取之于农民。一查他们的职业，公务员和军队占着很大的比例。这说明了，如果我们在农业之外不能开辟出广大的生产基础，本来寄生于土地上的，不论他们离村多么远，不论他们名义上怎样不带土气，最后，转转弯弯的还是寄生在农民身上。地租名目可以变成赋税，变成摊派，实际还是一样，土地得供养这一批不事生产的人物。这是说地主阶层即使放弃了土地，如果没有新的生产去吸收他们，问题还是没有变。因之，我觉得现在的关键已不是在地主们愿意不愿意放弃土地，而是怎样转变为生产者的问题。

寄生阶层的保守性

地主阶层既已感觉到特权基础的动摇，但未能及时在土地之外去另谋出路，依旧在四面楚歌中求片刻的苟延，在明知愈拖愈不利的命运前恐惧战栗——那是值得我们更进一层去分析的事实。

中国地主阶层踟蹰不进，因循苟且，不能毅然在工业里自谋合理的出路，有外在和内在的两层原因。外在的原因是西洋雄厚的工业势力和复杂的国际政治，这方面已经受到注意，我不必在这里多讲。我在本文里想提出来的将偏重于内在的原因，那是地主阶层的生活方式、理想、抱负和知识所给予他们的束缚。

特权所给人的享受会向灵魂深处索取它的代价。它腐蚀握有特权者的个人的志气，它也腐蚀维持这特权的社会的活力。这可能说是上帝的公平，也可以是历史的公律。特权阶级的生活只要现状不变就能维持，因之在心理上憎恶变革，保守是他们根据阶层利益而养成的精神，在土地制度里获得特权的阶层保守的精神更是牢固。农业本身技术的成分远不比工业，作物的生长是自然过程，人不过在旁扶植，农夫是靠天吃饭的，明白主观的限制。另一方面说，小农生产是自给自足的，在经济上不受市场竞争的打击或鼓励。这种性质的作业里不容易表现出技术的重要性来。技术不需日求新异，整个人事也易于安排配合，成为一种稳定的社会结构。现代工业社会是稳定不住的，基本上是因为技术的分量太重，技术这一道里，效率、经济、精巧等一类标准太明显，加上了竞争性的市场，技术必然领先变革，于是文化的其他部分也不能不随着变了。因之以现代工业社会里特权阶级来比较传统农业社会里特权阶级，后者的保守性和固执性可以更为显著。

尤其在中国，这种特权阶级在以往是不必具备着高度警觉性的。地主阶层可能的威胁来自两方，一方是农民的反抗，一方是暴力集团的侵害。中国地主阶层经了长久历史的陶养，对这两种威胁已经发生了相当的免疫性，这种免疫性结晶在儒家的思想和相配的制度里。从这个角度里去看儒家思想和制度，很可以见到它的实用性，甚至相当微妙的作用。儒家是反对地主们在享受上无餍求得的，克勤克俭，把主观的欲望约制住了，使他们不致尽量地向农民榨取。这有限的土地生产力和农民已经很低的生产水准是经不起地主阶层们的挥霍的。把中国一般中小地主描写成养尊处优、穷奢极侈的人物，我觉得是不太切当的。"一粥一饭"式的家训即使不能算是实况的描写，地主阶层平均所占的土地面积也可以告诉我们，他们所能维持的也不能太过于小康的水准。拥有 100 亩农田以上的地主，据陈振汉先生的推算，全国约有 80 万人，合全体农业人口的 3‰。除了这少数有资格谈得到优裕生活的大地主外，克勤克俭是必须的生活条件。我在去年暑假里回乡时曾问过当地的朋友，"完全靠地租，想生活得相当舒服需多少田？"我得到的回答是"400 亩上下"。我知道有几家亲戚有田在二三百亩左右的，他们的生活实在赶不上一个有几十亩田的自耕农。省俭之成为中国一般的性格实有它的经济基础。主观欲望上的约制使租佃关系中紧张程度得以减轻。

中国传统租佃关系里还常充满着人的因素。这因素又被儒家的"中庸"、不走极端所浸染得富有弹性。我幼年常听祖母讲：有些下乡收租的地主非但没有收到租反而放了一批赈。我提到这事实，并非说中国地主阶层怎样慈善；很显然的，如果都像这种放赈式的收租，这阶层早就不存在了，而且我也知道有地主把佃户的女儿都拉回家做丫头的。但是我要借此指出的，在传统的礼教中确有鼓励不走极端的力量，在消弭租佃之间的冲突。有人不妨说这是猫哭老鼠的假慈悲，这是地主剥削农民的力外裹着的糖衣。我并不反对这说法，我只要说明，此假哭，此糖衣，确曾减少过农民反抗的可能。

另一方面足以侵害地主利益的是各种各式的暴力集团。在人口增殖，生产无法扩大的局面里，以暴力来取得财富的方法永远是引诱人的。如果地主得自谋保卫，他们不能不讲组织，讲武备，警觉性也够维持他们一点生气。但是在中国却发生了传统保镖性的皇权。皇权的最后成分是暴力，它的形成是由于被需要安定的经济力量所招安，以按期的报效代替周期的被劫掠。这过程是我们熟悉的，从上海乞丐头儿起到大小帮会，以及边地的保商组织，都是这一类。梁山泊那样狠的好汉，也难免"招安"的梦想。这其实是暴力集团升沉的自然史。中国历史上贵为天子的，无论胡汉，还不都是以劫掠始而以收税终吗？

从地主阶层说，他们自己是不武装的，但是利用着暴力集团间的矛盾，以暴制暴的选择他们付保镖费的对象。保镖的目的在获得这笔钱，如果有其他暴力团体兴起了，最初是剿，剿不了则抚，抚不了就得拼，拼不了就让位，这是改朝换代。不要说得太远，就在我幼时，军阀们争雄的时候，我知道得很清楚，军阀打是打他们的，老百姓只要先躲一阵流弹，再希望不碰着败兵，最后自有商会出来劳军，一切如旧；劳军过后还在城门口看到几个扰民的小兵的头颅，旁边是一张"安民告示"——换了一个保镖。

这个降伏了其他暴力集团的皇权，如果认真要统治起来，侵害地主利益怎么办呢？这里又碰到了我已说过的传统对皇权的两道防线了，这里不再重复。

中国地主阶层并不是一个突出的特权集团，而是经了长久的位育，在内有着免疫性，在外有着一道道的防线，使他们可以在一个稳定的农业经济里，过着寄生性的生活。研究寄生虫的生物学家常会告诉我们有关这类动物的无数难于置信的寄生本领，生理和环境真是神工鬼斧般的配搭得巧妙异常，没有这一套，这类动物是无法生存的。但是因为它们的专门化，一旦环境改变了，也常是最先淘汰的，它们没有积极谋适应的能力。当我着手分析社会上寄生性的特权阶层时，也不免常引起这种感觉；他们的生存和繁荣不是靠他们个体的能力，而是靠着微妙的制度上的搭配。因之，他们对制度上的变革必然是厌恶的，保守性也特别强。

传统性格阻碍着新生

当我在客观的立场去分析中国地主阶层的合理出路时，我觉得只有从民族工业里打算，但是再去看一看这阶层的特性，未免使我为他们担忧了，因为由于他们历史上的特殊社会地位所产生的性格和现代工业所需的才能很不相合。这件事实可能足以部分的解释为什么我们和西洋接触已有了一个世纪，而民族工业还是这样幼稚（把一切责任放在帝国主义身上是不够的）。

首先我可以提出来说的是对于技术的贱视。上面已讲过贱视技术是维持稳定的社会所必需的条件。贱视技术的结果使地主阶层里的人物和工艺隔离了。工艺是人和自然的接触，改造自然以为己用的活动。生产活动也就是取用于自然的活动，所以基本上是工艺性的。脱离了生产的地主阶层无需讲求工艺，转而因害怕工艺的发达会威胁他们利益所寄托的社会结构。嫉视工艺，称之为淫巧，称之为末技，称之为玩物丧志，不但把社会上可能的技术进步遏制了，而且自己和自然之间立下了一道鸿沟。于是文艺代替了工艺。文艺是象征标记的玩弄。工艺本来也不能完全不求助于象征标记，算术和科学是从工艺里发生出来的，但是这里的象征标记最后要在自然现象里实证的，只是手段性的；文艺里的象征标记却不须实证，它们可以直接给人感情和思维上的满足。对自然本身缺乏实用性的兴趣，使实证的科学，甚至写实的艺术，都无从发达。中国传统以地主阶层为基础的思想和学术，很深刻地表现着这种特性。

厌恶及贱视和具体事物的直接接触和运用，使这种人对自然现象缺乏感情上的爱好。中国的文人特别不惯用手去抚弄物件，高贵的姿态是把双手放在袖子里。从小好奇心就被限于在冥想里得到满足，孩子们可以和玩具绝缘，更谈不到自由地制造和破坏，连沙泥都不准染指的。这一套教育和整个成人的生活方式相衔接，相配合。技巧不入上流。

这种人所关心的是社会身份，在人家眼睛里的贬褒，俗称面子。在衣着上要和非运用双手不能谋生的平民划出区别。尽管穷，长衫是不进当铺的。身后要跟着侍从，使唤人，一方表示是役人的身份，一方可以避免和自然多接触，用象征标记来驱使环境，获得满足。传统对于享受的定义显然和西洋的概念差别很大，西洋的所谓享受是以能使用的物资的多少来衡量，而中国传统却以使唤的人数作标准。

这一套和工业组织所需要的精神真是格格不相入。工业基础是技术，是双手接触自然，是在支配自然里求表现和得到满足。我曾有机会在战时后方的一个规模相当大的工厂里去住过，员工人事的磨擦最大的起因，并不是绝对的待遇上的不平均，而是相关于身份的荣辱。实际上收入比职员为高的工人不安于自己的地位，宁愿做职员，坐办公厅，使唤人，胸前别一个徽章。这并非是工人们不谙计算，而是员工之间身份的划分太明显，态度上充满着歧视。这里利用现代机器的还是那传统的社会结构。一个工人对职员"没有礼貌"可以构成被开除的理由。一个毫没有工厂经验的留学生或是大学毕业生可以得到工程师或随习工程师的位子，他们决不会去做工头，不会住在工人宿舍里，不会在工人食堂里吃饭；而一个没有进过高等学校但富有经验和才干的工人，也极难得到负设计、管理责任的地位。这种分化，尤其在国营工厂里是如此，被称为"资格"的鸿沟，反映出中国的传统社会结构的素质，我想，这也是阻碍着中国工业现代化的一个不太使人自觉，实际上却极致命的势力。

我在这里所提到的不过是这病症的一个症候，其他类似症候还多，但已足以使我们看到背负着这一套生活方式的地主阶层的子弟们即使有机会去向工业里谋出路，他们的习惯，包括手和脑，是否能适合于这路上的工作，实在很成问题，何况大部分的人还没有在这路上去谋发展呢？最能吸收这种人的职业是所谓"公教"，"公教人员"现在已成了个十分熟悉的名词，甚至很多从事工业的人，因为国营工厂的发达，也可以包括在这名词之中。这个新名词在旧词汇里就是"衙门"里的人物。衙门本是传统地主阶层，也称士大夫的出入之所。与其说中国的新事业改变了传统，不如说它们被传统所同化，成了装旧酒的新瓶子罢了。

我在上一篇乡土复员论里曾说起为地主阶层打算得及早放弃土地另谋经济基础，在本文里我想指出的是该放弃的不只是有形的特权，而且必须把从这特权里所养成的那一套生活方式，包括志趣和态度，一起连根抛弃。这是一个时代所给的考验。

当我发表了上一篇乡土复员论之后，曾接到若干来信，其中有一位质问我是否想以资本特权来代替土地特权，想转移阵地，放弃农业夺取工业。更问我是否想为地主阶层做谋臣策士。我觉得这些质问的确很中要点，我承认自己虽已属"没落的地主"或已抛弃了地主身份的人，但确自觉有为这个进退两难，前后夹攻下的阶层，考虑他们的前途的责任。这阶层在现在还是存在着，是一个事实。它是个历史的产物，在时代的巨变中进退维谷。我并不想在维持地主阶层特权的前提下作打算，而是想怎样为这阶层里的人求一条合理的出路：怎样才能使他们可以放弃这事实上既不易又不值得维持的特权。

我也曾想过所谓"转移阵地"的说法；详细一些说，就是由政府发行土地公债，使地主在获得报酬之下把土地脱手给农民，把地租改为利息，再把他们的资本投入工业。这办法对于地主是有利的，真是所谓"以资本特权代替土地特权"。但是这种办法还是解决不了基本问题。且把农民能否担负债务的利息的问题搁开，从地主本身说，如果他们维持特权的身份和附着于特权的那一套生活方式，他们并不能在工业中开拓出一个新的基础来。地主阶层如果不自己去经营工业，找什么对象去继续他们的寄生生活呢？对于这些问题的考虑，使我写下这第二篇乡土复员论。我在这里可以回答那位朋友的是：我确是认为只有"放弃农业，开拓（不是夺取）工业"才是现有地主阶层应当采取的道路，但是同时他们必须放弃特权，把他们这阶层的性质由寄生而变成服务。

现代工业技术的下乡

提高农民生活程度的道路

普通一个农家的收入有下列几个来源：（一）农田上的主要作物，（二）辅助作物，（三）家禽家畜，（四）贩运，（五）出卖劳力，（六）乡土工业。他的支出大体可以分为下列几个项目：（一）衣、食、住、行、娱乐、宗教、医药等日常生活的维持费，（二）婚丧等生命关节上的费用，（三）保卫、社戏等社区公益费用，（四）捐税，（五）地租，（六）灾祸、劫掠、敲诈、瘟疫等意外的打击。

想提高农民的生活程度，主要的是增加支出中的第一项。增加的方法不外提高收入和减少其他项目上的支出。最理想的是收入中项项都能提高，其他支出项项都能节省。但事实上并不能如此，于是不能不有所偏重。在收入上，我们得看哪一项最容易见效，而且最有希望，限制比较最小；在支出上，我们得看哪一项最应当减少。所谓"应当"是指以农民健全生活为标准。

我在讨论土地问题时曾提到地主阶层应放弃特权，是从农民支出方面着想的，地租在经常的支出中所占成分很高，要提高农民生活程度（即使要达到不饥不寒的小康水准），决不能继续像过去和现在一般把这样重的一块磐石系在农民颈上。这就是"耕者有其田"。我这样说并没有忽视支出的其他项目。和地租同样在压迫农民生活的，有时甚至更压得紧的，是最后一项。这一项应当包括各种非法的摊派，供给过境的军队的消耗，以及各种强拉的工役。如果把这些划到第四项，则捐税也就成了亟该减轻的项目了。这些是比改革土地制度更紧急的，但是因为这是不易发生异议的，所以我也没有特别提出来讨论。

农民担负的减轻是乡土复员的前提，但是单从这方面下手，我们可能提高农民的生活程度还是很有限的。所以我曾偏重到收入方面去讨论这问题。这种偏重并非认为减轻支出的那一方面可以缓办（若干批评我的朋友在这点上有误会我原意的），而是认为我们应当做得比这些更多一点。更应该多的那一点是我所提到的乡土工业。

我对于乡土工业的意见，又曾引起许多批评，因之我想在这里再谈一谈。我们如果看一下我所列下的农民收入来源，从收入数量上说，（一）、（六）两项比较最重要。在比较繁荣的乡村中第六项的收入甚至可以和其他项目的总数相等。也正是这一项在过去几十年中跌落得最凶，这个事实我想很少人能否认。于是我提出了一个问题：在这许多可能得到收入的项目中，如果我们想设法增加的话，最可能入手的是哪一项？

在设法回答这问题时，我曾请教过农业专家，如果我们利用一切科学所给我们的知识，像选种、除虫、加肥等等，土地生产能增加多少？有的认为不过20%，最高的估计可能到100%。即使做到加倍的程度，可以增加的限度还是很低。当然这是在作物不改变的前提下所作的估计。董时进先生曾指出过：如果要在农业本身去谋农民经济的改善，直接从改良作物入手不如从改种经济作物入手为有希望。经济作物是指值钱的作物，也是指作工业原料的作物，好像油桐、桑麻等。

我所想的，其实不过是再推进一步：如果农民把经济作物的收获直接当原料卖出去，不如在可能范围里自己加工，甚至制造成了把成品出卖，在收入上讲应当更上算。这就是把农业联上了工业了。这其实也就是我们传统乡土经济的方式，在和西洋现代工业势力接触之前，我们乡村中本来是有相当发达的工业的。我也认为乡土工业是形成中国小农经济的一个重要因素。我这种分析使若干读者认为我主张退回闭关时代的经济形态，于是各种"梦呓"、"幻想"等名字加到了我的身上，而忽略了我一再着重的"乡土工业变质"的主张。在这些读者看来，乡土工业必然是落后的，是手工的，是封建的，是小商品生产的。其实在动力、技术、社会关系（生产者和原料及生产工具的关系）、经济组织各方面都是可以变的，而我要提出来讨论的正是乡土工业的内容应当怎样安排，谁知道这些问题竟会这样容易的在几个时髦的名字之下被罩住了？

为了农业的收入着想

在进入乡土工业内容的讨论前，还有几个先决问题得说一下。首先是我们何必维持这种农工混合的乡村社区？在这种社区里，工业的现代化会受到限制，为了工业着想，这种方式是要不得的。关于分散在乡村里的工业在现代技术的应用上有它的限制，这一点我充分同意，下面还要提到。我的出发点却并不是"为了工业着想"，而是"为了这三万万几千万的农民着想"。为农民着想，工业如果离开了乡村，试问他们从哪条路上去提高他们的收入呢？主张工业集中在都市里的朋友们曾答复这问题："他们可以离开乡村进城来当工人。"这句话是不错的，假如都市工业能很快地把乡村人口吸收到都市里去，使留在乡村里的农民能得到完全靠土地生产来维持生活的农场，这问题自然简单了。我们且不必希望每个农家能像美国那样有四五百英亩的农场，只求增加一倍土地，每家有10英亩的土地，都市就得收容近2万万的人口。如果能这样，中国将是世界上空前的都市化的国家了。我们的资本、资源、人才各方面全够不上这条件（吴景超先生在他的《工业化过程中的资本与人口》一文中曾分析过这些条件）。于是主张都市工业的人不能不附加一个降低人口的条件了，俾佛利支先生的乌托邦里中国只该有3000万人，不到现有人口的1/10。说我提倡乡土工业是梦呓和幻想的朋友，不知道曾否考虑到大规模工业化有多少可能？

我个人也是主张减少人口的，但是我认为在事实上中国能维持现在这数目不再增加已经不是件易事。所以在我们为中国经济前途打算时,最好承认这庞大人口的事实,那也就是说,中国农场扩大的可能很小;至少还有很长的时间,我们不易脱离小农经济的基础。于是我们的问题并不是都市工业效率高呢还是乡土工业效率高?而是我们求工业的充分现代化而让80%的农民收入减少,生活程度降低呢还是求农民多一点收入,而让工业在技术上受一点限制?我的选择是后面这半句。有朋友为我"惋惜",但是叫我怎样使人家不"惋惜"呢?中国的经济条件拉着我,插不起翅膀飞向"前进",如果这是落后,落后的不是我的选择(谁不想一转眼中国就有美国那样多的工厂),而是我们这个古老的国家,这片这样多人耕种得这样久的古老的土地。承认限制是自由的开始,我们还得靠这片土地一步步求解放我们经济的束缚的方法,第一步就是在小农经济的基础上谋农民收入的增加。

如果都市和乡村隔得开,都市能孤立地发展它的现代工业,主张都市工业的朋友们尽可不必考虑我这种被称为"迷恋于过去"的论调。困难的是如果乡村不能繁荣,农民收入不能增加,都市工业尽管现代化得和西洋媲美,工厂里出产的货品试问向哪里去销售?工厂不是展览会,不是博物馆,没有市场就得关门。让我再问:除了给农民工业,有什么方法能有效地增加他们的收入?一个即使能做到不饥不寒的乡村,还是很少有余力来胃纳强大生产力的都市货物的。

乡土工业这个名字,我知道是不够漂亮,不够生动的,但是在这乡土中国,漂亮和生动常等于奢侈:让我冒着"落伍"的指责,再回到乡土工业上来说说罢。

电和内燃机使现代工业分散成为可能

我所谓乡土工业包括下列几个要素:(一)一个农家可以不必放弃他们的农业而参加工业,(二)所以地点是分散在乡村里或乡村附近,(三)这种工业的所有权是属于参加这工业的农民的,所以应当是合作性质的,(四)这种工业的原料主要是由农民自己可以供给的,(五)最主要的是这工业所得到的收益是能最广地分配给农民。

根据我这样的说明,就可以知道我并不主张:(一)一切工业都分散到乡村中去,(二)一定利用手工生产,(三)全在农家家庭里经营,(四)商品由各家分别出售。把这几个误会挖走后,我可进而讨论动力、技术、规模、组织等问题了。

传统的乡土工业是手工生产的,因为在传统经济中没有其他可以分散的重要动力。当工业革命开始的时候,主要的发明是蒸汽动力。用蒸汽来做生产动力,机器的位置给规定了集中在一地的形式。蒸汽所推动的引擎(发动机)和制造机之间必须有一根皮条连着,所以这两种机器愈靠得近愈经济。因之早年的工厂形式是许多制造机中间拥着一个锅炉,锅炉上是一个烟囱,正像一个火车头拖着一大串车箱,节节连住,不能脱链的。烟囱也象征了工业。货物的运输靠火车，火车有一定的站，不能零零星星地把货物运送到分散的栈房里，货物的散集必须有个中心。这样立下了现代集中式工业都市的形态，那是蒸汽动力的产物。

电力的应用把工业的区位改变了，这时代象征工业的不再是烟囱，而是蛛网形的电线。19世纪的伦敦是个黑雾的都市，现在雾并没有改它的浓度，但是煤灰减少了，雾也白净得多了。电，这个使工业能分散的动力，把工业推进了一个新阶段。美国靠了TVA这类水电工程，使工业深入了南部落后的区域。那是因为电超越了区位的限制，发电机和制造机之间无需有一定的距离。

中国乡土工业的复兴必须以这种新动力作基础。有了这种动力，我们才能依每种制造过程的性质去安排工厂的规模和位置。

我是对扬子江水利工程计划抱有巨大希望的一个人。当抗战还在进行，萨凡奇先生冒险调查了这中国经济复兴的命脉回来，宣布这难于上青天的蜀道所能供给半个中国的电力时，我觉得我的乡土复员论有了物质的基础了。这工程计划听说现在已被搁置，"扬域安"这个名词也好像已经入睡，但是只要蜀道尚存，我相信总有一天，它会向广大的乡村输入复兴的血液。只要我们有一个为中国人民生活打算的政府，这金饭碗决不会长久埋在土里的。我诚恳地希望喜欢用幻想来塞人口的朋友们，不要用同样的方法来对付这类计划，和从这计划所允许给中国人民的幸福。

内燃机的发明和在运输上的应用，卡车和公路的发达，更使货物的散集不必集中在少数据点。电话和航邮又使经营上的往来减少了密集的需要。这种种技术上的进步，使分散工业不成为幻想了。为了避免空军的袭击，英国的战时工业就尽量利用这分散原则，在工党执政之下，更注重工业落后区的复兴政策。军事的立体化促进了工业的分散化。这是当前工业区位组织变化的趋势，我想"落伍"两字在这里似乎不太能应用，除非把历史倒看。

一段历史的教训

技术的改变，不但会影响工业的区位，而且会改变工业组织的结构和财富的分配方式。新技术常会成为少数人的特有机会，造下社会新的分化形态。最近曾和吴晗先生讨论这个问题，他告诉我一段中国历史上关于水碾的故事。碾是除去谷类外皮和把谷粒碾成粉屑的过程，在农业中是一种极基本的工作。传统的技术大多用人力和畜力，但在公元3世纪中叶，司马昭当权时，已有人发明了利用水力来碾谷类的技术。这在中国经济史中是极重要的，因为传统的生产技术中，惟一被利用的无生能力就是水力。用水力代替人力，据当时估计，可以有百倍的利益。唐代高力士所有的水碾，"并转五轮，日破麦三百斛"，规模已经相当大。如果从那时起，这种技术能普遍推广，加以改进，到1600多年后的今天，中国乡村里应当可以有相当发达的利用水力的工业了。

但是事实上却不然。

水碓规模大，建造时需要资本；水道不是私家的，利用水力需要权力；利益大，引诱人，争得凶，需要不怕势力的地位——这是说普通农家是没有份了。这个重要的发明，一起首就被豪门巨室所专有了。他们有钱可以投资，有势力可以占用沟渠，甚至妨碍灌溉，大发其财。《晋书·王戎传》曾说这位豪门的"水碓周遍天下"。这新的技术一方面引起了和农家水利的需要的冲突，另一方面引起了权贵间的争夺。这种专以谋利为目的的新工业，并不能和农业的需要相配合。许多本来作灌溉之用的沟渠被豪门的水碓所截袭和改道，以致影响农产。单以公元764年在长安城北白渠上拆除了的砲碓70余所说，就增加了粳稻岁收300万石（《唐会要》）。权贵中间的争夺火并，更有很多记载，从唐开始，我们看到政府一再下令拆除水碓，宋金皆著为禁令。这个新技术也就逐渐衰落，至少也不能好好利用来为人民服务了。到现在内地农村中大多数农家还是用着最简单的杵臼在舂米。我住在云南呈贡时一进南门街上就有一个石臼，时常看见有人在舂，象征着几千年中国技术的没有进步。我听了水碓这一段历史，更使我警惕，一个技术如果不能配合在人民的需要里，作为提高人民生活水准之用，被冻结还算是幸事。

我追述这段历史并不是想对现在正在采用的新动力作预言，说它也会有被冻结的一天，但是想指出如果新动力所开放出来的经济机会不分散到大多数人手上去，一样会引成豪门的独占，一样会在人民生活上引起恶果。利用新动力和新技术的人数愈多也愈能保证它不会危害社会，而得到正当的利用。这是我主张我们不应当走上西洋资本主义的路上去发展我们新工业的理由。

若干在原则上，同情我的朋友觉得怀疑的是我所主张的乡土工业因为规模小，不能大量生产，成本高，不能和西洋大工业的出品竞争，所以尽管用意很好，恐怕不太切实。关于这些问题我将在下篇里提出来从长讨论。

分散在乡村里的小型工厂

我在上篇说明了因为电力和内燃机的应用使现代工业已有分散的可能,但是这只是指一部分工业而言的,主要的是轻工业,日用品的制造工业,以及作为工业原料的农产物的加工。我所希望在乡村里发展的就是这一类工业。有朋友曾向我指出技术上的可能并不就等于经济上的值得。因为电力只解决了动力问题,内燃机只解决了运输问题,而大规模生产的利益却在分工的细密,屑物的利用,专家的雇用,管理的合理,以及利用复杂的机器,有能力作试验性的改良。这些在小规模的乡土工业中是做不到的,因之乡土工业是不经济的,不经济的事业是站不稳的。本文想就这个问题申论一下。

乡土工业的规模

批评我的朋友们心目中以为乡土工业必然是在家庭里经营的,而且和乡土工业对照的却是福特汽车工厂一类的现代工业,于是觉得把现代工业分散下乡是一件不可思议的事了。乡土工业固然也可以包括家庭工业，但是并不限于家庭工业。如果我们能利用了新的动力，乡土工业的规模也就富于伸缩性了。传统乡土工业规模之所以不能扩大，还是因为受了动力的限制。在利用有生动力（人力和畜力）来生产的手工业中，机械的应用也受到限制。在一段制造过程中要有多人合作是极困难的，因之最普通的是一个人一个单位。几个布机挤在一间房里不过是为了热闹或是为了房子不够用，从技术或经济上说是无此需要的。这也是家庭工业的技术基础。在若干手工业里也有把全部制造过程分成若干段落来完成的，纺织工业里纺和织时常分开，在织的一段里也可以把经线工作划出来。这些段落并没有必须在一个地点，甚至不必在太接近的地点经营。譬如现在云南织布中心的玉溪，纱是向昆明纺纱厂购买，经线的工作是在玉溪县城里，然后发到农家去织。有些手工业却不能这样，譬如云南易门的土纸业，舀纸和炕纸是分工的（舀纸是用帘子从纸浆里舀成纸模，然后在炕上烘干，就是炕纸），但纸模不能存放太久，所以这两部工作，虽各有专工，却得靠近在一起，形成小规模的作坊工业。

在现代工业里，用了无生动力（蒸汽力，电力等）使制造过程可以分得很细，各节制造工作间的关系也因之更密切，所以必须在一起工作的人数增加了。但是这并不是说人愈多工作效率也愈高，每种工业依它的技术的需要而决定它制造单位的规模。制造单位并不一定等于经营单位。经营单位是工厂；在一个工厂里可以有若干制造单位。这些单位可以在一墙之内，但也可以分在各地。抗战时后方的大工厂常有把各个制造单位分得很远的。

制造单位的规模是以技术来决定的。譬如在制丝工业里，缫丝的蚕茧必须在一定温度里煮过，煮茧的设备和缫丝机必须靠近在一起，而一个煮茧机里所煮的茧量却可以供若干缫丝机之用，所以一个最小的制丝单位，在现有技术下，必须包括若干缫丝机。这说明了一定的技术有一定的规模，小了会不经济。但也不是可以无限扩大的。

在重工业里大规模的制造单位是技术上所必须的，但是在很多的轻工业中制造单位一向并不很大。1928年上海1498个工厂里有1071个（占全数71%）是在90个工人之下的；有312个（占全数20%）是在30个工人之下的。这可以说明在上海一样的都市中也并不像一般人所想象的全是福特汽车厂这样的大工业。那些90个工人之下的小型工厂假如有电力可以利用，全可建立在乡村里。如果这1000多个小型工厂分散到了乡村里，我相信比了集中在上海，对于乡村人民经济上的帮助一定可以更可观。

手工和机器的配合

有些朋友把手工业和机器工业视作相对立的，因之认为乡土工业必然是手工业，因之也必然没有前途。事实上即是在高度机械化的制造工业里，手艺还是有重要的地位，在普通的轻工业中手工的成分也常占很大的部分。在都市里的工厂很多用手工来做的部分也包括在厂内，所雇用的工人因之也显得多了。在乡土工业里这些手工的部分尽可保留在家庭里，而把需要机器的部分集中在小型工厂里。手工和机器正不妨配合起来，韩德章先生在《战时农村工业的新动向》中曾说：

> 以制糖而论，旧法榨糖，蔗汁混入杂质颇多。煮糖之际，一部分蔗糖经高温而转化，以致减少结晶糖的出量，且旧法制造白糖，只凭重力滤去糖蜜，耗费时日，仍难获纯净的产品。倘使改用机器榨蔗，用压滤机除去杂质，用真空釜浓缩蔗汁，用离心力分蜜机去除糖蜜，则上述诸困难迎刃而解。这样新式作业一样可以用小规模的设备在农村生产。战前浙江金华蔗糖合作社的联合社，曾建议筹设小规模机器制糖工厂，其全副机器设备，均可采用国产，且代价不过数千元，轻而易举。同时这种小规模的机器制糖设备还有一种长处，就是每种工具均能单独使用，可以随时同手工作业配合。如自土榨榨得蔗汁，亦可以用真空釜浓缩，人工煮制的带蜜糖，亦可用离心力分蜜机去除糖蜜。人工不足的作业，可用机器代替，节余的人工，仍可从事其他不必需机器的工作，因此在这样的糖厂里，可以用小规模的设备，完成大规模的作业，可称一举两得。战时农村手工业的局部利用机器，已有显著的效果，如四川铜梁实验制纸

工厂，采用机器打浆，手工抄纸，成绩斐然可观。因为在制纸工程中，用手工打浆，人工最费，而机器抄纸设备最昂。今以机器打浆，手工抄纸，则截长补短，恰到好处。由此类推，烧瓷程序中之舂泥部分，织帆布或麻袋程序中之打麻部分，亦可以设法利用机器，而以手工完成其余不费人力的部分。

韩先生更列举"如制造油漆、油墨、洋烛、假漆、滑润油、漆布、肥皂所需之植物油料，制炼精糖所需之土糖，制酒精所需之糖蜜（制土糖之副产），制调味粉所需之面筋，制蚊香所需之除虫菊粉等等，都可以用农村手工业的方式先行农产加工，再供新式工业原料之用"。而且"反过来看，在农村里织布、织袜、织毛线衣，以及制造熟皮器、漆器、金属器、抽纱、挑花、丝绣、毛毯、地毡、人造果汁、混成酒等等，都是以新式工业所生产的半制造品为原料，施以加工，而制成可供直接消费的制造品。可知若干农村工业借着新式工业的树立而存在。如能利用二者之特性，取得密切的联系，平衡发展，则吾国工业化的推动，必能加速"。

这是说在都市中本来挤在一厂内的手工和机器的两部分在机器工业却可以分散，机器部分集中在小型工厂里，手工部分则仍留在农家，这可以说是工厂的社区化，整个乡村可说是一个工厂，小型工厂是个核心，核心的规模可以技术的需要而规定。如果我们立一个笼统的标准，说在 90 个工人之下的规模可以普遍适合乡土环境，我们相信有很多的轻工业可以这样地吸收在乡土工业里去了。

在制造过程上,机器加工的一部分在必要时甚至可以移出乡村,成立为农家生产的原料及已经加过工的半制造品精制的服务工厂,关于这一点在讨论乡土工业的组织里还可提到,暂时搁开。

乡土工业中的成本问题

这些小型工厂在技术上说是可以建立在都市里也可以建立在乡村里,从经济上说各有各的弱点和优点。在都市里的优点是大家看得到的,主要是在经营上的便利,而且靠近运输中心,在原料及配料的获取上也比较方便。这些乡土工业可能比不上都市工业,但是这些弱点是可以克服的,那也入于我在下面将提到的组织问题的范围。乡土工业在经济上的优点却有都市工业所不易得到的。最主要的在我看来,是乡村工业中工资较低。维持同样的生活程度,乡村中所需的费用较都市里便宜。粮食和房租,也就是生活最基本的吃和住,在乡间价格较低。因之同样的劳力,在都市里的成本高。

从生活程度说,乡间也比都市低,因之乡间居民维持生活的费用也低。我这样说是就提高生活程度的过程中而说的。我们最终的目的固然在拉平城乡生活程度,但在这过程中,乡间居民还得利用他们较低的生活要求去培植他们的生产机会（在讨论乡土工业的资本问题时还要提到这一层意思）。还有一层我们得考虑到的，就是最尖锐的竞争将在输入的工业品和乡土工业产品之间。在这竞争中，在技术、组织、经营各方面，乡土工业，至少在初期，必处于劣势，所以可能设法减低成本的主要因素将在工资一项。日本工业的所以能和西洋工业相竞争也就靠这一点。

我知道这里又会引起一种误会，说我在主张日本式剥削劳工的制度了，所以我立刻要说明，我这里讲以便宜劳力来减少生产成本并不指资本主义工业组织中的剥削方式，而是在劳动者自有或公有生产工具的组织中出现的方式。让我再申说一下：因为乡村劳动力便宜，所以在传统的较发达的乡土工业中曾发生剥削性的方式。譬如云南玉溪的织布业：乡民向布庄领取原料织成布匹后交回布庄，所得的工资，经我们的计算，竟低于劳动者个人所需的食粮。布庄把成本较都市出品为低的布匹出卖，得到很多的赢余。这是剥削方式。我在下面所要说明的乡土工业组织，将指出这种中间层的剥削是阻碍乡土工业的主要因素。如果把现有布庄的赢余分配给织布者，劳动者所得的收入可以增加很多。在这里我还要进一步说的，如果我们做到了这一步，乡土工业里的劳工还是不能希望能赶上在西洋劳工的收入水准，那是因为我们的技术、组织、经营方式一时决难赶得上他们。这就是说，剥削的中间商人取消了，我们还得要在较低的生活程度去和西洋工业相竞争才有希望。这就是我在《黎民不饥不寒的小康水准》一文中所说："在已经成熟的西洋侵略性的工业经济的滩头，要确立我们民族工业的阵地，在策略上大概不能避免走上复兴乡土性工业的路子"的原意。

有人可以说以便宜劳力来和西洋成熟的工业相竞争并不一定要把工业建立在乡村里。这是对的，我只想说在乡土工业中最易发挥这条件的效力罢了。我刚刚提到玉溪织布业的情形就不易发生在都市里（虽则双方都实行着剥削制度），因为在都市里工业至少要能供养工人们最低限度的生活，饭都吃不饱，工作也无法进行；在乡间，一个兼营农工的家庭，各项的收入是统筹的。我们曾问过那些织布的媳妇们，工资既然这样低，为什么还要做呢？她们的回答："反正空闲着，织织布也可以贴补贴补。"一方面这是说生产机会的狭小，使她们没有其他选择，另一方面是说在这情形下，农业正在津贴工业。我们要分析乡土经济必须从农家的单位出发，各种生产事业配合了维持这家的生存，因之使农工双方都富于伸缩性。同时也因为这种配合，农家转业的速率也低，除非破坏了这家庭结构。

如果我们民族工业的建立必然要经过一段艰难的过程，这艰难的过程中不允许担负很高的工资的话，乡土工业是最能适应这过程中的条件的。当然，我决不是说我们只从工资一项去抵拒输入工业，那是太惨了（虽则现在的情形确是这样），其他方面同时得努力，譬如国家的保护政策，包括关税和津贴；而且我们还得在技术、组织和经营上努力设法，使这艰难的过程缩短。这是下篇所要讨论的问题。

乡土工业的新形式

技术的改进是提高生产力所必须的条件，一个社会的生活程度最后也决定在生产力，但是单就技术上求改进却并不一定能提高社会上大多数人民的生活程度，因为这里还包含着一个分配的问题，那就是，从新技术中所增加的生产结果不一定能分给社会上大多数人民的。我在上面曾举出一个我们自己历史上利用水力的故事来说明新技术一旦被少数人所独占了，对于普通人民所引起的危害。这种例子其实不必在很古的历史里去寻找，我们眼前所见到的经济情况，尽够我们体悉这句话的正确性了。

在一个充分利用体力劳动的经济里，引入一种新的动力，必然会有许多出卖劳力的人失去出卖劳力的机会。这些人如果分得到新动力，或是可以得到其他不必再靠劳力（指以体力作生产动力）去谋生的工作机会，我们可以说对他们是一种解放。没有人应当主张维持体力劳动的经济，对于新技术自没有反对的理由，但是我们决不能忽视，新技术如果没有新的社会组织（尤其是分配方式）相配合，也极可能引起对人民生活上有害的结果。问题不是在新技术应否采用，而在怎样可以对人民有利的应用这些新的技术。在封建性或官僚性的社会中引入新技术就很难避免水碾故事的重演。新技术所带来的生产结果怎样能最有效地分到人民大众的手上是提倡新技术的人有责任推求的问题。所以我在上篇中说明乡土工业的性质时曾在第五点里强调说："最主要的是这工业所得到的收益是能最广地分配给农民"，在这里可以加一句：因为中国最大多数的人民是农民。

我并不愿意说主张在都市里发展大工业的朋友们一定代表少数可以独占新工业的特殊阶层的利益，所以忽略了我上述的原则。他们在发展都市大工业计划中也可以设计出一个方案来，使新工业的生产结果有一部分回到大多数中国人民所住的乡村里去的。譬如英国现在所实行的农产品津贴制度，以及由国库担负乡村住宅及其他公益事业的改良计划，另一方面厉行累积所得税，把工业里得来的生产结果灌入经济落后的乡村。那是个大循环的迂回路线，在原则上是极值得我们注意的，但是要在中国实行这种政策则还缺乏若干必须的条件。即以英国说这些也只是最近几年来社会主义的工党政府所做的事，到现在还常被保守党所反对。工党能这样做，一方面是逼于时势，亟求粮食增产；另一方面是他们的工业发达，农村人口稀少，以多济少，有此能力。中国即使有个社会主义的政府，想采取这种迂回政策，脆弱和幼稚的工业是无力担负这巨额的乡村建设费用的，而且在都市工业发达过程中，至少在初期，所不能避免的乡村失业现象，已使乡村经济枯涸和社会骚扰到超过于可以救济的范围。所以我认为我们的情势并不合于采取这迂回的路线，而应当实行更广泛和更直接的方策,那就是我在这里提出的复兴和改良乡土工业。

怎样可以使乡土工业成为增进农家收入的生产事业呢?单在技术上求改良是不够的,所以我在本文将进而讨论组织问题。

传统乡土工业的两种形式

在中国传统经济中虽有乡土工业,但是这种工业不但技术落后,而且在组织上更为原始。技术的停顿有一部分的原因就在组织的不良。让我先在这方面分析一下。

中国传统工业大体上可以分成三种性质:(一)皇家的独占工业,(二)民间的作坊工业,(三)家庭工业。举凡盐铁、军备,以及宫廷用品大部分是由官方所独占的(在此不必深论),民间可以经营的偏于日用品的制造,分别在作坊和家庭中经营;家庭工业和作坊工业是传统乡土工业的两种形式。我们在云南乡村中曾研究过这两种形式的性质,张之毅先生写过一个报告:《易村手工业》,我在这里不妨简略一述。

家庭工业,从经济功能上看去,可以说是"在农闲基础上用来解决生计困难的工业"。一个农家在从事农业之余(农业所需劳力是季候性的,平均不过100多天)利用自有的或购入的原料,制造日用品,个别到市集上去兜售。这种农夫家并没有大量资本,所以常是随制随卖,在有市集的区域里,经常的兼做运输和商人的任务。譬如易村的篾器,好像竹篮、畚箕、篾箱等等,就是以本村所产的竹料,各家各自制造了各自出售的。这是最原始的乡土工业组织。进一步有商贩到村子里来收购,然后运到别的地方在市集或商店里出售。商贩可以预先和生产者约定,先付若干定费,使生产者可以购买原料。更进是商贩供给原料,像我在上面所提到的玉溪布业。玉溪的布业里还有两种方式:通常是农家用织好的布到布庄去换纱,换得的纱再织了布去换纱,每次可以多余一些,就是工资,没有资本的农家也可以赊欠原料。后来有个大布庄为了要提高品质,制造了新布机借给农家,并且把经线的工作集中在镇里,农家妇工只供给劳力,领取按件以货币计算的工资。家庭工业发达到这布庄散集制的程度,生产者已成了和生产工具、原料、资本脱离了的出卖劳力的工人了。

家庭工业的基础是农业里的剩余劳力,乡村的作坊工业却不然,它的基础是农业里累积下来的资本。因为土地权分配的不平均,一辈拥有较大农场的人家,还是能累积资金,这笔资金如果不窖藏,在乡村中有三个利用的方法:(一)高利贷,(二)投资工业,(三)收买土地。第一项利息最高,第二项次之,第三项最少。依易村的材料说高利贷是八分四,造纸工业是六分,地租是一分三。投资工业的吸引力相当高,于是发生了作坊工业。

作坊工业是指需要特殊设备,雇用技术工人的工业,好像造纸、榨油、碾米、烧窑等。特殊设备需要资本。以易村的土纸作坊为例,以民国二十八年市价计算,每个作坊固定资本要 2000 元,常年开支 1200 元,合目前 20 万倍生活指数计算要 6 亿 4000 万元。普通的农家自没有染指的希望了。这种作坊是由坊主经营的,但是在技术上则雇用工匠(也有由自家的子弟学习了技艺在自有的作坊中工作,最多是坊主的亲属)按件计算工资。出品在附近的市集中卖给商贩,也有商贩到村子里来收购。

这种作坊工业本来可以看做资本主义经济的起点,但是因为原料、运销的限制,企业不易扩大,在资本方面非但股份的方式不通行,而且沿用着农田的分割习惯,在继承过程中,甚至可以割裂经营单位。我们在易村就看见兄弟各自备原料,分期利用公有的纸坊。在经营上,更谈不到合理化的问题了。

作坊工业虽则在经营上并不考究经济原则,但是比了农田却利息高得多,于是有权势的人不会放松这好处。在没有法律保障的社会里,一切有利的事业不能和权势脱离关系的,豪夺强占,使平民望而却步。较大的作坊直接间接必须托庇在权势之下,成为官僚资本的领域。倚恃权势来维持的工业对竞争是免疫的,它不必在技术上求进步,经济上求合理,只要抓住独占的机会就好了。这种工业因之也不会发展的。工业里所得到的利益集中在少数人手里,对于一般平民是无分的。不但无分,这集中了的资本如果不能吸收在工业的再生产里,横流而入土地中,成为集中土地权的魔手。因之，在这类作坊工业附近的地区，佃户的百分比也比较高，坊主通过高利贷而成为地主。那是传统乡土经济中常见的现象。

家庭工业的合作组织

从上面的分析看去，如果在作坊工业的形式中去引入新技术，对于乡土经济不但无益，甚至可以有害，因为新技术将加速上述的土地集中过程，形成更悬殊的贫富鸿沟。如果想从家庭工业的形式中入手改良，组织散漫，制造单位太小，能做的工作极少。所以我们如果要复兴乡土工业，在组织上不能不运用新的形式。我在上篇所述乡土工业的要素中曾写下第三点："这种工业的所有权是属于参加这工业的农民的，所以应当是合作性质的。"

我在玉溪研究织布业的时候，曾看到家庭工业自身演化成富于剥削性的布庄散集制度，因而想到如果布庄的所有权隶属于生产者时，生产者被剥削的情形就可以取消，同时却解决了家庭工业在购备原料，整理原料和运销成品中分别经营的困难。这里我又记起了江苏太湖沿岸一带乡村中育蚕合作社的情形来。远在20年前，江苏省立女子蚕业学校为了推广现代的育蚕技术，曾在这地区成立那种合作社。由育蚕的农家自行组织合作社去接受蚕校推广部的指导。推广部把特制的蚕种批发给合作社，在村子里选定适当房屋，培育稚蚕，称"稚蚕公育"，指导员可以依科学方法处理室内的环境，保证稚蚕的康健发育。经过了一定时期，然后在指导下分发到各家去培育。结成了蚕茧，再集合烘干杀蛹，合作运销——在经营上和玉溪的布业有相同之点，不同的是生产者在生产过程中的地位和所得的利益。布庄散集制下，生产者成了工资劳动者，而在育蚕合作社中，生产者却是整个生产过程的主体，蚕校的推广部是一个服务机关。这一点不同在经济组织上却十分重要，因为合作社的方式保证了生产者获得全部利益的权利，取消了剥削成分。

我在以前几篇乡土复员论中屡次提到知识服务的意思其实就是从这个事例里发生的。我在过去的20年来一直有机会从旁观察女蚕校推广部的工作，更亲自看到这几百个在乡村里用她们知识服务人民，使中国丝业的基础能逐渐现代化的女青年努力的情形，印象极深，使我认为这是一个极正确的道路。她们一直没有得到应有的宣扬，不像其他乡村工作者那样话多于事；不但如此，这种为人民服务的事业，在过去和当前的环境中，摧残和阻碍是经常的遭遇。日本为了要破坏中国的丝业，对此更作系统的破坏。当我去暑回乡时重见到乡村里合作社的朋友们，听见他们诉说胜利之后所有的逆境，看到这一个乡土复员的试验，已临垂危，真使我痛心。但是我在乡民对这种已证明对他们有利的工作的信心里获得了我自己的信念，如果知识能用来服务人民，中国现代化是绝对有办法的。总有一天中国会有一个为民服务的政府，这政府还得走这道路。

数千年来没有受教育机会的农民和现代技术之间必须有一个桥梁,这桥梁不能被利用来谋少数人的利益,而必须是服务性的。技术专门学校可能是最适当的桥梁,在英美也有这种例子,我在访问威斯康星大学时曾看见他们怎样参加该省农业改良工作;牛津大学农业经济研究所所长曾告诉我,他们怎样设立乡村服务站供给当地农民的咨询和研究各地的改良方案。这种机构在中国更重要,因为中国乡村里的人民和现代知识太隔膜,在组织上还得有人帮他们确立能维护他们自己利益的社团。女蚕校20年来努力的成绩是值得每一个想为乡村服务的人用来自勉自励的。

服务工厂代替作坊

话说回来,在家庭工业基础上去建立合作机构,只限于育蚕、织布业一题能在家内小单位里经营的工业。我们在分析传统乡土工业中已看见规模稍大的作坊已经脱离家庭的基础。在这种工业里我们怎样去推行合作原则呢?

女蚕校的推广部在改良制丝时也曾发生过这问题。如果育蚕的人家把蚕茧出卖,他们只能得到生丝工业中一部分的利益,可是最有利的一部分却在制造生丝。在传统方式中,乡民是自家用土法制丝,分别出售给丝商。各家分别制丝在技术上受限制,出品不易改良到现代标准。女蚕校推广部曾推广过改良土丝的机器,但是结果所生产的生丝并不能出口，因之价值不高。后来在吴江震泽开弦弓村创立了一个小型的合作丝厂。设备的资本由学校作保向银行借贷，原料由社员供给，出品直接售给出口商，利益分发给社员，丝厂里的工人来自社员家属，按日付予工资，不分红利。在组织原则上是以供给原料的生产者为主体，做到了工业利益分配得最广的原则。

这种村单位的小型工厂，设立在电力供给不到之处，技术上限制还是太大，虽则出品的品质提高了，经营上不能合理化，所以推广部又试验代缫制度。代缫丝厂依技术的需要设计它的规模，承接各地育蚕合作社的原料予以代缫。生丝出售后，扣除生产费用，把余款交付合作社。在战前这种代缫制度已经试验成功，但是几个工厂都给日本军队烧毁，有一处曾经几次有计划的破坏，因为依日本自己刊物上所述，他们十分明白这种工厂在中国经济复兴中的重要性。去暑女蚕校在万般艰难中，得到妇女指导委员会的支持，恢复了一个厂。这一个嫩苗在目前风雨飘摇中还能存在，实是一件值得珍惜的希望。

我在上篇里曾说乡土工业的规模是有伸缩性的，在技术的需要之下，可以在合作基础上成立服务工厂，把那一部分不宜分散在农家的集中到村单位的小型工厂里，再把不宜分散在村子里的，集中到中心村里为一个区域中的原料生产者服务。譬如，我们继续推广利用生丝原料的制造事业，好像织绸、织袜、织绢以及制造其他用丝的日用品，有很多又可回到农家或乡村里去，出品再集中了在运销合作社的机构中推广到消费者手里。

在我访问英国时曾见过他们全国消费合作总社的朋友，交谈之下，他甚至向我建议，中国这类生产合作社如果发达到一个程度，他们消费合作总社极愿意发生关系，直接沟通国际间的生产者和消费者，这话虽则现在说来还是太早，但是这种可能性是值得注意的。这是反国际独占的一个方案，我愿意留这一句话给将来有志于国际合作运动的人去实施。

这种合作性的乡土工业我相信在原则上大多数朋友一定能接受的，技术上的困难也是可以克服的，问题是资本哪里来？关于这个问题，却需要另篇加以讨论了。

自力更生的重建资本

我在《乡土工业的新形式》的结尾曾提到中国经济复兴的资本问题。这问题是极基本的，不论我们想建设哪一种性质的工业，都会碰到它。因为如果我们不能有效地，而且相当迅速地蓄聚资本，我们一切建设计划都是落空的。同时，在我们设想中国工业化的过程时，也得注意到，哪一种形式的工业最能达到这有效和迅速蓄积资本的目的。

资本从哪里来

我们先得承认一个不太令人愉快的事实，那就是中国是一个资本贫乏的国家，这也是说，如果我们想提高人民生活程度，想提高生产力，想改良生产技术，还得先创造一个先决条件，增加资本。所谓资本是指生产者所能利用生产工具的价值，我们说中国资本贫乏是很具体的，意思是每一个生产者平均能利用的生产工具价值很低。最近汪馥荪先生在《经济评论》发表了一篇《中国资本初步估计》，对于我们资本贫乏的情形分析得很清楚。据他的估计中国平均每人分得到的资本约值7英镑,和英国相比,相差50倍。单以就业人口说,平均每人资本约值47美金(约12英镑),和美国相比,相差几达100倍。汪先生曾打了一个简单的譬喻:"如果美国农人每人摊到一把镰刀,那么我们只好每100人共一把镰刀,如果中国农民每人也分到一把镰刀,美国一个农民当然不会要100把镰刀的。这就是为什么我们农人用镰刀而美国农人用百倍于镰刀的收割器。"

中国农民想用收割器,我们就得出钱来买,或是开工厂来制造。哪里来这笔资本呢?资本的来源不出下列若干方式:(一)抢劫,(二)人家赠送,(三)借贷,(四)自己省出来。抢劫固然不是正当办法,我提到这个办法因为国际间还没有共守的法律和道德时,一个国家为了急于要资本,历史上并不缺乏这类例子。早一些说,西班牙劫掠美洲,规模之大,相当惊人;英国有官许海盗专门路劫海上的商船。有历史家说,这是促进英国工业革命的一个要素。近一些说,德国的拆运征服区的机器,都属这一类的行为。我并不主张我们也去抢劫资本,所以不妨把这个可能性搁开。

在国际上大规模赠予资本是极少见的,为了军事需要供给物资,或是为了人道主义供给救济品固然有,但是纯粹为了经济发展而无偿供给资本的办法还是一种理想。近似的方式是借贷。在借贷的名义下可能事实上成为赠予的例子却是有的。此外还有一种方式是国际投资,别国人拿了钱办了工厂,后来被本国人收回来。譬如美国早年的资本是由英国输入的,第一次世界大战时,美国由债务国变成债权国,它把英国人手上的美国债券和股份收买了回来。这次战争中，印度对英国也发生类似的情形。国际投资固然可以使我们在短期中获得工业化发轫期所需的大量资本，而且可以希望从利用这资本的生产赢余去清偿此项债务。但是国际投资，不论是私人的或国家的，必然有政治性的条件，至少投资国家为了要维护它的利益，必然要求受资国家政治的安定，因之这个外来的经济力也必然会成为保守现状的力量。在政治上亟需变动，社会结构正在革命阶段中的国家，只能有政治借款而不易有建设性的经济借款。政治借款的结果可以使这国家丧失主权，实质上沦为殖民地。在中国工业化的过程中，我们固然盼望国际的协助，但是决不能把国际投资作为必须的条件。

所以归根到底，这笔资本还得由自己省出来，那就是说，得在我们现有生产品中划出一部分来，不加以消费，而去换取生产工具，节约消费去创造资本。

悲观和乐观的两种看法

靠自力更生去创造重建经济基础的资本这道路走得通么？这里发生了两种不同的看法。吴景超先生相当悲观地说："中国因为大多数的人都是贫穷的，所以储蓄的力量很低。根据中国农业实验所的报告，中国的农民，有一半以上是欠债的。这些人不但没有储蓄，而且每年的消费，还超过其收入。他们以借贷的方法来补偿收入的不足，因而使那些有储蓄的人，不能以其储蓄来投资，而是以其储蓄借与他人，满足消费上的需要。在这种情形之下，如要靠我们自己的储蓄，来满足工业化的需要，不知要等到何年何月了。"

吴先生的意思是说，中国以现在的生产技术所开发的资源还不够维持全部人口的最低生活水准，所以不易有储蓄。生活水准既已这样低，大部分人民还在饥寒线下，怎么能再挤得出资本来？因之吴先生认为如果要从减少消费中去求资本的形成，不能从每个人节约上想法，饥寒线之下讲节约是残酷的，而只有从减少消费者的数目上去想法。这是我对吴先生那篇文章的了解。

汪馥荪先生代表比较乐观的看法。他在上引一文中说："一个资本贫乏的国家，在它的资本蓄积初期，人民生活之必须压低，是不能避免的，这对于生活程度已经非常低下的人民，是一种极其痛苦的事。然而这并不一定不可能，人类承受痛苦的能力，往往超出人类自己的想象，尤其是这种忍受是在有一种光明的希望作支持的时候。"他接着以抗战时期后方的情形作为人类忍受能力的"有力的见证"。他说："我们在抗战期中，国家资本的损失，拿战前的币值表示，在战争的前6年就已经达到150万万元，差不多相当我们的全部资本的30%，整个战争期中资本的损失当不止此，可是我们后方的工业生产，在同一时期，期末较期初增加乃至六倍，尤其值得我们注意的，是拆开这个逐年累进的生产指数，我们发现资本物生产的上升率，比起其他个别产品，并不落后。这证明我们在生活水准日趋降低的环境里，依旧发挥蓄积资本的能力；这证明人类蓄积资本的能力，超出了人类本身的想象。"

汪先生既认为人类储蓄能力极大，在任何生活水准上都可以有储蓄，他对于人口问题的看法自然和吴先生不同了。中国的资本和土地都是贫乏的，不贫乏的是劳力，也是人口，我们累积资本的路径其势不能不指望这丰富的劳力了。换一句简单的话说，如果每个人都能有储蓄的话，人口愈多，资本积聚得也应当愈快了。

这样说来，悲观和乐观的两种看法的分歧点是在他们对于个人储蓄能力的估计不同。在我看来，储蓄能力是有伸缩性的，但是这伸缩性却系于很多社会条件，在一定条件之下却有它的限度。说中国人民绝难有储蓄未免过分，说在任何情形下都可以有储蓄也是过分。我们还得对这问题加以分析。

怎么会穷得没有资本的？

首先我们可以问的是中国农民是否所生产的只够他们维持现有生活的消费？吴先生所提到中国农民有一半以上是欠债的固然是事实，但是我们却不应忘记在农民所支出的项目下并不全是消费的。其中包含着地租、捐税和摊派。我并不知道一个在土地上从事生产的中国农民，他所消费的部分占全部支出的百分比。但是我们知道，据吴文晖先生的估计，贫雇农（平均每户 7 亩）占全部农民的 68%。这些农户或是全部或是部分的租佃经营，依一般估计全部靠卖工或租佃经营的约占全部农民的 30%，部分靠租佃经营的占 20%。所以有一半的农民在支出中有付出地租的一个项目，或承受极低的工资，实际上将大部生产结果贡献给了地主，另一方面有土地而不自耕种的地主们却拥有全部耕地的 26%，再加上雇工经营土地的富农的 27%，我们可以说近一半的耕地是由贫雇农去耕种的。这一大片土地的生产中至少有一半并不进入生产者的消费中。这样说我们可以有一个约略的估计，就是中国土地上至少有 1/4 的收获在地租项目及类似的剥削制度下脱离了生产者的掌握。结果使一半的农民不够靠所剩余的一部分来维持生活，不能不借贷过活。其实他们所借来的原本是他们劳动力所生产的，只是因为分配给了地主所以不能不说是借贷了。我并不知道究竟地租中有多少在借贷名义中重返农民手上作为消费之用。但是我们可以断定的是决不能是全部，所以我们也可以断定说，就目前而论中国农民并没有全部把他们所生产的消费掉，而是有一笔可观的剩余，这笔剩余在现在的土地制度中送入了地主手上。如果中国一半以上的农民已经在饥寒线下，这地位是人造的，并不完全是自然的结果。因之，我们可以相信，如果财富不外流，乡村中还有相当积聚资本的能力。

我在《黎民不饥不寒的小康水准》一文中曾给中国的乡土经济一个简单的素描。农民从土地里得来的收入决没有能力维持这样高的地租,这就是说,这一片土地并不能单独养活地主和佃户两重人物。以往地主能从佃户身上吸收这样高的地租是因为佃户们在耕种之外另有收入,收入的来源是传统的手工业。手工业崩溃,而地租不减,结果使佃户们无法生存,造成日见严重的土地问题。贫穷的深刻化是出于乡土生产力降低,而剥削加重(土地权外流,由地租项下输出增加,捐税摊派的日增不已)双方并行的结果。这种情形如果让它继续下去,自然谈不到资本累积的问题。所以资本的形成不能不从取消那种向乡土吸血的作用入手。我在本节里所要提出来的是如果乡土能保持它的财富,原来用来供养寄生性的地主阶层的一部分,减去从高利贷中重又借贷回乡的数目,有累积成资本的可能。中国之所以穷到资本都积聚不起来,其中一个重要的原因是有着一个寄生的阶层,每年要吸去乡土生产力的1/4。我很赞成吴景超先生减低消费者数目的说法,但是我们如果要从事减少消费者数目入手来解决中国经济问题,最先应当淘汰的自是消费最多,生产最少的分子,以以往及现有的情形说,就是这占人口1/10的地主阶层。

乡土还是我们复兴的基地

汪先生所说"人类承受痛苦的能力,往往超出人类自己的想象",自有他大体上的正确性,但是"人类自己的想象"

本是一句有伸缩性的话，所以很难从这里看到人类积聚资本的能力的限度。汪先生在他"有力的见证"里提到我们在抗战时代，后方曾在极艰苦的生活中，6年里增加了六倍左右的资本物。这自是值得骄傲的成绩。但是我们也不能把这成绩完全归功于人类承受痛苦的能力。我不知道汪先生曾否考虑到抗战时沿海资本的内移和国际的协助。如果后方没有机会承受初期从别处运入的资本，是否能有此成绩，还是值得怀疑的。这怀疑并不是想否定人类积聚资本的心理要素，也就是汪先生所说"尤其是这种忍受是在有一种光明的希望作支持的时候"。

汪先生用抗战时代我们中国人民所表现积聚资本的能力来说明心理因素的重要是极适合的。因为抗战是一个家喻户晓的生存争斗。每个人考虑到生和死，主人和奴隶的选择。在忍痛还是死亡的比较，个人受罪还是子子孙孙被奴属的比较中，一个普通人是不会有太多的犹豫。我们知道人类有"甚于生"的价值足以使人为此视死如归。但是这种局面是非常的，而且这种非常局面能维持得多久也值得考虑。每一个人固然都可以成为英雄，但是以英雄期望于每个人是不现实的。

在一个常态的、平时的、长期的现实里，我们要希望一个人能承受的痛苦必须有一限度，那就是生存和康健。生存和康健不但是事实的需要，也是一个社会应当做到的最低水准。我说这是事实的需要，因为生存和健康是维持生产劳动的必须条件。我说这是应当承认的水准，因为我认为除了自卫之外社会没有理由要求一个公民为了别人作没有报酬的牺牲他的康健和生存。

我这样说也就包含着我们今后经济复兴的根本纲领，那就是：保证每个人能得到不饥不寒的水准，同时也要保证在这水准上的剩余能储蓄起来有效地积聚和利用成为资本。这两个纲领其实是相成的。因为在饥寒的人民中累积的资本塔尖是不稳定的。除了在战时（不是内战），一个不足以维持不饥不寒的生活的生产者不但在体力上支持不住他的生产工作，而且在心理上找不到工作的意义。"光明的希望"不能是一句口号，更不能是一个骗局。"光明的希望"之所以有光明必须在希望者有兑现的信念。

一方面要维持不饥不寒的小康水准，一方面又要积聚资本，我们有此能力么？如果保持我们原有的分配方式，我想吴景超先生的悲观论是有根据的，真是"不知要等到哪年哪月了"。这里我要回到我的乡土复员论了。我在前面已提出乡土财富不应再任其外流的主张，地主放弃土地权，使经常在乡村里无偿输出至少值农产 1/4 的财富保留在乡村里。其中一部分补足他们本来要乞贷的数目，假定有一半的农民不能有剩余，我们还可以希望有 1/8 的农家收入可能在不饥不寒的水准之上储蓄成为资本。

汪先生曾规定一个较低的目标就是增加现有资本的一倍，约值 87 亿美元。以中国每人每年平均收入 3 英镑或 12 美元计算，4 亿农民中有 2 亿可以有 1/4 的剩余，需要 14 年，但是如果这资本每年能加以有效的利用，还可以复利计算，缩短到 10 年左右。这是极约略的估计，不过表示汪先生所谓"应该不太难筹"的实质棱角罢了。

如果我们接受这个估计，我们可以说，即在平时，没有战争的刺激，中国乡村里现有的生产力也有累积资本的能力，假如我们能使乡土财富不致无偿地外流。换一句话说，中国土地问题解决之后，我们的乡土还是一个创造复兴能力的基地。

但是问题还是在怎样能使乡土里生产者能在小康水准上把剩余节约下来作为生产的资本？这里我们还得讨论到心理的因素和社会的结构。关于这些，我将在下篇申论。

节约储蓄的保证

我在上篇里提出一种看法：如果我们能解决现有的土地问题，使占农业人口一半以上的贫雇农不必在租佃及雇佣方式中把农业生产总数1/4供养这占人口10%的地主和富农，他们从他们生产劳力结果中获得了不饥不寒的小康生活后，还应当有一部分的剩余可以作为重建乡土的资本。

这里我应当提到一种和我不同的看法。这种看法认为现有的土地制度是有助于积聚资本，如果像我所说的把地主取消了，耕者有其田，土地的生产结果平均分配之后，在积聚资本上说，恐怕更难有希望了。换一句话说，如果我们承认中国经济重建的资本还得靠自己，我们的工业还得依赖农业的津贴和支持，如果我们也承认在乡土经济里还有储蓄的潜力，问题是：在积聚资本上说，维持现有土地制度为有效呢？还是改革现有土地制度为有效？在利用资本上说，由地主去投资为有效呢？由农业生产者自己去投资为有效？还是由政府去投资为有效？谁掌握这资本对于中国重建为最有效，对于中国人民生活改善的保障最大？我在本文将就这些问题申论一下。

沙土上的金字塔

上述两种看法差别的关键是在对生产和分配相关性的认识不同。后一种看法认为分配不过是把已有的生产结果加以配别到各种生产要素上去，如果生产结果本来很贫乏，分来分去多不出什么来，还是贫乏。非但如此，如果一旦平均分配了，贫乏的程度固然可以拉平一些，但是连一个比较富裕的人都没有了。在公平原则上讲固然是"要穷大家穷"，但是在资本积累上说，这样一拉平，连仅有的一点积聚资本的能力都丧失了。贫穷也一直将贫穷下去。再进一步说，中国原来已经够贫乏了，要在贫乏的水准上积聚资本不能不压低人民生活程度，压低的结果是非常痛苦的，所以不能不出于强制。中国过去和现在许多地方的土地制度，地主征收了正产过半的地租，固然使农民生活很苦，但却是中国略具规模的一些工商业资本的来源。如果土地平均分配，耕者有其地，各个生产者把他所生产的都消费了，不是会影响到整个中国经济的资本积聚力了么？

我在上篇也承认中国自力更生的重建资本大概离不了依旧是这片已经育养了这民族几千年的土地的想法。我和上述的意见不同的是在我认为传统向土地积聚资本的方式效率太低，而且甚至可以说没有效果的。在传统的不平均分配方式中生活的农民固然被强迫减低了消费量，使他们生产的剩余增加了，但是集中到少数地主手里的财富却并不一定用在再生产的过程里，不一定成为资本。其中必然有一大部分被消耗于维持这一部分不事生产者的消费，而且是奢侈的消费。另一方面，农民生活水准降低到一个程度将无法维持生活，生活是必须维持的，于是不得不乞求于高利贷之门。这些放高利贷的却常常就是从地租里吸收财富的地主，他们经过了一道手续，又把积聚的一部分财富，送回去给农民去消费了。这一道手续却很严重。一个跌入高利贷手上的农民，很难翻身，中农变成贫农，贫农变成雇农，在农业梯阶上，一直跌下去，丧失他们生产的机会。在这机构中一般农民的生活程度往下跌，消费量逐渐减少，农家的经济不得不走上高度自给的路上。地主们即使有把他们奢侈消费后所剩余的财富用在生产事业中成为资本，生产品也流不回乡村，因为生活程度日落的农民没有购买力，所以这些资本只能促进地主阶层的挥霍。这一个现象在我们传统经济中看得很清楚。以往城镇里手艺品在品质上的成就很高，但是在数量上却被市场所限制；日用品的制造并没有机会发展成大工业。少数艺术珍品的手工业并不能吸收大量资本。在土地制度中流入地主手上的财富，经过他们消费之后所留下的，既不能吸收到工商业里去，不是窖藏起来，又得下乡去收买土地。土地权更集中，乡村无偿输出的数量也更多，乡土萧条得更快，形成一个恶性循环。

如果土地是吸不完的财源，如果农业生产者是不知饥寒的机械，上述的恶性循环可能一直维持下去。但是事实上土地是会损蚀贫乏的，生产者忍受饥寒的能力也是有限的，他们在受着报酬递减率控制下的土地上，辛苦工作的结果，所得到的除了痛苦之外别无其他时，他们会为了生活，揭竿而起。农业生产停顿还不够，这一股求生的力量溃决进入地主们用了城墙所保卫住的为他们制造奢侈品的城镇时，连他们所积聚的资本也会破坏无余。这里才暴露出用不平均分配的土地制度所形成的积聚资本机构内在的矛盾，不但效率低，而且会毫无结果的，成了一座沙土上的金字塔，最后终于没入沙土。

对以政治力量强迫储蓄的过虑

我在上节里的说法基本的根据有二：一是把乡土经济里的剩余交给地主是靠不住的，靠不住的意思是其中有大部分会被消耗掉，即使有小部分用来作生产资本，贫乏的乡土不易沾这种工业的光。二是农民忍受痛苦的能力在看不到"光明的希望"的情形下是有限度的。限度一到，他们会反抗，不但破坏了那积聚财富的土地制度，连利用这财富所变成的资本也可能一把火烧光。这些话事实上已不是理论而是我们当前的经验，问题是我们能不能在这经验里获得教训。

我同意于汪馥荪先生，在一个资本贫乏的国家，在资本积蓄初期，人民必须准备承受痛苦。我不能和汪先生同意的是人民承受痛苦的能力是无限的。我在上篇说到过这生物性的限度，就是不饥不寒的小康水准。这个限度是无论什么经济计划所不应忽视的。当我在这乡土复员论中提出这标准后，曾有不少讥笑我这种见解的，认为我是保守，落伍，甚至反动。我实在不明白讥笑我的人的根据是什么，除了这几个字看上去不够"进步"，其实我提出这标准来有两层意思，一是这应当是每个人民的权利，任何政权必须保障这最低的限度，在这限度之下生活的人有一切理由要求生活的改善。二是这也应当是每个人民在这一两代中认为满意和正当的水准，超过这水准的生活是对国民经济的危害，因为在这一两代中，中国最基本的工作是创造现代化的经济基础，这基础需要大量资本，这资本要由每个人节约聚积而成。在不饥不寒的水准之下要求人民节约是对不起人民，在不饥不寒的水准之上生活是对不起国家。

假定我们能做到了我在上篇所说的情形，现存的土地问题解决了，农村中的财富平均分配了，在提高他们生活水准到不饥不寒的程度是可以做得到，但是怎样能使他们达到了这水准就开始节约，把所剩余的投资到生产事业里去呢？我们得承认人基本上是自私的，在达到了不饥不寒的水准之后，他们的欲望并不会就满足的，达到了这水准还有余力时，自然有一个趋势就是要增加享受。增加享受本来是不错的，但是为了长期打算，我们要征服贫穷，只能把当前的享受延迟下去。怎样使人能延迟他们的享受呢？其实只有两条路，一是强迫，一是自愿。

强迫储蓄原则上本来没有什么可以反对。譬如现在的英国征收高度的累积所得税，正是以政治权力强迫储蓄的好例子。换一句话说，以政府代替地主来把握这一笔从乡土经济中得到的剩余。政府可以用财政政策保护收入较低的农民，而把小康水准上的收入征归国库，然后依政府的计划发展工业。这本是极合理想的路径，不但资本积聚得快而且利用资本的效率也较高。值得我们考虑的是中国的情形是否有实行这种路径的客观环境。

把这个权力交给政府必须先保证这政府不会滥用这个权力，而且不会比地主们更腐化。能做这个保证的不是某某少数人或少数集团的良心，而是人民一般的政治警觉性。我并不是愿意低估我们农民的政治程度，但是比较现实的说，因为曾经有几千年专制政治的传统，一下子就希望他们担负现代国家公民的责任，去监督政府的行为，似乎是不近于事实的。在人民尚没有能力来控制政府的时代，把政府的权力扩大，必然会引诱获得权力的人，滥用他的权力。所以在我看来，如果中国有一天真正走上民主的道路，使一个政府能向人民负责，受人民控制，在早期，还得设法减轻这政府的事务，减弱这政府的权力。减轻事务和减弱权力并不是说社会上的事情停顿，而是说让出很多事务和权力来给各种非政府的，直接由地方人民经营的团体去做，去负责。这个广泛的基层民主才是民主政府不致变质的保证。

我提出这个看法因为我见到用政治力量来强迫储蓄的小法很容易有流弊。目前的情形值得我们时时引以为戒。现在的政府的权力是够大了，它可以用通货膨胀的手段，征集财富，老百姓的所得可以在几天之中打了个对扣。但是人民并不能控制政府怎样去利用这笔钱。试问有多少是用到了生产事业里去的呢？就以那些国营工厂来说，究竟有多少可称作合理的投资。一个没有工业经验的国家，一上来就从国营入手是难于胜任的。

我固然相信我们中国总是会有个有效率而且民主的政府，我所希望的是我们得预防这种政府的一再变质，所以觉得不应加重这种政府的权职。

还有一点我们得考虑到的，如果人民看不到他们被政府所征收去的财富所做的事对于他们的利益，政府要强迫他们纳捐，就会发生阻力。中国在经济建设中如果利用政府收税的力量，积蓄了财富，投资于一时不易有生活上见效的重工业里，在相当长的时期中很可能遭遇类似苏联早年所碰着的困难。要广大的农民明了吃不得、穿不着、摸不到、看不见的重工业的重要性是一件极繁重的教育工作，不是轻而易举的。结果，为了要激速地工业化，要很快地得到所需的资本，不能不加强压力，在这情形中，民主的幼苗最易遏制。

一个工业落后的国家，政治程度较低的人民，很可能产生一个强有力的集权政府，用政治力量积聚资本，计划工业，等这经济基础安定之后，再讲从来没有享受的政治自由等一类在生活上比较了饥寒为次要的权利。如果这种国家能有这个机会不能不说是幸运，因为一个人民所不能控制的权力能为人民服务是一件奇迹。奇迹可以有，但不能视作当然，所以为了要保证一个权力不能不向人民服务，还得先由人民控制住这权力，这才是政治上的常轨。为了避免官僚资本和独裁政治的出现，所以我不能对以政府来强迫人民储蓄，以政府负责经营工业的路线发生戒心。

效率和储蓄的保证

我愿意偏重于自愿的储蓄。如果中国大多数的农民确已到了深具国家观念的程度，政府的"强迫"也可以成为"自愿"的。我是假定中国老百姓还是把家族看得比国家为重的事实，所以我怀疑以政府权力来推行国家经济不能不出于强迫一路。我想偏重自愿，就得把经济建设的重点放到老百姓认为是自己的家族范围之内。我并不说我们应当如此，我明白家族范围内的经济有着很大的限制，但是要老百姓宁愿忍受一些痛苦，就得就他们能看得到的"光明的希望"设法，他们所看得到的不是绕了大圈才回到自己利益的国家经济，而是比较切近他们的家族的前途。要他们储蓄就得使他们看得到所储蓄的确实增加了他们的收入，这些收入即使再用来投资，还是属于他们自己的。

说到这里，我想可以提出分配对生产的积极作用了。把分配看成处理生产结果的方式是一种静态的看法，忽视了通过心理要素所发生对于生产的影响。动态的看法必须记住生产和消费是人的行为，人的行为是有动机的，也就包括汪先生所谓"光明的希望"。动机决定生产的效率和储蓄的速率。哈佛大学工业研究所曾于第一次世界大战起开始研究工作效率的问题，继续了20多年，结果认为了解工作的意义是增加效率最基本的条件。所谓工作意义是工作者认为自己的工作是有价值的。什么才是有价值的呢？那就得依这社会的文化来决定。譬如在我们传统文化中"光耀门楣"是一种价值，那是在家族主义之下发生的。又好像美国的"比别人强"是一种价值，那是在竞争社会中发生的。这些价值标准并非一成不变，它是相配于一定的社会形态；在一定的社会形态中，要鼓励一个人做一件事，就得把这件事和这社会的价值标准联系起来。

中国乡土社会中，一直到现在，最有力的动机是"创立家业"。在一个天灾人祸不断的生活中，安全是主要的企求。中国的农民是现实的，不轻易信任人的；他们把安全的基础筑在自己能力所及的家园。他们为了要得到一方比较可靠的土地，可以劳苦终身。经济剩余的微小，又奖励了他们世代间的累积，一个勤俭起家的农户经常是要几代不懈的努力。这被自己祖先血汗所浸透的土地，在他们自有着超出于经济打算的爱护。中国这片贫乏的大地上能有这样多的人，勤俭耕植，甚至已落到了值得利用的边际以下，不能不归功或归罪于这种深入人心的意识。

我们尽管可以客观地指出这种乡土意识有很多方面已不合于现代要求，但是我们不能不承认这是客观存在的事实，而且如果我们想自力更生积聚重建资本，要求广大人民抛弃享受的欲望，勤俭节约，我想我们还得通过这传统的意识，来完成这急迫的任务。

这就是说，把土地给渴望土地的人，把生活中节约下来的财富创立他们自己能支配，能保障他们生活的资本。土地里能吸收的资本是有限的，多余下来的，并不应像以往一般的在土地权的转手上又麻将，而得开出一条广大的投资领域，那就是我在乡土复员论中一再提出的乡土工业。资本原是生产工具的价值，我们所谓积聚资本，并不是窖藏财富，而是增加生产者所以利用的动力和工具。如果农民不必每年把一半的收获贡献给地主，而可以由自己支配时，他们很容易看到去买一头牛、添一把镰刀比多喝半斤酒、吃二斤肉为有"光明的希望"。这就是积聚资本的具体过程。由买牛买镰刀进而买织袜机、缝纫机，那就是由农业走上工业的正道。他们对于用自己血汗换来的牛和镰刀、织袜机和缝纫机的爱护必然是热烈的。他们绝不会像滇缅公路上的司机，关了油门下坡，宁愿损坏机器，牺牲旅客安全，而不肯多费几滴自己可以揩油的汽油。他们不会像许多国营工厂里的机器一般可以搁在灰尘里不加利用。那是因为"动机"不同。我们在这种分配方式中保障了工作效率，也保障了资本积聚的速率。

我并不主张我们将停留在这种家族生产之上，但是我觉得这是一个最可靠的起点，也是一个最可靠的基础。从这起点，有了这基础，我们才能通过家族合作的道路去兴办集体的生产事业。譬如各家有了缝纫机，他们就会了解联合批购原料，聘请技师，联合运销的合作社的利益。又譬如各家都有了土地，才会有集合去购买打水机的要求。集体性的生产和经营还得从每个人体悉了它的利益之后才能有基础。集体生产有了基础,乡土经济才能迈进一步。

只有在广大的农民开始有力量储蓄,开始在他们的生产事业中投资,我们才能希望有供给这些生产工具的大工业的兴起。在抗战后期我们从联总等一类机关运来了不少农业的机械,我们也在若干地方开设了制造生产工具的工厂,但是这些东西并没有有效地吸收到农村中去,那是由于计划者本末倒置的结果。一个无力投资的贫乏的乡土连送给他们的工具都使用不上的。这种教训应当使我们认清症结的所在了。

中国并不是贫乏到毫无积聚资本的能力,这能力还是在我们乡土的基层。我们可以自力更生,但是先得爱护和培植这力量,把传统损蚀这力量的土地制度改革了,更从传统勤俭的美德下手,在所得归所有者支配的奖励下,表现出这美德的实际利益。在乡土基层上着手开始积聚资本,充实生产,中国的经济现代化才有着落。这是本文所要说明的主要意见。

对于各家批评的总答复（后记）

这本《乡土重建》继续《乡土中国》，加入《观察》社的《观察丛书》。这两本集子虽则是同时写的，但性质上却属于两个层次。在《乡土中国》里，我想勾出一些中国基层社会结构的原则，接下去应当是更具体地把这结构，从各部分的配搭中，描画出一个棱角。关于这工作，我也在尝试。就是我在《观察》周刊所发表过的从"社会结构看中国"那一套，但是牵涉太广，一时还不能整理出一个样子。这里所做的其实是第三步工作，就是把这传统结构配入当前的处境里去看出我们现在身受的种种问题的结症，然后再提出一些积极性的主张来，希望有助于当前各种问题的解决。现在我把第三步的工作倒过来先做，至少是先发表了，总不免有一点乱了步骤。

其实我所规划给自己所做的工作早就超过我的能力。如果为了我自己打算，最好是等自己的思想长成了，好像树上的果子结得熟透了，再摘下来，给人家尝，不至于生涩难堪。但是我并不想这样做，反而愿意这样生涩涩的拿出来，甚至给人吐弃了也甘心，那是因为我相信，思想这个东西是社会性的，不但得之于社会，而且只有在社会中才能成长，并不能关了门让它坐大。

我承认历史上曾经有过一个时代，文字是少数人用来下酒消遣的，是一种娱乐，这个时代我想是过去了。我承认历史上也有过一个时代，文字是被视作威权的，是载道的，是经典；从文字的玩弄里，像符咒一般，可以获取权力和利益，支配别人，这个时代我想即使还没有完全过去，也快要过去了。我们现在所处的时代，文字不过是人类社会化的一种工具。我所谓社会化就是从交换经验获取共同了解以发生共同行动来达到共同生活的过程。

我们所生活的处境已经不再是孤立的、自足的、有传统可据的乡土社会。现代生活是个众多复杂，脉脉相关，许多人的共同生活。这许多人各自带着他个别的历史，怀着各人的抱负，走入这个没有人可以独善其身的场合。在这场合里，起初每个人，囿于自我的经验，都会觉得自己才是对的、正确的、应当如此的。但是每个人如果都是如此的话，共同生活也就没有了基础。你要强迫别人依着自己认为对的走，别人也在要强迫你依他所认为对的走。如果不能各自走各自的路时，局面也就僵了。这时，要维持共同生活不能不大家说个明白再走。说个明白就是把自己认为对的说出来；各人说出来的不同，于是要问什么使各人看法不同的？各人所根据的经验怎样？每个人的经验决不能是完全的，是否可以互相补充？把各人的经验会合了，是否大家可以求得一个一致的看法？——这是社会化的必经阶段。人多了，不能大家直接用嘴，用话商量，于是用笔用字来代替。文字在这里有了新的用处，它是用来表达一种经验，一种看法，一种意见，不是一种真理，更不是一种教条。

我这样说无非是想交代明白我自己写作的态度。我忠实的记录下我思考的结果，这结果是从我自己的经验和我所听到和读到的许多别人的经验和思想中所思索出来的。我把这结果用文字记录下来，也不过是供给别人思索时的参考。世界在变动，人类的经验，靠了语言的传递和文字的保留，在累积，在丰富。我不是个宗教家，敢于承认自己在全知全能的上帝的启示中得到了真理；我不过是个摸象的瞎子，用自己有限的手掌去摸索我所要知道的对象，所不同的是并不敢自以为见了全象而排斥别的瞎子在同一对象上摸索所得的知识，我所希望的是许许多多瞎子所得片面的知识能加得拢来，使我们大家共有的知识能更完全一些，更丰富一些。

在这种态度之下写作出来的论文，在作者并不在说教，在读者也不应求全。目的既在讨论，讨论的参加者只有想在看到别人和自己不同的意见中去求自己看法的修正，互相尊重，互相观摩是必须的精神。

本书里所收集的论文都分别发表过。大概是因为在这些论文中所提到的问题比较上和现实生活更接近，所以引起的讨论也比较更多。这自是令人高兴的事。我写这些论文的目的本是在抛砖引玉，在各家踊跃的发表意见中使我得到许多启发。这是我不能不在这里对肯给我指示的朋友表示感谢的。

同时我也不能不承认，在相当多的读者里对于我所写出的意见有若干误会。当我读到梁漱溟先生说起："真令人怀疑：究竟写一篇文章所给人的影响，是增加了明白，还是增加了不明白？"不免深具同感。我也在答复一位朋友的信上说过："那真是使我不太明白我的文字怎样会这样的传达了和我相反的意见。我甚至想这种误会可能读者应负的责任比作者更多一点。"一个作者看到别人歪曲他的原意是件很苦恼的事。我也承认近年来言论界里确有过分"断章取义"对不起作者的批评，但是再往远处一看，也有令人兴奋之处。因为从这种热烈的讨论，热烈到感情用事，感情用事到攻击私人，我们可以看出近年中国思想界的一个重要现象，一个很好的现象，虽则好的里面不免也夹杂着不应当有的部分。

假如我们分析为什么现在写文章的人常会增加"不明白"的原因，我们可以注意到思想社会化的范围在激速地扩大中。以往那些有关于中国文化、社会、政治、经济的问题只在很小的圈子里讨论，在熟人里辩论。在熟人所组成的小圈子里，经过长期的亲密接触，读阅同样的书籍，有着相类的经验，所以他们有着一套共同能理解的名词。而且每个圈子有它自己的问题，有它自己的语言，井水不犯河水似地各自说它们自己的话。近10多年来，每个人的生活一天不如一天，最大多数的人都已到了快要无法生活下去的绝境，这时，大家对造成这绝境的各种因素不能不注意，而且大家已深切感觉到这是全国人民的共同问题，于是对于这类问题的讨论也感觉到共同的兴趣和需要。不但注意这些问题人数增加，而且参加讨论的情绪也更热烈。以往在小圈子里讨论的限制被这势力所打破了。在这过程中，许多讨论者之间的观点、假设以及所用名词的意义不免有很大的距离，文字的隔膜因之也特别表现得清楚。

如果在这过程中，我们有尽量发表意见的自由，在思想的交流里，这套文字的隔膜不难克服的。误会固然不免，但是在可以坦白的交换意见中，误会不过是要求更深了解的表示。不幸的是在现有局面中，发表意见的自由并未得到保证。限制这种自由的有政治的和物质的两种条件。政治上我们不能享受言论的自由是大家都知道的事，用不着我在这里多说。我所要指出的是言论的充分自由是民主社会的基本条件，也只有在民主社会中，人民才能真的提高他们对自身生活问题理解的水准，使他们能得到从理知里发挥出来的共同意见，产生负责任的一致行为。

我们现在不但受到因政治原因而发生对自由发表意见的限制，而且同时，物质的环境也剥夺了我们发表和获悉意见的机会。在出版界的现状里，能有机会把自己意见写下，印出，送到读者面前的作者在数量上说实在太少了。就以有此机会的作者说，他们又受到严格的篇幅限制。在一般刊物上所能发表的文章，不过从几百到几千字。作者不容易把他的意见所根据的事实和假设在这有限篇幅中尽量说明。很多误会是从这些限制中发生的。

为了迁就发表的篇幅限制，一个作者不能不把一套相关的意见切成了片断,送到读者面前。同一读者却又并不常能接触着所有的片断,结果不免断章取义。这结果实在不能完全由读者负责。

这一个充满着需要思想交流的时代,碰着这一个发表意见的机会重重受到限制的局面,文字所引起的"不明白"是必然的。我们固然要在各方面努力去解除我们身受的限制,但在限制充分解除前,讨论时参加的人也不能不尽量的体悉和谅解,避免由文字的误会而引起私人的意气。否则由误会增加歧异,讨论也反而会成为思想社会化的障碍了。

因为这个原因我在这后记里对于若干我认为是由于文字隔膜而发生的误会,不愿多提,只想就本文里没有充分说明的若干假设加以申论、补充和修改。

本书的代序是前年年底我在伦敦母校的一篇公开演讲记录。这篇演讲的听众是母校的师生,大都是英国人,因此其中的语气和措辞是以不太了解中国文化的朋友作对象而发的。但是这篇演讲却说明了我对于中国传统文化和当前社会变迁的关系的一个简略但亦是综合的看法。在我的看法里,文化是推陈出新的,因为文化不过是一种求生的手段。生是目的,"生"而要"求"那是因为生活的维持需要利用物资,物资最终的来源是自然,所以文化是人利用自然时所采取的方法。生活、自然、文化三者都是变数。生活的基础是生物性的,温饱是生物基础给人规定下的生活最低水准,因为饥寒会使人的生命不能维持下去。但是生活却不等于生命,比生命还要多一点，那是因为人有理想，要活得更好，更有价值，在追求更有价值的生活，使人不肯停留在一种生活水准上，因而使"生活"成了一个变数。自然也是变动的，这里不但指地理上的变动，像山变成海，海变成山一类的变动，而且从自然和人的关系上说，也跟着人利用自然的知识而改变。对于印第安人，美洲的油藏并不构成和生活有关的自然部分；但是在汽车和飞机的时代油藏是一种重要的资源了。生活和自然既然都是变数，沟通二者的文化更不能不是变数了。

文化是一种手段，它的价值在它是否能达到求生的目的，所以文化一离开人使用它的处境也就不发生价值问题，自身没有所谓好或是不好。生活的要求和生活的处境既是变动的，一种手段在某一个情景可以是有效的，但这并不保证它在另一情况中一定也有效，所以文化的价值也是常会变的。在一个情景中是好的，在另一个情景却可以是不好的了。皮毛的衣服在寒带有用，在热带没有用，甚至有害。这也是说，文化的批评必须是相对的，必须从一定的情景中去说的。

人类创造文化为的是要增进他们生活的价值，他们并不会以维持文化为目的而牺牲生活的。所以拉长了看，一个对于生活没有用处的文化要素，不论是物质的器物或是社会的制度，甚至信仰的教条，决不能长期保留。一个活着的文化要素因之必然对于利用它的人有他的用处。

问题开始复杂的原因是起于在一起生活的人中间有了

利益上的分化。一种文化要素可以对于社会中一部分的人有利益而对于其他部分的人没有利益,甚至有害。有利的要保持它,有害的要取消它,没有利害关系的对之无所谓。保守和改革双方因之发生了争执,这文化要素能否维持就得看双方力的消长。这是政治过程。

文化要素——包括社会制度——的功罪不能脱离它的社会背景而作定论的。譬如说当资本主义初兴起的时期,它解放了被封建社会所遏制的生产力,在这点上讲,它曾把人类的生活提高了一层。而且在资本累积之初,新生产力的利用,使在封建社会中的中产阶层得到了新的权力,使被拉住在土地上的农民得到了新的解放,所以对他们都是有利的,但是对于封建社会中的特权阶层却是有害的,因为他们的特权被新的生产力和新的社会势力所取消了。这是就资本主义发展的早期历史而说的。到了资本主义成熟,又发生了新的社会分化。在独占性的企业控制之下,新技术和新组织所带来的更大的生产潜力却又被遏制了。劳动阶层的生活并不能得到可能的提高。这时资本主义对文化的发展却成了阻碍了。因之,我们对于一种文化要素的了解不能离开它的历史背景。

从它的历史背景里去分析它——这是研究文化的科学态度。再换一句话,我们得先了解每一个文化要素在当时社会中各种人生活上发生的作用;客观的叙述比了依照另一时期另一社会背景去作感情上的贬褒更能帮助我们对它的了解。

我企图从我们传统的小农经济中去指出各种文化要素怎样配合而发生作用的。这是一种想去了解我们传统文化的企图，这企图并不带着要保守它的意思。相反的，这是一切有效改革所必须根据的知识，文化的改革并不能一切从头做起，也不能在空地上造好了新形式，然后搬进来应用，文化改革是推陈出新。新的得在旧的上边改出来。历史的绵续性确是急求改革的企图的累赘。可是事实上却并不能避免这些拖住文化的旧东西，旧习惯。这些是客观的限制。只有认识限制才能得到自由。认识限制并不等于顺服限制，而是在知己知彼的较量中去克服限制的必须步骤。

文化的改革必须有步骤，有重点。我们身处在生活中充满了问题，传统文化不能答复我们要求的情况中，不免对一切传统无条件地发生了强烈的反感，否定传统的情感。这情感固然是促进社会去改革文化的动力，但是也可以使改革的步骤混乱而阻碍了改革的效力。战争中讲策略，建筑时讲设计，医学里讲诊断，文化的改革同样要用理知去规划。文化的分析是规划改革的根据。

我多年来研究的对象是中国的乡村。乡村只是整个中国社会的一部分，我从这部分的认识中得来的看法自不免亦有所偏。这一点读者必须先知道的。我决不敢说乡村之外的中国是不重要的，更不敢相信乡村可以和其他部分隔绝了去解决它的问题。我只能说在乡村里可以看到中国大部分人民的生活，一切问题都牵连到这些在乡村里住的人民。我也相信目前生活最苦的是住在乡村里的人民,所以对于他们生活的认识应当是讨论中国改造和重建的重要前提。

我研究中国乡村的原因有一大部分是出于我私人做学问的程序。我最早是读人类学的,从人类学里我发觉要去了解人类的生活,最好是先从比较简单的标本下手,所以我第一次实地研究的对象是广西的瑶民。从广西回来,我才着手研究比较复杂的乡村的乡村社区,最先是挑定我所熟悉的家乡。抗战开始后,我在云南工作,于是集中力量去研究内地乡村。从乡村的研究里,我曾想逐渐踏进更复杂的市镇社区。可是因为种种限制,我并没有如愿以偿。我所计划的街集调查并没有实行。一直到现在我还在找求机会去实地研究一个市镇。至于比市镇更复杂的都会,我还不敢作任何具体的研究计划。

但是我明白如果不了解乡村以外各种性质的社区,很容易像摸象的瞎子把象形容成四个大柱子。所以我在讨论乡土重建问题之前收了两篇有关城乡关系的论文。我更在第二篇中把我对于乡村以外各种社区的性质作一些初步的分析。这种分析在我个人的研究程序上说可能是太早,因为这里所根据的材料大都并非有系统的研究结果,而多偏于个人的印象;但是因为城乡关系这个问题曾引起过许多讨论,在概念上似乎应当加以厘正,以避免各人所用同一的名词指着不同的内容,使讨论无法进行。

我还留着"都会"性社区没有在这书里提出来详论。可是有些主张都市化的朋友常把上海这一类"商埠"和纽约、伦敦等一类"都会"合并在一起不加分别。在有些现象上它们是相同的，但是也有许多方面是不同的。我很愿意在这里，就它们不同的方面补充一说。

纽约、伦敦这类都会可以说是广大的经济区域的神经中枢。它支配着这一个区域里的经济活动。这个中心的繁荣也就代表这区域的繁荣。不同区域间的经济往来是由中枢相联系的，譬如美国内地和英国内地小镇间货物的交易，也是一种分工的表现，并不是直接的，而必须经过纽约和伦敦这类都会。同一区域内经济上的配合也靠这中枢的调排。这中枢的效率愈高，对整个区域的经济也愈有利。这是一个"城乡"相成的都会形式。

上海在这方面却和这些都会不同。它不是一个独立的经济区域的中枢，而是一个被政治条约所开出来的"商埠"。上海式的商埠（treaty-port），在它们历史发展上有它们特别的性质。它们是一个经济上处于劣势的区域向外开的一扇门。它们的发展并不像纽约伦敦式的都会一般由于它们所处的区域自身经济发展的结果。它们是由外来势力和一个经济劣势的区域接触时发生的。譬如上海它在没有辟为商埠之前不过是一个小渔村，它在原来的经济区域中处于一个极不重要的地位。但是自从成了一扇门之后，情形却完全改变了。它繁荣了，但是它的繁荣却并不代表它所在区域的繁荣，因为它是优势区域势力伸入劣势区域的一个驻足所。上海式一类商埠曾有很长的时间在政治上被划成特别区域，称作租界，甚至这租界可以是"公共"的；这并非偶然，因为它在经济上并不是中国经济的中枢，中枢像是心脏，必须是机体本身的，而租界性商埠在经济上只是一个缺口，一种漏卮。

我说商埠是一个经济缺口，目的是想指出它基本上和"城"一般是消费的社区。或者有人会质问我商业是两利的，有外货输入自然也有土货输出，否则贸易终于会停顿的。这种说法在纽约和伦敦的关系上是对的，在上海却不尽然。上海的确有东西向外输出，土货输出不足，继之以黄金白银；再不足，把将来的收入都押了出去。但是这些东西都不是上海本身甚至它所支配区域之内的工业产品，而是以乡村里所出产的工业原料为主。如果上海这种商埠只是内外的沟通者，那也可以成了纽约和伦敦。事实上又不然，它从生产者手上拿来的输出原料运了出去，并不拿相等价值的输入还给生产者。它白拿了东西，和外国做了买卖，得到的洋货却自己消费了。

这种商埠和"城"不同的地方是在前者所消费的并不仰仗自己经济区域里的制造品，而后者的消费品还是在自己区域里制造出来的。商埠的经济作用是以洋货代替土货，在地主之外加上一种买办。"城"的主角是地主，而商埠的主角是买办。洋货固然经过商埠一直侵入到内地的城镇里，但是主要销路还是在商埠本身。由于政治上的特殊地位，给各种在内地住不下或住不舒适的人一个客栈。我说是"客栈"，因为他们是带了钱进去住的。他们的收入来源并不在商埠本身，而是在周围的乡村里。大大小小的麦管插在中国经济基地的乡村，把财富在各式各种的名目中吸收到这种商埠里来。我们只要想工业这样落后的上海能维持这样的人口，它决不可能是自足自给的，它是被供养着的，用了从乡村里的剥削出来的财富，到外国去换了工业品来，在"租界"里消费，这是"商埠"异于"都会"的特性。这是城乡相克的形式。

现代都会是现代化工业的产品，一个没有工业化的区域里不能发生纽约伦敦之类的都会的。商埠都是工业化的区域侵入另一个结构上还维持着封建性的劣势经济区域的过程中所发生的特殊性质的社区。把它看成一个普通的都会就不正确了。

我并不能在这方面多作发挥，因为我已说过，我对于这类社区还没有深切的研究，这里所说的不过是一种提示，也许可以作研究这问题的朋友们的参考。同时我加上这一小段补充，也可以对城乡社区性质分析作初步的结束。

因为我的知识偏重在乡村方面，所以我看一个问题时也不免从这方面入手。《不是崩溃而是瘫痪》是就乡村这方面说的。我在那篇论文中已明白交代清楚在都市里也许不免发生崩溃，而在乡土经济中崩溃却似乎不容易发生，会发生是瘫痪的现象。不但我这样说，而且我也说明了所谓崩溃是好像一部机器因为零件脱落而陷于停顿，是一种有类于机械性的现象；瘫痪是构成一个有机体的各个不太相关的细胞的破坏，它所给全体的影响并不是致命的，而是逐渐的、亏耗性的，有一点相类于生物性的现象。这些都是譬喻，为了比较容易表达我的意思而作的譬喻，都市和乡村的区别并非真是机械和生物的区别,只是有类于这种区别罢了。

我这篇论文是在分析乡土经济瘫痪过程,同时也部分的解释了为什么中国的经济,会在这样逆转的处境中拖得这样久,不发生像现代工业经济里所可能发生的生产停顿式的崩溃。

这篇文章引起了不少并不包含于作者原意中的联想,而且所引起的联想也因读者着眼点不同而相差很远。有些认为这样说法等于是说这种已使人难堪的局面还可以拖下去,所以是在回护既成局面;有些认为这是一种极深的悲观主义,因为瘫痪将延长下去一直到全身的细胞都溃烂才结束。别人在我描写出来的画面前作什么联想是他们的自由,我所希望的只是最好不必因为所联想到的不愉快的事,归罪到描写这画面的人。

有些朋友指出说我所描写的画面并不完全,因为旧的细胞确是在瘫痪,但是新的细胞也不断地在生长,瘫痪不是一个形容全体的确当名字,更确当一些应当是新陈代谢。因为一个大体上是乡土性的中国,单靠神经中枢的改变并不能使这躯体得到新生,必须经过脱胎换骨地一步一步,一个一个细胞的转变,旧的死去,新的发生。如果只看旧的不免充满着悲观,应当看到眼睛里去的是这新陈代谢的过程。

我想这个说法是很可能对的,可是我自己却处于正在逐渐瘫痪的过程中,我所可以描写的、分析的也只是我所自己能经验到的事实,所以偏重于被认为太悲观的画面了。读者大概不应希望我写出我所没有看到的事实。假如中国确是在新陈代谢，关于新生的一面，让看到的人根据事实去分析罢，我极愿做一个这类分析的读者。

我同情于希望能多知道、知道得更完全些的读者们，我自己在阅读别人的作品时也是这样的。但是我也希望读者能就作者所说的话去批评，而不必从"没有说的话"去表示不满。如果能就作者没有说到的部分加以补充，那是最理想的，也就是我在这后记的开始时所说到的希望。如果因为作者有些话没有说而就加以种种有关作者私人用意的猜测，对于增加对问题的认识的一点上是毫没有帮助的。

我认为应当鼓励的是每个人根据他自己所看得到的说话，各人都能这样，则经验可以加得起来，使每个人都能在讨论中增加他的知识。事实上，没有一个人能看得到全局的，重要的是在不要排斥任何现实的材料，把部分的逐渐能综合起来。

《基层行政的僵化》是我想从政治的角度里去认清我们乡土社会的结构的企图。在发表这篇论文之前，我在《观察》周刊开始了那个"从社会结构看中国"的系统，第一篇就是《论绅士》。我挑这个对象入手是因为这是个比较上没有被人注意，而在中国传统结构里相当重要，也相当复杂的部分。这篇《基层行政的僵化》想指出传统绅权解体之后所发生的僵化现象。这篇论文很快地得到了反应，其中有一部分认为我在提倡绅权的恢复，这和我原意不合的，我是主张用另一套的政治机构来代替绅权的，所以在《再论双轨政治》中申论了一番，说明我所希望的是民主的建立；但是为了要说明知识分子下乡服务的重要，所以提到我在英国乡间看到的情形。接着说，如果这些人也能包括在绅士一流人物中，则我确对他们寄托着希望。有些读者对于假设词没有注意，不但断章，甚至断句去念，把假设词取下了，自以为可以用来作为我在提倡绅权的证据了。其实如果肯耐心把全文细读一遍，我很相信可以不致得到这种结论的。

我觉得要了解中国传统的政治结构应当注意四种不同权力间错综复杂的关系。这四种权力是皇权、绅权、帮权和民权。皇权这名词曾引起过问题，因为皇字在历史上可能只可指秦统一之后的中央统治权力。我想指的对象却要包括秦统一以前一直到现在那种不向人民负责的政府权力。在《论师儒》一文中，我用了"皇权"一词来说秦以前这种权力，但曾经朋友指出，"皇权"这名词这样用法是和历史不合的。我曾想用"君权"一词来代替"皇权"。但"君权"一词似乎又带着最高当局个人的权力，并不能包括和他共同执行甚至分享统治权的许多不同的分子。君和臣是相并立的两词，不易用君字包括臣字。用"皇权"一词却可以包括得广一些。

皇权本身是个复杂的结构。譬如说，汉代的皇权中可以分出：皇帝、重臣、皇室、宫廷、外戚、宦官和官僚，官僚中还有文武的分别。这许多部分间有着他们共同的利害，但同时也包含着矛盾，皇权的重心跟着有变动。如果我们根据这一段历史加以分析，也可以找出一个变动的过程，有着可以理解的程序。

提到这些话是要说有时一个概念要找到一个确当的名词去表示它是很困难的。我所要表示的是一个不限定于哪一段历史现象里表现出来的权力形态，而我们所用的那套名词却都带着历史意味的。所以我在没有找到比皇权更好的名词前，只能在这名词之下加上一个括弧，说明这种权力并不是一定指统一的中央权力，凡是根据武力取得和以武力维持的统治权力都可以归在我这里所谓"皇权"的一类里。如果有人能想出这更确当的名词，我是最先愿意放弃这名词的人。

在上述的四种权力中，在传统社会中，民权是最不发达，不发达到有人认为并不存在。他们认为前三者交横错综地统治着基层的人民，一切决定众人有关事件的权力都集中在统治者手上，人民是一层没有自身组织的被统治者。我的看法稍有不同。我承认民权很不发达，但是在基层上还有着并不由上述三者权力所顾问的领域。这领域我在写这几篇论文时笼统地留给了民权。后来我因为既有朋友提醒了我，我不能不再细细看看这领域里的复杂情形，于是在《乡土中国》里申引起四种不同性质的权力来：横暴权力、同意权力、教化权力和时势权力。民权的意思应当属于同意权力的性质，但是在中国基层的宗族和地方组织中，同意权力的活动极有限，主要的却是教化权力。因之我用民权一词去指上述皇权、绅权、帮权留下的领域并不太确当而且因之发生了疑问。我在这里还不能理出一个更明确的看法来答复这疑问，只愿意用这个例子来说明讨论的重要和用处。我们对于现实的认识就是这样一步一步深入进去的。我愿意和大家一同切磋，交换意见。但是对于有些人因为一两句话不合他们的感情，根本把问题取消的，则觉得是件憾事。

在我那几篇论文中引起最多的讨论的是绅权的性质，这是个值得从长商榷的题目。我很想接着本书再编出一本《中国社会结构讨论集》，把各家的讨论收集起来作为深入研究的开端，所以在这里不必多作申论。简单地说，对于绅权的性质有两种看法：一是认为绅权乃是皇权的延长，它是皇权统治人民的一种机构，绅和官是一体。另外一种看法是绅权和皇权来源不同，绅权是社会经济的产物，握有传统的势力，而皇权却是靠武力获得的，建立在武力上，因之皇权和绅权可以发生冲突的。在中国历史上，这两项势力常常发生争执，因之也时有相对的消长。在一个时间，譬如六朝门第制度坚强时，皇权固然可以用武力来夺取，但支配社会标准的势力却握在帝皇所无可奈何的绅权手上；门第制度的破坏可以说是皇权打击绅权的胜利。科举发达，加强了皇权对绅权的控制，皇权的集权性也随之加强。这时，绅权退取消极的守势，利用官僚机构消极地怠工以软禁皇权，自求逃免专制权力的压迫。这一种看法我在《论绅士》一文中曾发表过。

这两种看法可能只是各有偏重，前者偏重于皇权和绅权合作以对付其他势力的现象，后者偏重于皇权和绅权二者的矛盾性。我认为二者都有事实根据的，至于哪一方面比较重要，也得看在哪种情况之下来决定。至于把绅权的来源归于皇权，我却并不同意。发生这种印象的是因为在法律上说皇权是全能的，可以高于一切的。其实法律本是皇权所颁布的，从这方面看去，当然看不见其他权力的存在了。我们应当注意不是这些表面的法，而是权力实际的运用，法不过是权力运用中的一个工具。实际上皇权是否全能的呢？这里引起了权力的限制问题，也是我在《再论双轨政治》中所要讨论的主题。

我认为一个毫无限制的统治权力是不可能长久存在的。名义上尽管有绝对的权力，但在实际上却是不能维持的。所以我认为一个政治机构，要能维持，不能只有自上而下的一条轨道。能维持的政权必然是双轨的，就是说在自上而下的轨道外还要有一条自下而上的轨道。有形的双轨政治就是现代的宪法和民主。宪法限制了政治权力，民主加强了自下而上的轨道。在我们传统结构中并没有宪法和民主，有形的双轨并不存在，于是我要问，传统结构有没有自下而上的轨道？这轨道的效率如何？这里我看到绅权的作用。我说绅权有着自下而上的轨道的意味，但并不就是说这是民主的，绅权并不是民权，这点我早已说明过。

绅权既不是一条康庄的自下而上的政治轨道，中国专制的皇权怎么会维持得这样久的呢？于是我又提出"两道防线"的说法，意思是说自上而下的轨道如果不四通八达，轨道上的车子也开不快，自下而上的轨道也可以不一定要浚导开阔了。这两条轨道是相配的。

我所提到的两道防线是"无为政治"和"绅权缓冲"。我所谓无为政治并不是指像现在的英皇一般在宪法上的无能，而是指事实上的无能。这里还得立刻指出，历史上并非没有大有作为、能力强的皇帝，但是有为的结果却在单轨上开快车，促起人民的反抗而终归消灭。这道防线是无形的，所以有时可以是无效的，但是受到历史教训的皇帝，为了要保持自己的统治，却得承认无为是一种自保之道。这道防线和第二道防线是相关的。一个用武力得来的皇位，固然可以用武力防止别人来夺取它，但是却不能凭武力来推行政务。于是发生了一个庞大的官僚机构。皇权固然希望这机构成为自己的爪牙，但是要使爪牙能统治天下，就得给他们足够的武力作支持，而在这一个交通困难、幅员辽阔的天下，有了武力的爪牙，很可能就是要"取而代之"的人物。皇权要自固，武力必须独占。这里发生了皇权自身的一种矛盾，在中国历史上有着不少从这矛盾里闹出来的变动局面。为了要独占武力，又要能统治天下，皇权和绅权妥协了。官僚机构成了两种权力的重叠地带。

皇权和地方权力的绅权妥协，从皇权本身说是受到了事实上的限制。名义上皇权是无限的，但是"天高皇帝远"中间夹着"官僚—绅士"这一层，使人民并不直接和"政治老虎"对着面。

这两道防线是消极性的，而且在一个有为的皇帝面前可以不发生有效的作用。这和用宪法民主一类积极方面去限制皇权不同。

至于有人以为我在提倡绅权，那是他们的"以为"，我觉得大可不必辩白的。我在原文中已屡次说传统机构已经不合当前的情况，我亦曾强调说无为政治是做不通了。虽则我也认为在一个民主政府实现的初期最好不要太集权，太集权可能会使这种政府又变质。但是我承认事实上为了经济复兴需要的强迫，这个政府不能太不管事。这里要取得怎样一个平衡，我自己还没有答案。但是可以说的，政府权能的增加必须在人民控制得住的范围之内。如果要加强政府权能，必须先加强民主的机构，那也就是说，政治双轨同时加强。集权的中央必须是向人民负责，而且要直接负责。那是说行使政权的职位必须由直接代表人民的组织决定它们的存废去就。

简单地说，我所希望的是：皇权变质而成向人民负责的中央政权，绅权变质而成民选的立法代表，官僚变质而成有效率的文官制度中的公务员，帮权变质而成工商业的公会和职业团体，而把整个政治机构安定在底层的同意权力的基础上——这是我所希望的转变，至于怎样转变得过来，我一时还不能直接加以答复。

在这里可以附带提到的是：在这几篇论文中，帮权这个对象不但没有分析，而且也很少提到它。我自己对这方面的知识实在太少，很希望有朋友能向这方面深入研究，那是要了解中国社会整个结构时所不能少的部分。

从基层乡土着眼去看中国的重建问题，主要的自是：怎样把现代知识输入中国经济中最基本的生产基地乡村里去。输入现代知识必须有人的媒介。知识分子怎样才能下乡是一个重建乡土的一个基本问题。现在的情形却正是相反，乡土社会中一批一批地把能有机会和现代知识接触的人才送走了,为此我写下了《损蚀冲洗下的乡土》。接着这一篇分析之后,我开始提出"乡土复员论"。

在我看来,乡土重建有一个前提就是要解决土地问题。为了要说明土地问题的严重性,我提出了一种看法:中国的土地制度在传统经济中其实早已伏下了病根。我们的土地已有大部分只能生产仅足维持劳动者生存的报酬,它们已到了利用的边际上,实际已不发生经济地租。这种土地应当是租不出去的,因为如果这土地的收获中交出了一半作地租后,所剩余的不够养活在这土地上的劳动者了。但是在中国乡村里,这类土地却还有人承租,原因是租这种土地来耕种的人并不完全靠土地上的收获来维持生活,而利用农业里多余的劳力从事各种手工业,增加收入。单从土地利用上看是不值得租种,但是在农家经济上说,租了田地来种,多少可以得到一些收入,和其他收入合并了,足以维持生存。从整个乡土经济说,那是手工业津贴了土地制度。

农工混合的乡土经济才能维持住传统土地制度,也维持了地主的收入。我接着指出西洋工业的侵入,打击了手工业,把中国乡村逐渐单纯农业化了,这时,土地不能同时养活地主和佃户的事实暴露了,形成日益严重的土地问题。

我这项分析是同时顾到了引起土地问题的和外来的两方面的因素,但是有些读者不知怎么会看出题外的枝节来,甚至有说我不明白地租的意义,也有说我抹煞历史事实等一类的话。既有这类批评,我只有承认原文中大概有词未达意的地方，所以重复说了一篇。至于断章断句地说我在维护地主利益等一类话，我只有信托公平的读者自己的断决，在这里用不着辩白了。

构成当前土地问题的内外两个因素，是必须加以应付的。一块不能同时养活地主和佃户两重人物的土地上要能续继生产，只有让耕者去享受这土地上的出产，这是惟一的办法；换一句话说是"耕者有其田"。这已是句老话，至于怎样能实现这目的，其实也不出下面几个可能性：地主自动放弃地租。放弃可以是有赔偿的，可以是没有赔偿的；有赔偿的话赔偿的数目决不能影响到耕者的温饱水准，不然也就等于没有放弃地租了。地主如果不自动放弃地租，而事实上，当前的情势已无法维持，则只有走上被迫放弃的一路。放弃的程度可以是一部分的，可以是全部的。要希望地主有远见，在没有受到压力就自动放弃特权是不容易想象的，问题是要用多少压力才能使地主明白非放弃不可了。决定这问题的因素很多，其中一个因素是要看原有靠地租生活是否能在转变到生产事业里去，不一定要和传统土地制度共存亡。我提出地主阶层的子弟转变的问题曾被那些以为我在维护地主利益的批评者发生了误会。我愿意明白地说，我所着眼是地主这个制度，要取消的是制度，不是那批人，人可以转变到别的社会层里去的。要减少改革制度的阻力就得对那些人的生活有个合理的安排，最合理的安排就是使原来不事生产的，现在也加入生产了。

土地问题的解决，可以减少寄生在土地上的一层人物。

但是只从这分配上着手,我们并不能希望对生产上有太大的促进作用。要提高乡村里的人的生活程度,还得开源,增加收入,在这里就得应付引起土地问题的外来因素,重建西洋工业所摧残的乡土工业了。

乡土工业这个名词是我在这一个系统的论文中造下的。最初我常用手工业这个名词,譬如在讨论《人性和机器》这本小册里就用了"中国手工业的前途"作为副题。乡土工业在以往确是等于手工业,而我的意思却在希望乡土工业的技术基础由手工而变成机器,因之在名词上引起了许多混淆。有人认为我提倡手工业而反对机器,有人说我"留恋"于过去。为了免除这些混淆我才采用这乡土工业一词。乡土工业可以是手工的,也可以是机器的;可以是家庭性的,也可以是工厂性的。重要的是在这种工业并不隔离于乡村,在原料、劳工、资本等各方面以乡村的来源为主。

我屡次说乡土工业是我们在打算重建中国经济时应当注意的一项。这也说明了我并没有说一切工业都要分散到乡村里去。这是不可能的。任何人都能明白,一个炼钢厂不可能化成乡土工业的。但是许多批评者,我不明白为什么原因,一定要咬定我在设想一个全盘乡土性的经济,这样咬定之后当然很容易加上一个幻想的帽子,而把怎样去推进乡土工业的问题轻轻取消了。

我也并没有认为乡土工业可以单独发展。乡土工业要变质,就得有许多机器,而且在动力上,需要电力的供给。

在这里又有人反过来认为中国电气化是个幻想，说是幻想，又可以把变质问题取消了。在我看来乡土工业的转变并不是突然也不一定是彻底的。重要的是在增加乡民的收入，增加一点是一点，愈多愈好，愈快愈好。有多少可用的机器就用多少，有多少可以引入的现代知识就引进去多少。

这里当然还有许多值得研究的问题，那就是在有限的资本下，重工业和乡土工业之间应当维持什么样的比例？重工业的经营应当采取什么方式？我对于这问题的看法，在最后两篇里曾经间接暗示了，如果工业建设的资本得由广大农民节约储蓄出来，最有效的办法是让这些资本直接由积聚者投在他们可以看到的乡土工业里。至于重工业的建设依实际情况说总得由政府去经营，如果政府不能把握住一笔大的资本（不从豪门积聚的财富里征收得来，就得从国际借款上想法），就得慢慢靠人民的节约储蓄。现在这样贫乏的状况里要很快地拥出大笔资本，很难会不遭受反抗的。在我看来，一个要能受人民拥护的政府，经了这多年的战争，必然得先做到与民休息，培养元气的最低标准，那就是说不再增加人民的担负；不但不增加人民的负担，而且得很具体地增加人民的收入，看得到的收入。在这创痛之后即刻强制人民去为国营工业积资本，在政治上看去，是件冒险的政策。所以我倾向于先发展乡土工业的意思，然后用这种工业里所创造出来的资本去发展较大规模的重工业。简单说，我们得从土地里长出乡土工业，在乡土工业长出民族工业。这条路线是比较慢的，但也比较稳的。

在确立乡土工业的过程中，政府有很多事可以做，而且必须做的。现代技术的下乡不能不由政府出来推动。我在上面所提到知识分子下乡的困难，就因为乡村里缺少可以应用现代知识的事业。在种种能应用现代知识的事业中，最基本的是生产事业，而生产事业中最容易有效的是工业。

以往种种乡村建设的尝试，似乎太偏重了文字教育、卫生等一类并不直接增加农家收入的事业。这些事并不是不重要，但是它们是消费性的，没有外力来资助就不易继续。要乡土在自力更新的原则中重建起来，一切新事业本身必须是要经济上算得过来的，所以乡土工业可能是一种最有效的入手处。

我们有理由想到如果乡土工业不过是一种中国工业化的过渡步骤，这个步骤会不会阻碍中国高度工业化的发展。换一句话说，如果我们投了资在不太有效率的乡土工业，而到后来这些工业还是要被大规模工业所代替的话，这笔资本不是投得冤枉了么？我觉得事实上虽则有此可能，但是并不会太严重的。第一是在许多轻工业大规模生产的利益并不一定是显著的，而且乡土工业并不限于家庭工业，有许多乡土工业，开头就可以用村子或区域作设计的单位。每种工业有它适中的规模，需要我们研究和试验。第二乡土工业本身是可以演进的，投资的数量既然小，设备的利用在较短期间就可以出本，所以改良和扩大并不会招致过甚的损失——我在这里只能就原则上作些提示，事实上非在实际情况中不能答复这类问题。

如果说我这种想法是幻想，倒不如说我这种想法太迁就了事实。所以我在社会学年会讨论这问题的开始曾这样说："如果原子能征服了月球，吴景超先生和我一同去设计一个建设月球的方案，我相信我们不会有什么不同的意见的。每个人所想象的天堂离不了树上长满葡萄，河里淌着牛乳那一套。可是我们现在要应付的是吴先生描写在《劫后灾黎》一书里的中国。"

话又说回来，我这本《乡土重建》能完全不成为一个幻想么？我不敢说，因为现实告诉我们，我们讲"重建"还太早，洪流正在冲洗，《劫后灾黎》的"后"字还用得不太切当，乡土要重建必须有一个前提，那就是有一个为人民服务的政府。这个前提如果不存在，这一套讨论重建问题的话也都不发生直接意思了。我这套话也可以说都是白说的。但是我也不能想象中国永远能这样下去，有一天重建乡土的前提存在了，我这里所提出的问题还是要我们细细研究的。所以我觉得这套意见还是有用的。也许早一些把这些问题着手研究，到重建的时候到来时，不致完全靠一时的冲动去应付，而遭受许多不必要的损失。而且，像我这样的书生，除了这种工作之外，还能有多少为国家服务的机会呢？为了这个原因，我还是写下了这许多字，而且还要把它印成小书，贡献给读者作思考时的参考。

最后，我得感谢王芸生先生，他鼓励我把这套意见写出来，更给我机会在《大公报》上陆续发表，而且还允许我把这些已发表过的论文编成此书,在《观察》社出版。其中有一篇《论城·市·镇》曾在《中国建设》发表过,在此也附带向编者道谢。

我本来的计划是把各家对这套论文的批评一起编入,成为一本讨论集。为此我曾经分别得到了许多原作者的同意。但是编就一看,分量太重,在印刷和出版的条件下,不能不放弃这计划。让我对许多曾经给我指教,又允许我重印他们批评的朋友们表示我的感激。

      1948 年 6 月 19 日于清华胜因院

附录一

论绅士

绅士是封建解体,大一统的专制皇权确立之后,中国传统社会中所特具的一种人物。它的发生有着它的社会背景,从这背景中我们可以了解它的特性。

帝王本无种

这种我们所谓绅士的人物也常被称作士大夫。因之,它也常被认作和封建时代的大夫和士一类的人物,其实士大夫和大夫士却有很重要的区别。

在封建制度中,大夫和士是统治阶级的一层,虽则在统治阶级中说是很低的一层,但是究竟还是统治者,是握有政权的。封建制度中,政权并不集中在最高的王的手上。这是个一层层重叠着的权力金字塔,每个贵族都分享着一部分权力。王奈何不得侯,侯也奈何不得公,一直到士,都是如此。他们在一定的范围之内,各层有各层的政权。所以我们可以说大夫和士也是握有政权的统治阶级的一部分。封建解体,在政治上说,是政权不再像金字塔一般的从上逐渐一层层地分下来，而集中成了大一统的皇权，皇帝是政权的独占者，"朕即国家"。他在处理政务时固然雇用着一批助手，就是官僚。可是官僚和贵族是不同的。官僚是皇帝的工具，工具只能行使政权而没有政权。贵族是统治者的家门，官僚是统治者的臣仆。

封建解体之后，政治上还有一个重要的变化，那就是："帝王本无种"。封建的政权是依血统来分配和传袭的。不生在贵族之门的庶人，轮不到这些"宝座"，看不到这些"神器"。没有人能在出生之前挑选他的血统，也没有人在出生之后能改变他的血统，所以不在其位的，也不会去觊觎此位。正如生而为女的不会想变为男的一般。可是封建解体之后，人人得而为皇帝了，换一句话说，政权成了个可以夺取的对象了。在秦末的时候，封建初废，"彼可取而代之"的心理是既新鲜而又生动，所以太史公在《史记》里借了项羽之口，还要写下这一笔有声有色的口号。这口号是划时代的。从项羽这样一说，争夺政权的事也就没有停止过。政权在一般人眼中似乎成了一个宝贝。做大买卖的就干这个。

可是不幸的，封建里解放出来的政权，固然不再专属一姓，万世一系了，但是中国却到现在还没有找出一个夺争政权的和平方式。我们一说起夺取政权，也就忘不了"揭竿而起"的武力手段。武力争夺的方式下，政权成了"成则为王，败则为寇"的夺宝。夺来夺去，以暴易暴，总是极少数人统治着其他的人民，专制的皇权并没有在政权的转移中发生任何性质上的改变。我们不像英国，杀一个皇帝，皇权减少了一些,民权抬了一些头;赶走一个皇帝,皇权又减少了一些,民权也又抬了一些头;最后竟变了个挂名皇帝,取消了皇权。在传统中国只有"取而代之"的故事,流的是人民的血,得到宝座的却是少数幸运的流氓,像刘邦,朱元璋一派人物。在御定的国史上,固然似乎真有着一线相承的正统;事实上,恐怕大小规模的内战是经常的现象,史不绝书的。

天下之大不韪

以武力争夺政权是危事。成固然可以称王,败则只有一死,非但一死,而且可以灭族。在争夺的时候是"寇"是"匪",被剿被戮,面对着武力的威胁。这是必然的,用武力得来的天下,怎肯随意拱手让人?许由、务光也不是既得政权之后而逃走的,尧舜的谦让和我们熟知的辞职也许差不多;无论如何,这些本是无可考证的传说,从有记录的历史看,马上得的天下也必须在马上失之。

宝座的代价是命拼来的,当然要世世代代尽力保持着。别的罪都可以因皇恩浩荡而赦免,惟有"篡逆"却在一切可赦者之外。所以这是"天下之大不韪"。念过明太祖对付这些敢于侵犯政权者的酷刑记载,无异是"地狱历程",我们在城隍庙里所见的十八层地狱的形象,据说是写实的,是明史标本。希特勒比了明太祖还是小巫见大巫。

威胁是皇权自保的手段。我记得幼年时曾经不知怎么在小朋友面前夸口自称起皇帝来，祖母在旁边赶紧很严厉地呵斥："这是不能说的！"——用现代名词说是 tabu，即是孩子们戏言都不能触犯这个威权。这不是迷信，历史上，至少是传说的历史上，有着屠杀据说命中有做皇帝可能的孩子的说法。

威胁却从来不曾是过政权有效的保险，因为"人不畏死，奈何以死惧之"。只要是政权可争，皇帝的宝座具有引诱，是一笔大买卖时，冒天下大不韪的人还是会接踵地相望于道。威胁只吓得住一部分人，不是全体。在予取予夺，想什么有什么的专制皇权下，政权可以用来谋取私人幸福的时候，社会也可以从顺逆的界线上分出不敢冒大不韪的人和敢于冒大不韪的人。敢不敢是怎样决定的呢？

在专制政体之下，人民只有义务而没有权利。皇帝的话就是法律。他如果想要大兴土木：建宫殿，营陵墓，造长城，开运河，不管人民愿意不愿意，他就可以用政权来向人民要钱要人；他如果想开边扩地，所谓好大喜功，或是要戡乱平变，所谓安内，不管人民愿意不愿意，他又可以用政权来向人民要钱要人。纳税当兵之成为义务，在专制政体下生活的人是最明白的。这也是孔子所谓"苛政猛于虎"的根源——可见其由来已久。这政治老虎出了槛，就会逼人上梁山了。

逃避权力的渊薮

政治老虎对于每个解除了武装的被统治者的威胁是一般的。但是他们对这老虎的反应却不同。

从接受政治老虎威胁的能力上说,愈是经济基础薄弱,愈是承担不起要钱要人的征发。假如经济基础比较稳固些,他还可以忍痛耐一下,所谓逆来顺受,花些冤枉钱免得惹是非,拉长了看,还是上算的。而且在我们的传统里"要人"总是可以转变为"要钱",骨肉离散、春闺梦里人、白骨填沟壑之类的事不至于发生在富豪之家,原是事实。如果要逼到非上梁山不可,也是偶然的。所以在贫富之间有着顺逆之别。

可是经济基础较稳固的人家,也有他们不利之处,所谓"人怕出名猪怕壮",如果政治老虎择肥而噬时,情形可比一身之外无长物的贫民更为尴尬。这时财产和较安乐的家庭却成了"家室之累"了。所以,有产的家室不能不更担心着政治老虎的威胁。

在平民,穷到没有办法时,可以硬干。在有家室之累的资产阶级却不大方便硬干。于是他们要开辟一个逃避这老虎的渊薮了。可是"率土之滨莫非王土"的时代,没有租界,交通不方便,海禁未开,也不能去华府或巴西,连香港都没有,在空间想找逃避是不太容易的。也许这也不是断不可能,因为逃之四夷的在早年还是有例子可举。范蠡,张良,都会神龙见首不见尾,可能是走了的,像老子一般骑了青牛也可以出关。但从普通人说,逃避之所还得在社会制度中去创造。

大一统的专制皇权中被这批人发现了一个漏洞。握有无上政权的天子,固然可以在政权的占有上一丝不让人,但是幅员辽阔的天下,却不能一手经管。他虽则未始不想凡事亲理,天子还是人,还是有实际的限制,所以他不能不雇佣大批官僚。

我已说过官僚并非天子的家门,并不和皇上分享政权,他们不过是臣仆。当大一统局面形成之前,曾有些人认真地想建立一个富有效率的行政机构,这是法家。他们的理论是一点都不错的,有效率的行政机构必须是一个法治的机构,一切人都得在法律之内。商鞅实验着这理论而且有了成效,可是他有一小点疏忽,有一个人没有收入法律之内,那就是天子。这留在法律之外的一个人却把法家的理论作废。商鞅自己把生命牺牲了,而且还给后世看成了个"现世报"的傻子。"作法自毙"在历代论者的笔下是件愚不可及的殷鉴——这是现实的批判:如果最高的权力不受法律的拘束,整个有效率的行政机构可能成为无可抵御的老虎了。从被统治者着想,官僚自己也在内,这决不是个理想,理想刚刚和这个相反,而是一个瘫痪的行政机构。从官僚的怠工做到无为而治的、"天高皇帝远"的、不发生作用的、被软禁了的皇权——这才是孔孟老庄合作努力达到的理想政治。

皇权被软禁的理想也不易充分实现,退而求其次,为了自身的安全,这些官僚即使不能怠工,也得为自己和自家亲戚朋友们开一个方便之门。他们可以利用着他们在行政机构里的位置作掩护，一个不受权力所威胁的租界地。

这个发现给那些有家室之累，不敢冒天下大不韪的资产阶级找到了一个逃避权力的渊薮了。有一些像纳尔逊的战略："靠近敌人。"可是这些欲求自保的资产阶级靠近政权、为皇帝当差、进入官僚的战略，却并不是攻势，而是守势；不是积极的目的，而是消极的目的——并不想去"取而代之"，而是想逃避，"吃不到自己"。官僚和他们所掩护下的亲亲戚戚构成了中国社会所特有的"法律所不及的区域"，他们有免役免税的特权，但并没有政权。

官僚和绅士

靠近自己想逃避的对象是一件需要极机警的动作。官僚是奴才，"君要臣死，不得不死"，"臣罪当诛，天王圣明"——这角色是不易当的。他们不能全部怠工，一旦给皇帝识破，就会斩头。于是他们得行使出两套面目，在执行向平民要钱要人时得特别卖力，把整个政治的担负转嫁到平民身上，使自己所掩护下的亲亲戚戚都可以豁免。但是一旦平民被逼到铤而走险时，首当其冲的却又是这些人。天纵神明是不能错的，官僚成了替罪羊。卖劲也不好，不卖劲也不好。在这里，中国官场中，经了几千年的磨练，虽则已有种种传统的"宦术"，但是做官并不是一件太容易而没有风险的事，宦海也可没顶。

做官并没有太大的直接的好处。利用官职直接发财的行为，在皇帝看来，不但是腐化皇权所依赖的行政机构，而且是和自己争利，在一个不太糊涂的皇帝手上是不会容忍的。像贾政这样的循吏，加上内宫里还有着裙带的联系，为了侄媳的受贿，竟免不了抄家，可见吏治在专制皇权之下的严厉了。普通官吏不能不勉为其难做到两袖清风的地步。做官既没有太大好处，而多风险，为什么大家还是争着要做官呢？

陶渊明是够得上清高的标准了，他有着诗人的天才，有着独到的风雅，可是他尽管这样，还是勉强去折过腰的。如果折腰不是必要的话，他何必不早一些在田园里负锄往来呢？这是中国社会所不许可的。如果他真的看不起官职，他不去折腰，最可能的他已成了折臂翁了。折腰和折臂之间的选择，使人体悉了非做官不可的原因。

做官是得到安全和保障的必要手续，有一点像打防疫针，在打针期间可能有反应，做官是有风险的，可以被抄家，被斩头，皇上是难侍候的。可是反应受过，就可以免疫了。当然，这个譬喻有一点不太切，防疫针只能自己免疫，而做官所能掩护的领域却不止个人。于是又发生了一种办法，就是一个集团遣派代表去做官；一人升官，鸡犬安宁。

传统社会里的大家族就是这种团体。全族人合力供给一个人去上学，考上了功名，得了一官半职，一族人都靠福了。在朝廷里没有人，在乡间想保持财产是困难的。像顾亭林这样德高望重的学者，改换了朝代，宁可闭门读书，简从旅行，但是为了安全和保障还是不能不派他外甥到朝廷里去侍奉异族。他这种做法，其实在逻辑上并不矛盾。中国的官僚并不是分享政权的，他们和政权本来是处于敌对的地位。侍奉它，就在软禁它，逃避它，并不改变其敌对的地位。这是美国社会学家孙末楠所谓敌对的合作。外甥做官，保障了舅舅的安全，甚至可以使舅舅能安心去下革命的种子。在他们看来可以毫不矛盾。

中国传统的官吏并不认真做官，更不想终身做官；打防疫针的人决不以打针为乐，目的在免疫，和免了疫的康健。中国的官吏在做官时掩护他亲亲戚戚，做了一阵，他任务完成，就要告老还乡了，所谓"归去来兮"那一套。退隐山林是中国人的理想。这时，上边没有了随时可以杀他的主子，周围是感激他的亲戚街坊，他的财产有了安全，面团团，不事耕种而享受着农业的收益。这是"衣锦还乡"的景况，是中国专制政治之下的特权人物的享有。他们决不冒险去觊觎政权，他们的孩子都不准玩着"做皇帝"的游戏。他们更不想改革社会制度，因为他们一旦把皇权的威胁消除了，或推远了，他们就不能靠这制度得到经济的特权。他们在农业经济中是不必体力劳动的既得利益者，他们可说是不劳而获的人——这种人就是绅士。绅士是退任的官僚或是官僚的亲亲戚戚。他们在野，可是朝内有人。他们没有政权，可是有势力，势力就是政治免疫性。政治愈可怕，苛政猛于虎的时候，绅士们免疫性和掩护作用的价值也愈大。托庇豪门才有命。

绅士和官僚互相联起来才发生上述的作用,于是我们可以了解为什么我们会一直沿用着封建时代所传来的大夫和士这两个名称,而且自从颠倒了次序成为士大夫之后,我们一直把这两个名称联用着竟成了一个名词了。

绅士是士,官僚是大夫。士大夫联成了中国传统社会结构中一个重要的层次,就是到现在还是如此。

附录二

论"知识阶级"

知识阶级已是一个很流行的名词。这名词指示了中国社会在"知识"上发生了分化,其中有一部分人以"有知识"作为异于他人的特性。这里发生了问题:"知识"怎么可以成为社会分化的基础呢?可以分化社会的知识是什么性质的呢?这类知识怎么会独占在某一部分人的手里?这种独占有什么好处?怎样加以维持?这一部分怎样在社会里构成阶级?这种结构对于中国现代化有什么影响?这些是我想在本文里提出来讨论的问题。

知者的知识

可以成为社会分化基础的必须是可别的标帜。男女两性常是分化基础,因为他们是可别的。现代社会中主要的分化是根据经济的,但并不是贫富,贫富是相对的"差"而不是"别"。分化现代社会的是生产工具所有权的有无。握有生产工具的和没有生产工具的形成两种不同而且对立的阶级。这样说来知识怎么能成为社会分化的基础呢?世界上岂能有毫无知识的人呢？如果没有人能毫无知识而继续生活，知识也决不能成为一部分人所特具的了。我们凭什么可以说"知识阶级"呢？

知识是所知，知是人类所共具的能力，所以知识是凡人皆有的。但是在古书里也有并不把作名词之用的知字广泛地包括一切所知，而且用知字作为形容词时，如知者的知字，意义也更狭。现代所流行的知识分子一词可能是相近于古书所谓知者。

我们不妨以《论语》里知字的用法作例：

知字作为动词时是和我们普通所说"知道了"的知字是相同的。例如：

父母之年不可不知也。

殷因于夏礼，所损益，可知也。

但是知字成为名词时却可以有狭义的用法了。例如：

樊迟问知。子曰："务民之义，敬鬼神而远之，可谓知矣。"

子曰："盖有不知而作之者，我无是也。多闻，择其善者而从之；多见而识之——知之次也。"

樊迟……问知。子曰："知人。"樊迟未达。子曰："举直错诸枉，能使枉者直。"

这里所谓知，显然不单是"知道了"，而是指"懂了道理"。在第二条文里孔子说明了行为的普通过程：先是闻、见；接下去是择、识；于是知，知才有作。知之异于闻见是在有所择识。择的根据是善，识是加以辨别；因之我们可以说知是明白了行为标准加以择识的作用。所谓行为标准就是"举直错诸枉"里的直字。知了之后，对己还要"从之"，对人还要"使直"，那是"作"。所以孔子可以直接以标准行为的规范来说明知。凡是对民能"务本"，对鬼神能"敬而远之"的就可以说是知了。知在这里不只是人的能力，而是人的德性，可以和仁勇并称。因之，知者并不是指聪明人，智力高的人，或是见闻极广的人，而是指明白道理的人，道理就是规范。

在人类所知的范围里本来可以根据所知的性质分成两类，一是知道事物是怎样的，一是知道应当怎样去处理事物。前者是自然知识，后者是规范知识。《论语》里所申述的知是属于规范知识。依孔子看来，凡是专长于规范知识的人可以不必有自然知识。孔子所代表的知者是"四体不勤，五谷不分"的人物。分辨五谷是自然知识，对于知者是不必要的。

樊迟请学稼。子曰："我不如老农。"请学为圃，曰："吾不如老圃。"樊迟出。子曰："小人哉，樊须也。上好礼，则民莫敢不敬；上好义，则民莫敢不服；上好信，则民莫敢不用情。夫如是，则四方之民襁负其子而至矣，焉用稼？"

这段话不但说明自然知识对于和孔子一般的人是没有价值的,而且从此可以看到这种人的社会地位。他们是在"上"的,在他们之下的是"民",民是种田种菜的人。在上的人所要的是获得这些民的敬服,方法是好礼、好义、好信。礼、义、信是规范,明白这些规范而实践是知。有规范知识的人不必亲自劳作的。这种社会结构到了孟子口上说得更清楚。有一次有个叫陈相的在孟子的面前宣传许行的"贤者与民并耕而食"的主张。孟子听了大不以为然。他认为社会必须分工:耕、织、机器、陶冶不能由一人经营。这是从经济原理立论的;但是他一转,却用分工的原理去维持政治上统治者和被统治者的分化了。在这里他说明了"在上"者的特权。他说:

> 百工之事,固不可耕且为也,然则治天下独可耕且为与?有大人之事,有小人之事;且一人之身而百工之所为备,如必自为而后用之,是率天下而路也。故曰:或劳心,或劳力;劳心者治人,劳力者治于人;治于人者食人,治人者食于人,天下之通义也。

我引用了上面的两段话,目的是在想指出,自然知识和规范知识的分别包含着社会分化的意义,自然知识是农圃百工所赖以为生的知识,用普通的话说,是利用自然来生产的知识。规范知识是劳心者治人的工具,统治别人的可以"食于人",由生产者供养,所以自己可不必生产;不事生产才能四体不勤，才能五谷不分，"焉用稼"？

规范带来了威权

孟子虽则说这种社会分化是"天下之通义"，但并没有说明那些劳心的，或如我在上面的解释，那些具有规范知识的为什么可以在上，可以治人，可以食于人。我们如果要分析这些知识分子怎样得到他们这种社会地位，通义两字是不能满足我们的。我觉得知识分子的地位有一部分是从规范知识的性质里发生出来的，因之，在这里我们还得再分析一下规范知识的性质。

人们生活上的需要，衣食住行，在在得用自然的物资来满足。可是人并不能任意取给于自然，像神话里的仙女一般说什么就有了什么；人得依顺着自然运行的原则，才能以自然物资为己用。要能依顺自然原则，必然先须明白知道这些原则，自然知识是这些原则的认识。譬如摩擦可以生火是人类很早也是很重要的自然知识。但是要生火的人并不是随意把东西摩擦一下就可以得到火的。生火的知识的内容必须包含用什么东西，怎样摩擦，摩擦多久等等许多条件。在这些条件下才能实现摩擦生火的自然原则。这许多物质条件和手艺是技术，技术规定了在一定程序下得到一定的效果，它可决定火生得起生不起来。

在人类生活中，我们并不是为生火而生火的。生火是为了要达到另外的目的：煮饭、取暖、照明、敬神——于是发生了另外一套问题：为了某种用处应当在什么时候、地点、场合，由谁去生怎么样的火？生火在这里已不是一件孤立的活动，而是整个社会制度中的一部分。在和生活的关联上，生火的活动附着了价值观念，有着应当不应当的问题。这是孔子的所谓礼。同一件事，同一种动作，在不同情形中，有时是应当的，有时是不应当的。

"管仲知礼乎？"曰："邦君树塞门，管氏亦树塞门；邦君为两君之好，有反坫，管氏亦有反坫。管氏而知礼，孰不知礼！"

决定"应当这样不是那样"的是我在本文中所说的规范知识，和技术所根据的自然知识性质上是不同的。

自然知识有正确不正确，不正确就达不到所要的结果。不明白，或明白了不遵守摩擦生火的技术，结果是生不出火，因之我们不需要另外一种力量去防止人们不遵守正确的自然知识。规范知识则不然。人们不遵守应当的规范，虽则也会引起有损害于社会的结果，但是这损害并不很容易看到，而且对于个人可能是不受损害的。所以为了保障社会共同生活的人大家的利益，不得不对于不遵守规范的人加以制裁，使"应当这样"成为"不敢不这样"。制裁作用需要威权的支持。威权的来源是社会共同的意志，可是社会上所有的人不能大家参加制裁的工作，所以得把威权授予若干人物去代理大家执行这任务。这种人是相当于上节里所提到的知者。

在一个变动很少的社会中，从实际经验里累积得来的规范时常是社会共同生活有效的指导。规范对于社会生活的功效不但是它存在的理由，也是受到社会威权支持的理由。社会威权的另一面就是人民的悦服。悦服的原因是在从此可以获得生活上的满足。社会结构不变动，规范成了传统，已往的成效是规范取信于人的凭借。

> 子曰："述而不作，信而好古，窃比于我老彭。"
> 子曰："甚矣，吾衰也。久矣，吾不复梦见周公。"
> 子曰："我非生而知之者，好古敏以求之者也。"

他认为他所做到的不过是把传统说说罢了，传统是古时传下来的规范，周公是传说中创立这些规范的人物。

传统的社会也可以称作威权的社会。在这种只要遵守现存的规范就可以解决生活上各种问题的社会里做人，他们不必去推究"为什么"的问题，只要问"应当怎么办"或是"以前人曾经怎么办的"就够了。"民可使由之，不可使知之"的时代是传统规范有效的时代，也是社会结构不常变动的时代。那时的问题是谁知道规范？谁知道传统？他们服从规范和传统，像一个工匠服从技术一般，技术由师傅传授，师傅是知道技术的人，他具有威望。同样的，知道传统的人具有社会的威望。

在这里我得加上一个注解，这威望和政权可以是不同的。我在《论绅士》一文中着重地说，中国的士大夫并不是握有政权的人。在中国，政权和这里所记的社会威权是很少相合的。政权是以力致的，是征服者和被征服者的关系。这里所讲的威权是社会对个人的控制力。儒家固然希望政权和社会本身所具的控制力相合，前者单独被称为霸道，相合后方是王道。但是事实上并没有成功的。孔子始终是素王，素王和皇权并行于天下，更确切一些说，是上下分治。地方上的事是素王统治，衙门里是皇权的统治。皇权向来是不干涉人民生活的，除了少数暴君，才在额定的赋役之外扰乱地方社会的传统秩序。

文字造下了阶级

在生活比较简单的社会里，规范的知识并不是少数人所特有的，凡是在行为上表示出有这种知识的就可以享受传统的威权，并不须特殊的资格。

> 子夏曰："贤贤易色，事父母能竭其力，事君能致其身，与朋友交，言而有信。虽曰未学，吾必谓之学矣。"

没有特殊资格的原因是在每个人都有和这种知识接触

的机会。这种知识是在世代间和社会里口口相传,人人相习的。《论语》开宗明义的第一句里就用习字来说明学。接着提到曾子的三省,最后一条是:"传不习乎?"《论语》里充满着闻、问这一类直接口头交谈的方式。孔子自己是"不耻下问","入太庙,每事问"。到现在学术和"学问"还是相通的,在那时文字显然并不占重要的地位。"行有余力,则以学文"。

但是生活逐渐复杂,去古日远,口口相传的规范发生了派别的出入时,就有"征实"的问题,那时文献才成了定谳的凭证。

> 子曰:夏礼吾能言之,杞不足征也;殷礼吾能言之,宋不足征也,文献不足故也,足则吾能征之矣。

文献却不是大家可以得到的,文字也不是大家都识的。规范,传统,文字结合了之后,社会上才有知道标准规范知识的特殊人物,称之为君子,为士,为读书人,为知识分子都可以。

我在《再论文字下乡》(见《乡土中国》)里曾说乡土社会是有语无文的。中国的文字并不发生在乡土基层上,不是人民的,而是庙堂性的,官家的。所以文字的形式,和文字所载的对象都和民间的性格不同。象形的字在学习上需要很长的时间,而且如果不常常用,很容易遗忘;文言文的句法和白话不同,会说话的人不一定就会作文,文章是另外一套,必须另外学习;文字所载的又多是官家的文书,记录和史实,或是一篇篇做人的道理,对于普通人民没有多大用处的。这类文字不是任何人都有学习的机会。没有长期的闲暇不必打算做读书人。闲暇在中国传统的匮乏经济中并不是大家可以享有的。尽量利用体力来生产的技术中,每个从事生产的人为了温饱,每天的工作时间必然很长,而且技术简单,收入有限,一年中也不能有较长的假期。因之,如我在《禄村农田》里所描写的:生产者没有闲暇,有闲暇的不事生产,生产和闲暇互相排斥。换一句话说,除非一个人能得到生产者的供养,是不能脱离劳作的。在以农为主的中国经济中,这种人大多是地主,而且是相当大的地主,大到能靠收租维持生活的地主。有资格读书的必须有闲暇,只有地主们有闲暇,于是读书人也就限制在这一个经济阶级中了。

孟子所说劳心者食于人的通义,并不是说劳心是一种应该受到供养的服役,食于人是他们应得的报酬;而是说非有食于人资格的不配劳心。

不劳力的人本来并不是非劳心不可的,换一句话说,一个靠着特权而得到生产者供养的人,不但不必有生产所需要的技术知识,也不必有任何其他知识,他可以悠哉游哉地过他寄生的日子。如果他这样,他的特权可就不安全了。特权是要靠力量来维持的:暴力、政权或社会威权。文字是得到社会威权和受到政权保护的官僚地位的手段。于是不但只有这种阶级有资格读书,而且这种阶级亦有读书的需要。两相配合而成了这种阶级的特点了。

这种配合的结果却发生了技术知识和规范知识的分化。我的意思是：并不是因为知识本身可以有这两类的分别，好像男女之别一般，发生为社会的分化；而是因为社会上不同的阶级因为他们不同的地位、需要和能力吸收了不同性质的知识，而使上述两种知识分离在两种人里面。

　　如我在上面所说的，技术知识和规范知识本是相关相联的。但是规范知识和文字一旦结合而成了不事生产者的独占品时，它和技术知识脱离了。这样一脱离，技术也就停顿了。我已说过自然知识一定要通过社会才能被应用而成为有用的技术。社会必须决定某种自然知识怎样去安排在社会制度里来增加那些人的生活享受。安排这事的人必须是明白技术的人，不然就无从安排起。那些"四体不勤，五谷不分"的人如果有着决定应当怎样去应用耕种技术权力的话，他只有反对"淫巧"以阻止技术的改变了。现代技术的进步是生产者取得了决定社会规范的权力之后的事。一旦这权力脱离了生产者，技术的进步也立刻停顿。

　　传统社会里的知识阶级是一个没有技术知识的阶级，可是他们独占着社会规范决定者的威权，他们在文字上费工夫，在艺技上求表现，但是和技术无关，中国文字是最不适宜于表达技术知识的文字；这也是一个传统社会中经济上的既得利益的阶级，他们的兴趣不是在提高生产，而是在巩固既得的特权，因之，他们着眼的是规范的维持，是卫道的。眼睛里只有人和人关系的人，他不免是保守的，人和人的关系要安排到协调的程度必须先有一个安定的基础，这基础就是人和自然的关系。所谓保守是指不主张变动的意思。眼睛里只有人和自然关系的人，单就技术上打算的，他不免是不肯停的、前进的、要变的；在经济，在效率上讲，那是没底的。技术的改变使人和人的关系不能不随着改变，于是引起不断的社会的变动，变动中人和人可能得不到协调，发生冲突，增加生活上的痛苦。中国的传统知识分子是前一种人，他不了解后一种人，因为他们是没有技术知识的人。

现代知识分子

当中国被西洋的经济政治的扩张力量带进现代世界时，在社会上握着威权，指导着"在下者"应当怎样应付环境的人物，就是我在上面所分析的知识阶级。中国接受外来文化的影响并不自现代始，印度文化曾经有力地进入过中土，但是这种外来文化并没有引起社会结构上的紊乱，也许是因为所传入的正是中国知识分子所熟习的那一套，象征性的、文字的、思想的那一套。他们明白怎样去应付，怎样去接收，怎样去加以汉化。可是现代从西洋所进来的那一套却不同了。工业革命之后所发生的那一套西洋文化是以自然知识和技术作重心的。那却巧是我们知识分子的外行，不只是外行，而且瞧不起的那一套。

文化的传播是受到社会结构的限制的。我们用了这个自然知识和规范知识分化的格局去和西洋文化相接触时，西洋文化的重心也就无法传播进来。中国具有自然知识，依赖技术为生的人，限于他们的财力和社会地位，不容易和西洋文化相接触。他们可以从西洋运来的货品和工具上间接地去猜想西洋的技术，但是很少机会可以直接去传授技术（中国匠人模仿洋货的能力是惊人的）。和西洋文化有机会直接往来，懂他们的文字，能出洋的却多是知识分子。在这阶级里发生了"中学为体，西学为用"的公式。这公式不过是中国社会结构本身格式的反映。在这公式下，"在上者"看到西洋技术的效用，但是他们依旧要把这种知识割裂于规范知识，他们要维持社会的形态而强行注入新的技术——一件做不通的事。中国知识分子并不是不能明白西洋也有一套所谓精神文明的。西洋的历、数、哲、理，都比了我们自己的强。这套东西，在纯粹理论方面，是中国传统知识分子所能接受的。以我个人所熟悉的社会科学说，穆勒、斯宾塞、孟德斯鸠、亚当·斯密等名著很早已有严复的译本。这些理论是工业革命之后西洋现代文明的理论基础，但是当这些理论传进中土，却并没有激起工业革命。这说明了这套理论一定要和现代技术配合了才发生作用，一旦脱离了技术，只成了一篇文章罢了——知识分子不能看重西洋文化的理论或是技术，他们同样的并不能把握住二者的关联。他们不能这样，因为他们生活所倚的社会结构是一个把知识分化了的结构。

中国知识分子受着这种传统社会结构的拘束，使他们不能在中国现代化的过程中担当领导的责任。我这样说并不单指已经过去的一代，我很有意思想包括我们自己这一代在内。在我们这一代里，学习工程和技术的人数是多了，他们而且已经有机会直接到西洋去学习。但是当他们学习的时候，他们却时常只注意自然知识和技术，生火怎么生法一类的问题，并不想到火应当生在什么场合里，对于社会的影响怎样。等他们"学成"了衣锦荣归后，他们会一转而成为食于人，治人的人物，他们继承着传统知识阶级的社会地位，是"在上者"。他们的祖宗是没有技术知识的人物，但是他们有适合于当时社会的规范知识。现代的知识阶级有了不加以实用的技术知识，但是没有适合于现在社会的规范知识。这种人物在社会里是不健全的。不健全的人物去领导中国的变迁，怎能不成为盲人骑瞎马？

或者有人会觉得我这种学说是过分的。我但愿如此，希望现代的知识分子不致这样的不健全。但是我的看法却是从我在现有的工厂里观察出来的。在我们所研究过的工厂里，凡是学校出身的，决不愿意当技工，一定要做职员。职员不但是一个社会地位，而是动笔，动嘴，不动手的人物。工程师和技工的区别是前者经过别人的手去运用机器，而后者用自己的手去运用机器。我们且不必去问一个不直接用自己的手接触机器的人是否真的能熟习技术，我觉得特别关心的是这些学工程出身的工程师并不知道怎样去有效地利用别人的手；那是工厂管理，人事重于技术的职务，也正是中国新工业里最缺乏的人才。

为什么？这是传统的知识分化还是活着的缘故。

最近哈佛大学费正清教授曾说：现代技术进入民间是中

国现代化最急须做到的事，但是传统的社会结构却一直在阻挠这件事的发生。他是从中国前途着眼而说的。如果我们回头看到知识阶级的本身，我们不免会为他们担心了。以整个中国历史说，也许从没有一个时期，在社会上处于领导地位的知识分子曾像现在一般这样无能，在决定中国运命上这样无足轻重的。我这篇分析是想答复这个问题：为什么他们会弄到这个地步？

中国知识分子是否还有前途，要看他们是否能改变传统的社会结构，使自然知识，技术知识，规范知识能总合成一体，而把他们所有的知识和技术来服务人民，使知识不成为一个社会阶级的独占品，也就是说打破这知识成为阶级的旧形态。

附录三

论师儒

我在《论绅士》一文里曾想对那种被称为士大夫的人物在传统政治结构中的地位加以分析。我的看法是认为自从大一统的集权政治确立之后士大夫并没有握过政权。我所谓政权并不指做官,而是政策的决定权,也就是国家的主权。在封建时代,主权属于贵族;在"朕即国家"的皇权时代,主权属于皇帝。我自己问自己:为什么中国的历史里不曾发生中层阶级执政的政治结构?这问题使我对士大夫阶层的政治意识发生兴趣。他们怎么不去和皇帝争取政权?中国怎么不发生有如英国大宪章一类的运动?这种在经济上是地主,社会上是绅士的阶层怎么会在政治上这样消极?这些问题显然可以从多方面去研究,我在《论绅士》一文中已经提出过一些意见,在这里我想再挑一点出来发挥引申,所挑出来的一点是他们自己对于自己政治地位的看法。这种看法并不是士大夫阶层不去争取政权的"造因",只是一种维持传统结构,那种"朕即国家"的政治结构的意识,本身是一种支持结构的力量,使这结构不易改变。

任何一种社会结构必然包括一套意识,就是认为应当如此的态度。它支持着那种结构。我在这里想说明被皇权所控制的士大夫用什么态度来认取他们和皇权的关系。我把这种士大夫的基本政治意识加以说明绝不包含我本人赞同这种意识的意思（因为有一部分不太明白社会分析工作的读者曾为了我分析这套传统结构和意识而认为我在提倡这套结构和意识，所以不得不加这一句话）。我认为惟有明白这种意识的内容，我们才能在要求改革社会结构时，克服这种阻碍改革的力量。

道统和政统

传统士大夫的政治意识中有一个很重要的观念就是道统。道统这个观念在皇权确立之前已经发生，而且我们也可以说，这观念的成熟才使皇权的结构能够确立。因之我们在分析这一直到现在还发生作用的传统政治意识时，不能不推到皇权确立之前，尤其是封建和皇权交替的过渡时期。

我并不愿意把一种社会意识的形成归原于一二思想家的言行。在我看来，一个时代的思想家，他们的言行能被社会所接受，主要的是因为他们反映了社会上一般的观点，他们不过把已经由客观的社会事实所造成的观点用比较明白和肯定的言行表达了出来罢了。在封建过渡到皇权时，最能反映出这趋势的思想家是儒家。儒家最后能超过其他百家而成为皇权时代最有力的思想体系，可以说是因为它所表达出来的观点是最适合于皇权时代政治结构中所需的意识形态。

道统这个观念有它所根据的社会事实，这社会事实就是发生了一个没有政治权力的士大夫阶层。把这观念说出来，而且组织成有系统的理论的是儒家。儒家的理论是跟着社会事实的演变而逐渐发展的。为了传统社会中威权寄托在传统，"过去的前例"，所以凡是要取信于民的，不能不常常"托古"，所谓"述而不作"，其实是修改史书。在那种时代，历史并不一定是实际社会事实演变的记录，它和神话是并不相分的。正因为这个缘故，理论，史实，神话混合的程度高，它们反映这时代实际需要的程度也高。我们读一节记载，对于它的"寓意"应当看得比"事实"更重〔所谓"寓意"是指这故事在当时（说这故事的时候）社会上发生的作用，所谓"事实"是指故事内容的真实性〕。

我说这一段话是要指明我虽则在下面要引用若干有关于孔子的言行，来说明儒家道统观念的内容，但是这些言行是否系孔子当时实有的记录，并不是重要的。孔子是生在封建和皇权交替过程的前期，他后来在皇权确立时期被推崇为"万世师表"，所推崇的却是在皇权时代有关孔子的传说，其中无疑地有许多附会和神话，并不一定是实有的孔子一生的事迹。但是在这些附会和神话中却更可以使我们看得出儒家和皇权在推崇孔子的时代的关系来。我知道有一部分读者可以说孔子是皇权确立以前的人物，不能用来说明皇权时代士大夫的意识；所以我要作上述的说明。我在这里所提到的孔子，主要的是汉代士大夫所奉以为师表的孔子，这是个传说或神话性的孔子，正是这个孔子才真正象征了皇权时代士大夫的表率，一直到现在还没有完全死去的模型。

道统观念的形成是因为社会上发生了一种新的人物，这种人物已经被排斥于握有政治权力的圈子，但是在社会上却还保持着他们传统的威望；他们没有政权不能决定政治，但是他们要维持他们经济的特权，有他们政治的主张。这一套主张用文字构成理论，对政治发生影响。他们不从占有政权来保障自己的利益，而用理论规范的社会威望来影响政治，以达到相同的目的——这种被认为维持政治轨范的系列就是道统。道统并不是实际政治的主流，而是由士大夫阶层所维护的政治规范的体系。

当士大夫阶层要用道统来驾驭或影响皇权，以规范牢笼现实的时候，孔子被抬出来作为道统的创始者，因之得到"素王"的尊号。传承道统的被称为师儒——"道在师儒"。

传说中的孔子身世正可以看成这道统和政统分离的象征。从政治结构的演变说，从部落的文化英雄燧人，神农，传到部落的政治领袖五帝，再传到封建的帝国——这个系统：三皇，五帝，尧，舜，禹，汤，文，武，都是在其位，谋其事的：在儒家对于这些标准政治人物的推崇上看去，可以说，他们是知道政治规范而同时又是实际在这轨范里治理天下的。那是道政合一的时代。但是接下去，儒家却推出了个周公。他们推崇周公，在我这里所要提出来的理论上看去，是有很重大意义的。周公在封建宗法上是并没有得到最高权力资格的王叔，但是他却执了政，他的摄政固然并没有改变当时的政治结构，但是却些微发生了一点变化，就是在实位的人如果没有能力，可以由有能力，知道怎样去治理天下的人去代替，这些微的变化推论下去，政统和道统成了可以分离的两件事了。也许就是这一点意义，使孔子的潜意识里念念不能忘记这位周公了。在关于周公的传说里，政统和道统在事实上固然没有多大的距离，王叔在宗法上本是有地位的，而且摄政也是很普通的办法，但是后来在儒家所承认的标准统治系列中，却在文、武之后联接着周公，由周公引出孔子，构成了和政统分离的道统。

　　道统和政统的分离，依儒家的传说看去，要到孔子才完成。这位"素王"据说也是贵族之后，但是离开贵族的系统太远，在封建体系中，是微不足道的。在这一点他是不能和周公相比的。依宗法来决定政治权力的所属时，孔子是无法从血统的身份上得到任何"统治"的。于是神话性的传说发生了。这传说的作用是在为"素王"找一个离开封建系统的来源。《史记》上对孔子的身世就露出可疑之意。先说是"野合"，再说是他母亲不把父亲的墓地告诉他，后来他母亲死了，才从别人那里打听出来，使父母合葬。当时的人也很怀疑他的身份："季氏飨士，孔子与往。"——这是说孔子自认是贵族之后——可是"阳虎绌曰：'季氏飨士，非敢飨子也。'"——这是说不承认他。后来《史记》上又说"祷于尼丘得孔子"——这是神授。由出身的可疑，进而找到神话性的来源。更进一步又有"履大人迹"的说法。

　　这段神话的作用是在要为孔子的道统找来源。这里表示了孔子并不是从贵族血统中获得他的地位的，并不直接来自政统，但是他的地位却并不低于有位的王，因为他是"素王"，"素王"是授命于天。从这位素王推出另一系列的人物，这一系列是道统，和实际得政权的政统不同，二者分离了。

用之则行舍之则藏的卫道者

实际执政的系列——政统——和知道应该这样统治天下的系列——道统——的分别是儒家政治理论的基础，也是中国传统政治结构中的一个重要事实。这和西洋中古时代的政治和宗教的分权有相似之处，但也不完全相同。在理论上，耶稣说："凯撒的物当归给凯撒，上帝的物当归给上帝。"他也是指权力的双重系统。有一次祭司长和文士并长老责问耶稣："你仗着什么权柄做这些事？"耶稣回问他们："约翰的洗礼是从天上来的，是从人间来的？"这些人不肯回答。耶稣说："我也不告诉你们，我仗着什么权柄做这些事。"——这里说明了在耶稣的眼睛里做事的权柄有二：一种是从天上来的，一种从人间来的。二者可以并行。但是欧洲中古的历史里人间的权力却降服在天上的权力之下。降服在宗教之下的是皇权。政教分离的结果是民权的抬头。在西洋政治意识中，权力不从天上来就得从人间来，人间即是民间；在他们似乎不易有"天纵神明"的自足的皇权。

在中国，孔子也承认权力的双重系统，但是在他看来，这两个系统并不在一个层次里，它不是对立的，也不必从属的,而是并行的,相辅的,但不相代替的。凯撒的一个系统,就是政统,是相同的,而另一系统在西洋是宗教,或是教统;在中国却并不是宗教,是道统。有人把儒家看成宗教,或是无神之教,因为它自成一个系统,不过这系统和教统有性质上的区别,区别也不只是理论里有没有个神,而且在和人类行为的关系上。耶稣的确用一种"权柄",做一些"事",因之在大家要做事的领域里,上帝和凯撒最后还是会冲突的。冲突的结果是有一个克服另一个。在儒家道统是一个"理",一个应当这样做的规范,一个依着这样做就能王天下的路子,并不是"事",因为按不按理做和有没有理是分得开的。事归政统,而理则归道统。这一点孔子说得很清楚:

> 孔子曰:"回,诗云'匪兕匪虎,率彼旷野'。吾道非邪?吾何为于此?"颜回曰:"夫子之道至大,故天下莫能容。虽然,夫子推而行之,不容何病?不容然后见君子!夫道之不修也,是吾丑也。夫道既已大修而不用,是有国者之丑也。不容何病?不容然后见君子!"孔子欣然而笑曰:"有是哉颜氏之子!使尔多财,吾为尔宰。"

这里说明事实上在"匪兕匪虎,率彼旷野"的乱世,道还是可以"既已大修"的,那是说事与道是两回事,道是可以离事而修的。道修之后,用道于事,并不是"不在其位"

的人的责任,而是"有国者"的责任。"有国者"可以用道,也可以不用道;"不在其位"的维持道统者可以设法"推而行之",以见"容"于有国者,但是却不能直接行于事。所以"推而行之"只在取得有国者的"用之"的一层里,而并不进入"仗着权柄,做这些事"的一层里。政统和道统,一是主动,一是被动;站在被动的地位才会有"用之则行,舍之则藏"。用舍是有权的,行藏是无权的。

在持执规范的人看去,实际的政治有些和有时是合于规范的,有些和有时是不合于规范的,于是分出"邦有道"和"邦无道"。尧舜是有道的例子,桀纣是无道的例子。皇权可以失道,当失道之时,卫道的人并没有意思去改正它,只要勤于自修,使这规范不湮灭。依孔子的看法,明白规范的人可以在被用的时候把道拿出来,不被用的时候好好地把道藏好。师儒就是和这道统不相离的人物。皇权和道接近时,师儒出而仕,皇权和道分离时,师儒退而守。所以他一再说:

> 笃信好学,守死善道。危邦不入,乱邦不居。天下有道则见,无道则隐。邦有道,贫且贱焉,耻也;邦无道,富且贵,耻也。
>
> 邦有道,穀,邦无道,穀,耻也。
>
> 直哉史鱼,邦有道,如矢,邦无道,如矢;君子哉蘧伯玉!邦有道,则仕,邦无道,则可卷而怀之。

道统消极地等待机会

关键是在政统和道统怎样接得通。师儒的理想是王道，王道可以说就是政统加道统。怎么去实现这理想呢？这里埋着孔子的矛盾。他是封建的后裔，他注意社会秩序，一个定于一尊，按着礼治的秩序，静态的社会。封建的传统使他想不到政统可以脱离血统；静态的理想使他厌恶改变社会结构的革命，这是这过渡人物的上半身。因之他对于政统是看成既成和不变的因素。可是同时他又以道统自负，死守那个王天下的理，也是不能变的。关于这一层子贡曾劝过孔子，而孔子很固执。

> 子贡曰："夫子之道至大也，故天下莫能容夫子。夫子盖少贬焉？"孔子曰："赐，良农能稼而不能穑；良工能巧而不能顺；君子能修其道，纲而纪之，统而理之，而不能为容。今尔不修尔道而求为容，赐，而志不远矣。"

这样说来，这两个不变的因素怎能碰头呢？于是要碰机会了。一方面要有耐性地等待，一方面要不辞劳苦地游说。他等待的心情在和子贡的谈话中说得很露骨：

> 子贡曰："有美玉于斯：韫椟而藏诸，求善贾而沽诸？"子曰："沽之哉，沽之哉，我待贾者也。"

孔子的周游列国，据《史记》，他曾"干七十余君"。"君命召，不俟驾行矣。"他那种不肯错失机会的心情在下列一段《史记》的记载中更可见到：

> 孔子年五十，公山不狃以费畔季氏，使人召孔子。孔子循道弥久，温温无所试，莫能己用。曰："盖周文武起丰镐而王，今费虽小，倘庶几乎！"欲往。子路不说，止孔子。孔子曰："夫召我者岂徒哉？如用我，其为东周乎！"然亦卒不行。

当孔子得到了有人用他的时候，他是想做事的：

> 孔子年五十六，由大司寇行摄相事，有喜色。门人曰："闻君子祸至不惧，福至不喜。"孔子曰："有是言也。不曰'乐其以贵下人'乎？"于是诛鲁大夫乱政者少正卯。与闻国政三月，粥羔豚者弗饰贾；男女行者别于涂；涂不拾遗；四方之客至乎邑者不求有司，皆予之以归。

但是像孔子所代表的儒家在别人眼中却是："滑稽而不可轨法，倨傲自顺，不可以为下。崇丧遂哀，破产厚葬，不可以为俗。游说乞贷，不可以为国。"所以尽管有耐性，尽管到处碰机会，与闻政事的机会还是不多。即使碰着了，如果不把政统屈服，还是没有把握使王道能继续下去的。孔子自己还是"悠哉游哉，维以卒岁"地离开了鲁国。他感慨得想"乘

附录三 论师儒　329

桴浮于海"。但是如果他真的"三年有成",怎样呢?他在窦鸣犊,舜华之死看到了所谓学而仕的师儒人物的结局了:

> 孔子临河而叹曰:"美哉水,洋洋乎!丘之不济此,命也夫!"子贡趋而进曰:"敢问何谓也?"孔子曰:"窦鸣犊,舜华,晋国之贤大夫也。赵简子未得志之时,须此两人而后从政;及其已得志,杀之乃从政。丘闻之也,刳胎杀夭则麒麟不至郊,竭泽涸渔则蛟龙不合阴阳,覆巢毁卵则凤凰不翔。何则?君子讳伤其类也。夫鸟兽之于不义也尚知辟之,而况丘哉!"

可是这教训并不能改变孔子对政权的消极态度,因为他和以后的士大夫一般认为"道理"可以存在于"真际",不必一定要出现于"实际"。让我再引一段《史记》来点出这种儒家的根本的看法:

> 及西狩见麟,曰:"吾道穷矣!"喟然叹曰:"莫知我夫!"子贡曰:"何为莫知子?"子曰:"不怨天,不尤人。下学而上达,知我者其天乎!""不降其志,不辱其身,伯夷、叔齐乎!"谓"柳下惠、少连降志辱身矣"。谓"虞仲、夷逸隐居放言,行中清,废中权"。"我则异于是,无可无不可。"子曰:"弗乎弗乎,君子病没世而名不称焉。吾道不行矣,吾何以自见于后世哉?"乃因史记作《春秋》。

《春秋》是一部政治典范，但存在于真际，不必存在于实际的。所谓道统和政统也就平行着。孔子的尊号是"素王"。这个没有位的"王"是中国政治概念中的特色。这也是我所谓士大夫没有握过政权的意思。素王的后裔是师儒。

奉天以约制皇权企图的流产

道统如果永远不能控制政统，尽管在道统的立场骂这些失道的有国者不知耻，政统自己并不觉得如此。邦无道时，师儒们固然不妨把道卷而怀之，可是其如苍生乎？师儒们尽可以说："天之未丧斯文也，匡人其如予何？"但是同样可能的是："天之将丧斯文也，后死者不得与于斯文也。"这是说师儒们并不是月亮上的人物：世界上好，下一次凡；世界不好，拂然上天。皇权的统治是"率土之滨，莫非王土"。道统可以自求不辱地合则留，不合则去。政统却"有着权柄做这些事"，它可以焚书坑儒，可以兴文字狱，可以干涉道统。孔子的矛盾并没有解决。只要是在一个世界上，道统和政统在实际上是无法各行其是的。道统不争政统，政统却可压迫甚至消灭道统。如果情形是这样，师儒们怎么办呢？积极的出路是走上西洋的方向，制约皇权，把政统压在道统之下。但这和封建里所养成的传统不合。在中国过去的历史上并没有采取过。所采取的却是另一套。

孔子呼天，这个天是空洞的，即使有知也是不干涉人事的。可是在到了道统被压迫得没有翻身的时候，这个天却被请出来干涉人事了。孔子的道统是没有权柄的，不做什么事的，做事的只有政统。但到了董仲舒手里，道统却直接通了一个干涉人事的天了。孔子的《春秋》和董仲舒的《春秋》因之也有了这基本的差别。董仲舒吓唬皇权说：

> 臣谨案春秋之中，视前世已行之事，以观天人相与之际，甚可畏也。国家将有失道之败，而天乃先出灾害以谴告之；不知自省，又出怪异以警惧之；尚不知变，而伤败乃至。以此见天心之仁爱人君，而欲止其乱也。
>
> 臣谨案春秋之文，求王道之端，得之于正。正次王，王次春。春者天之所为也，正者王之所为也。其意曰：上承天之所为，而下以正其所为，正王道之端云尔……
>
> 孔子曰："凤鸟不至，河不出图，吾已矣夫。"自悲可致此物，而身卑贱不得致也。今陛下贵为天子，富有四海，居得致之位，操可致之势，又有能致之资，行高而恩厚，知明而意美，爱民而好士，可谓谊主矣。然而天地未应而美祥莫至者，何也？凡以教化不立，而万民不正也……是故南面而治天下，莫不以教化为大务，立太学以教于国，设庠序以化于邑。

在董仲舒的公式里上是天，中是皇，次是儒，末是民。他抬出天来压倒皇权，使皇权得有所畏。谁知道天意的呢？

那是师儒。他特别主重师道，师道必须归于一统，然后才能代表天意。这一点和从民意去看天意的民主萌芽是不同的，虽则大家都保留着听不听天意的权柄给皇权。依着董仲舒所代表的天人之际的符兆主义，师儒不过是帮着皇权去应天。天要降刑罚时，并不用民，而用自然的灾异，先是警告，然后是打击。在这套理论中，虽则对皇权增加了一项压力，但是利用这压力的并非师儒，更非人民。

如果董仲舒再走一步，也许可以到宗教的路子上去，就是由师儒来当天的代表，成为牧师，或主教。师儒再加组织，形成一个教会，获得应归于上帝的归之于教会的权柄，发展下去，可以成为西方的政教关系。但是这并没有发生在中国历史上。董仲舒的灾异说发展到不利于皇权时，先就受到压迫。

> 仲舒治国，以春秋灾异之变，推阴阳所以错行。故求雨，闭诸阳，纵诸阴；其止雨，反是。行之一国，未尝不得所欲……先是辽东高庙长陵高园殿灾，仲舒居家，推说其意，艸稿未上。主父偃候仲舒，私见，嫉之，窃其书而奏焉。上召视诸儒。仲舒弟子吕步舒，不知其师书，以为大愚。于是卜仲舒史，当死，诏赦之。仲舒遂不敢复言灾异。

灾异论虽则没有做到控制皇权之功，但是给民间一个重大的刺激，因为这种理论把皇权的绝对性给打击了。如果

"天厌之"时，皇权就得改统。于是在汉之后，每一次皇权的动摇，农民的暴动都得借符瑞来取信于民。这也表示了这种理论被民间所接受的情形。灾异论成了改统的根据，但没有改变皇权的性质。

道统的屈服

和董仲舒同时的，跟董仲舒到胶西去的阴谋家，公孙弘，也是学《春秋》的儒者。但是他却另开出一条纳师儒入官僚的道路。在当时正统的儒林看来是出卖了孔子卫道的传统，不肯迁就皇权的90老人辕固生，罢归的时候，公孙弘侧目而视固。固曰："公孙子务正学以言，无曲学以阿世！"师儒有着维持道统的责任，不能投机。但是以曾做过狱吏，又牧过豕以卒伍身份致显朝廷，封为列侯，做到宰相的公孙弘却并不这样看，他看到的是出卖道统，屈服于皇权的投机利益。其实这是早就注定的命运：孔子的矛盾，只有两个可能的解决，一是道统制服政统，一是政统制服道统。辕固生，董仲舒不肯屈服，被放逐了；公孙弘屈服了，做到宰相。

公孙弘所主张的是由皇权来利用师儒去统治人民。他说：

> 夫虎豹马牛禽兽之不可制者也，及其教驯服习之，至可牵持驾服，惟人之从。臣闻揉曲木者不累日，销

金石者不累月。夫人之于利害好恶，岂比禽兽木石之类哉。期年而变。

公孙弘的"做官""事上"也开了官僚的风气。《汉书》里描写得很逼真：

> 每朝会议，开陈其端，使人主自择，不肯面折庭争。于是上察其行慎厚，辩论有余。习文法吏事，缘饰以儒术。上说之。
>
> 弘奏事，有所不可，不肯庭辩，常与主爵都尉汲黯请间。黯先发之，弘推其后。上常说，所言皆听。
>
> 尝与公卿约议，至上前皆背其约，以顺上指。汲黯庭诘弘曰："齐人多诈而无情，始为与臣等建此议，今皆背之，不忠。"上问弘。弘谢曰："夫知臣者以臣为忠，不知臣者以臣为不忠。"上然弘言。
>
> 汲黯曰："弘位在三公，奉禄甚多。然为布被，此诈也。"
>
> 弘自见为举首，起徒步，数年至宰相封侯。于是起客馆，开东阁以延贤人，与参谋议。弘身食一肉，脱粟饭，故人宾客仰衣食，奉禄皆以给之，家无所余。然其性意忌，外宽内深。诸常与弘有隙，无近远，虽阳与善，后竟报其过。杀主父偃，徙董仲舒胶西，皆弘力也。

这是一个，不讲原则，揣摩上意，不守信用，出卖朋友，沽名钓誉，阴结私党，维持高位的形式，一直到现在还是我们常见的官僚面目。

从公孙弘所开创的官僚路线上，孔子所维持的道统，已不复成为王天下的规范而成了歌功颂德支持皇权的饰词了。韩愈虽则自以为是开八代之衰，直承道统的人物，而他的道统却完全变了质了。在他的《争臣论》中简直把诤谏的意义训作了为皇帝获取美誉的手段了。他说：

> 夫阳子本以布衣隐于蓬蒿之下，主上嘉其行谊，擢在此位，官以"谏"为名，诚宜有以奉其职，使四方后代知朝廷有直言骨鲠之臣，天子有不僭赏，从谏如流之美。庶岩穴之士闻而慕之，束带结发，愿进于阙下，而伸其辞说，致吾君于尧、舜，熙鸿号于无穷也。

韩愈已不再问皇权是否合于道，这已不是他的问题。政统既然即是道统，帝皇就有责任起用这些士人，士人也有责任自荐于朝廷。二者也应合而为一。他的理由是这样：

> 古之士，三月不仕则相吊，故出疆必载贽。然所以重于自进者，以其于周不可则去之鲁，于鲁不可则去之齐，于齐不可则去之宋，之郑，之秦，之楚也。今天下一君，四海一国，舍乎此则彝狄矣，去父母之邦矣。故士之行道者，不得于朝，则山林而已矣。山

> 林者，士之所独善自养，而不忧天下者之所能安也，如有忧天下之心，则不能矣。

他甚至责备40余日不复他自荐信的宰相说：

> 今虽不能如周公之吐哺握发亦宜引而进之，察其所以而去就之，不宜默默而已也。

从韩愈自承的道统起，中国之士，已经不再论是非，只依附皇权来说话了。所谓师儒也成了乡间诵读圣谕的人物了。

师儒和政权的关系曾有着这一段演变的历史。最初是从政统里分离出来，成为不能主动顾问政事的卫道者。这个不能用自己力量去维护自己利益的中层阶级，在皇权日渐巩固和扩大的过程中，曾想过借传统的迷信，或是思想体系，去约制这随时可以侵犯他们利益的皇权，但是在中国显然并没有成功。于是除了反抗只有屈服。士大夫既不是一个革命的阶级，他们降而为官僚，更降而为文饰天下太平的司仪喝彩之流。这一段演变的历史也许可以帮助我们了解绅士在政治结构里的地位。他们并不是积极想夺取政权为己用的革命者，而是以屈服于政权以谋得自己安全和分润一些"皇恩"的帮闲和帮凶而已，在政治的命运上说，他们很早就是个失败者了。

出版后记

费孝通先生在晚年自述中,把自己民国时期的学术工作分为两期,第一期是"实地的社区研究",作品包括《花蓝瑶社会组织研究》《江村经济》《禄村农田》等;第二期是1944年从美国回来之后,开始探索中国文化的整体形态,有志于恢复中国文化的自主性。费孝通先生认为自己对"差序格局"和"乡土中国"的论述,是这一时期的主要成就。他在《乡土重建》的后记里把《乡土中国》、有关"中国社会结构"的讨论(即《皇权与绅权》)和《乡土重建》,看作同时进行却性质不同的三步工作,目标是从中国基层社会结构的原则出发,探寻乡村重建的症结与方案。

《乡土中国》与《乡土重建》都是刊发在报刊上的系列文章结集,1948年由上海观察社初版,收入储安平编辑主持的"观察丛书"。《皇权与绅权》由费孝通先生拟题,并与吴晗一起约请袁方、全慰天、胡庆钧和史靖等撰文结集而成,共十六篇文章,其中包括费孝通先生文章:《论绅士》《论"知识阶级"》《论师儒》,我们也将这三篇文章作为附录收入,以呈现费孝通先生40年代中后期的整体性思考。

生活·讀書·新知 三联书店
2020年9月

费孝通作品精选

（12种）

《茧》 费孝通 20 世纪 30 年代末用英文写作的中篇小说，存放于作者曾经就读的伦敦经济学院图书馆的"弗思档案"中，2016 年被国内学者发现。这是该作品首次被翻译成中文。

小说叙写了上个世纪 30 年代苏南乡村一家新兴制丝企业的种种遭际。这家制丝企业通过实验乡村工业的现代转型，希望实现改善民生、实业救国的社会理想，但在内外交困中举步维艰。作者以文学的方式来思考正在发生现代化变迁的乡村、城镇与城市，其中乡土中国的价值观念、社会结构与经济模式都在经历激烈而艰难的转型，而充满社会改革理想的知识分子及其启蒙对象——农民，有的经历了个人的蜕变与成长，有的则迷失在历史的巨变中。

《江村经济》 原稿出自费孝通 1938 年向英国伦敦经济学院人类学系提交的博士论文，著名人类学家马林诺夫斯基在为本书撰写的序文中预言，该书"将被认为是人类学实地调查和理论工作发展中的一个里程碑"。1981 年，英国皇家人类学会亦因此书在学术上的成就授予费孝通"赫胥黎奖章"。

本书围绕社区组织、"土地的利用"和"农户家庭中再生产的过程"等，描述了中国农民的消费、生产、分配和交易等生活和经济体系；同时着重介绍了费达生的乡土工业改革实验。费孝通后来多次重访江村，积累了一系列关于江村的书写。江村作为他在汉人社会研究方面最成熟的个案，为他的理论思考如差序格局、村落共同体、绅权与皇权等提供了主要的经验来源。

《禄村农田》 作为《江村经济》的姊妹篇，《禄村农田》是费孝通"魁阁"时期的学术代表作，作者将研究焦点由东南沿海转移到云南内地乡村，探寻在现代工商业发展的过程中，农村土地制度和社会结构所发生的变迁。

作者用类型比较方法，将江村与禄村分别作为深受现代工商业影响和基本以农业为主的不同农村社区的代表，考察农民如何以土地为生，分析其土地所有权、传统手工业和社会结构的异同与变迁，目的是想论证，农村的经济问题不能只当作农村问题来处理；农村经济问题症结在于土地，而土地问题的最终解决与中国的工业化紧密联系在一起。这一探寻中国乡村现代化转型的理想与实践贯穿了费孝通一生。

《生育制度》 费孝通 1946 年根据他在西南联大和云南大学任教时的讲义整理而成，围绕"家庭三角"这一核心议题，讨论了中国乡土社会组织的基本原则及其拓展，其中描述社会新陈代谢的"社会继替""世代参差"等概念影响深远。本书是费孝通的早期代表作，也是他一生最为看重的著作之一。

《乡土中国·乡土重建》 20 世纪 40 年代中后期，费孝通的学术工作由实地的"社区研究"转向探索中国社会结构的整体形态。他认为自己对"差序格局"和"乡土中国"的论述，是这一时期的主要成就。

《乡土中国》尝试回答的问题是:"作为中国基层社会的乡土社会究竟是个什么样的社会。"它不是对具体社会的描写,而是从中提炼一些"理想型"概念,如"差序格局""礼治秩序""长老统治"等,以期构建长期影响、支配着中国乡土社会的独特运转体系,并由此来理解具体的乡土社会。

《乡土重建》则以"差序格局"和"皇权与绅权"的关系为中国社会的基本结构原则,在此基础上分析现实中国基层社会的问题与困境,探寻乡土工业的新形式和以乡土重建进行现代社会转型的可能。这一系列的写作代表了费孝通 40 年代后期对中国历史、传统和当代现实的整体性关照,是其学术生命第一阶段最重要的思考成果。

《中国士绅》 由七篇专论组成,集中体现了费孝通 40 年代中后期对中国社会结构及其运作机制的深刻洞察,尤其聚焦于士绅阶层在中国传统社会的地位与功能,及其在现代化进程中逐渐走向解体的过程,与《乡土中国》《乡土重建》等作品在思想上一脉相承。他实际上借助这个机会将自己关于中国乡村的基本权力结构、城乡关系、"双轨政治""社会损蚀"等思考介绍给英语世界。

《留英记》 费孝通关于英国的札记和随笔选编,时间跨度从 20 世纪 40 年代到 80 年代。作为留英归来的学者,费孝通学术思想和人生经历有很重要的一部分与英国密切相关。

这些札记和随笔广泛记录了一个非西方的知识分子对英国社会、人情、风物、政治的观察,其中不乏人类学比较的眼光。比如 1946 年底,费孝通应邀去英国讲学,其间,以"重返英伦"为名写下系列文章,开头的一句话"这是痛苦的,麻痹了的躯体里活着个骄傲的灵魂",浓缩了他对二战后英帝国瓦解时刻的体察与速写。作者以有英国"essay"之风的随笔形式观察大英帝国的历史命运、英国工党的社会主义实验、工业组织的式微、英国人民精神的坚韧、乡村重建希望的萌芽,以及君主立宪、议会政治和文官制度等,尤其敏锐地洞察了英美两大帝国的世纪轮替和"美国世纪"的诞生,今日读来,尤让人叹服作者的宏阔视野和历史预见力。

《美国与美国人》 20 世纪 40 年代中后期,费孝通写作了大量有关美国的系列文章,这些文章以游记、杂感、政论等形式比较美国和欧洲,美国与中国。其中,《美国人的性格》被费孝通称为《乡土中国》的姊妹篇,作者透过一般性的社会文化现象,洞察到美国的科学和民主之间的紧张,认为科学迫使人服从于大工业的合作,而民主要求个体主义,二者必然产生冲突;并进一步认为基督教是同时培养个体主义和"自我牺牲信念"的温床,是美国社会生活以及民主和科学特有的根源。美国二战以来在全球政治经济格局中越来越突出的霸权地位,实际是费孝通关注美国的一个重要背景。他晚年有关全球化问题的思考,与他对美国、英国等西方社会的系列观察密不可分。

《行行重行行:1983—1996》(合编本) 20 世纪 80 年代到 90 年代中期,费孝通接续其早年对城—镇—乡结构关系的思考和"乡土重建"的理想,走遍祖国的大江南北,对乡镇企业、小城镇建设、城乡和东西部区域协同发展进行实地考察和调研,先后提出了苏南模式、温州模式和珠江模式等不同的乡镇发展类型,以及长三角、港珠澳、京津冀、亚欧大陆桥经济走廊、中西部经济协作区等多种区域发展战略，其中还包含了他对中西部城市发展类型的思考。

本书汇集了费孝通十余年中所写的近六十篇考察随记，大致按时间线索排列，不仅呈现了晚年费孝通"从实求知"的所思所想；某种意义上也记录了改革开放以来中国发展黄金时期的历史进程。

《中华民族的多元一体格局：民族学文选》 费孝通是中国民族学的奠基人之一，从1935年进入广西大瑶山展开实地调查开始，对民族问题不同层面的关注与研究贯穿其整个学术生涯。如果说《花蓝瑶社会组织》是用人类学田野调查的方法对民族志研究的初步尝试，那么1950—1951年参加"中央访问团"负责贵州和广西的访问工作，则是他进行民族研究真正的开始，其后还部分参与了"民族识别"和"少数民族社会历史调查"，这些工作不止体现于对边疆社会的组织结构和变迁过程进行研究，对新中国民族政策和民族工作的建言献策，更体现在他对建基于中国历史与现实的"民族"定义和民族理论的探索与构建中。1988年发表的长文《中华民族的多元一体格局》，即是其长期思考的结晶，费孝通在其中以民族学的视角概述中国历史，并提出一种民族认同意识的多层次论，认为中华民族是既一体又多元的复合体。这一对中国作为一个多民族国家在理论层面的高度把握，是迄今为止影响最为深远的中国文明论述。

《孔林片思：论文化自觉》 20世纪80年代末，费孝通进入了他一生学术思想的新阶段，即由"志在富民"走向"文化自觉"，开始思考针对世界性的文明冲突，如何进行"文化"之间的沟通与解释。到90年代，这些思考落实为"文化自觉"的十六字表述，即：各美其美，美人之美，美美与共，天下大同。

晚年费孝通从儒家思想获得极大启迪，贯穿这一阶段思考的大问题是：面对信息化和经济一体化的全新世界格局，21世纪将会上演"文明的冲突"，还是实现"多元一体"的全球化？不同的文化和文明之间应该如何和平共处、并肩前行？中国如何从自己的传统思想中获得文化转型的自主能力，从中国文明本位出发，建构自己的文明论与文化观？

本书收录了费孝通从1989—2004年的文章，集中呈现了费孝通晚年对人与人、人与自然、国与国、文明与文明之间关系的重新思考。

《师承・补课・治学》（增订本） 从1930年进入燕京大学社会学系开始，在长达七十余年的学术生涯中，费孝通在人类学、社会学和民族学领域开疆拓土，成就斐然。他一生的学术历程与民族国家的命运、与时代的起伏变换密切相关。本书汇编了晚年费孝通对自己一生从学历程的回顾与反思的文章，其中既有长篇的思想自述；也有对影响终身的五位老师——吴文藻、潘光旦、派克、史禄国、马林诺夫斯基——的追忆与重读，他名之曰"补课"；更有对社会学与人类学在学科和理论层面的不断思考。

本书还收录了费孝通"第一次学术生命"阶段的四篇文章，其中《新教教义与资本主义精神之关系》一文为近年发现的费孝通佚稿，也是国内最早关于韦伯社会学的述评之一。